古代美術史研究

五 編

第 **15** 冊

項穆《書法雅言》研究

江慧芳 著

花木蘭文化事業有限公司

國家圖書館出版品預行編目資料

項穆《書法雅言》研究／江慧芳 著 -- 初版 -- 新北市：花木
蘭文化事業有限公司，2023〔民 112〕
目 4+198 面；19×26 公分
（古代美術史研究　五編；第 15 冊）
ISBN 978-986-518-611-1（精裝）
1.（明）項穆 2.學術思想 3.書法
618　　　　　　　　　　　　　　　　　　110011833

古代美術史研究
五　編　第十五冊　　　　　　ISBN：978-986-518-611-1

項穆《書法雅言》研究

作　　者　江慧芳
總 編 輯　杜潔祥
副總編輯　楊嘉樂
編輯主任　許郁翎
編　　輯　張雅淋、潘玟靜　美術編輯　陳逸婷
出　　版　花木蘭文化事業有限公司
發 行 人　高小娟
聯絡地址　235 新北市中和區中安街七二號十三樓
　　　　　電話：02-2923-1455／傳真：02-2923-1452
網　　址　http://www.huamulan.tw 信箱 service@huamulans.com
印　　刷　普羅文化出版廣告事業
初　　版　2023 年 3 月
定　　價　五編 21 冊（精裝）新台幣 75,000 元

項穆《書法雅言》研究

江慧芳　著

作者簡介

江慧芳，臺灣宜蘭人。中國文化大學中國文學系（中國文學組）畢業，國立嘉義大學中國文學系碩士，現任雲林縣東明國中國文科教師。

提　　要

《書法雅言》乃明朝項穆所著，相較於歷代隨筆式的書論，算是一套比較有系統的書學理論。書中以王羲之為正統，排斥蘇軾、米芾，反映明朝書法發展潮流的課題，因應當代現象項穆提出個人獨特的見解，企圖為書法確立正統，端正學習書法寫作的觀念、態度、學習對象、目標、方法……等，同時論及書法審美角度與價值功用等議題，藉此指出書法學習和發展的理想方向。

項穆在寫作時，常旁徵博引，多方舉例，文辭滔滔、鏗鏘有勁，是以本論文企圖透過文獻分析，歸納《書法雅言》十七篇之編排、寫作特色及其中有關書法之哲學思想觀和學習主張，藉以理解項穆所欲傳達的書學信念以及他如何建構一套完整的理論體系。

本論文章節安排和內容概況為：第一章緒論，敘述研究動機、目的、範圍、方法、前人研究成果等，第二章探討項穆生平事略與成書背景，第三章簡要整理《書法雅言》現存善本概況、進而探析《書法雅言》之相關詞義內涵、哲學思想與書法學習主張，第四章探析《書法雅言》寫作風格，分別自「條理井然的編排架構」、「哲學思辨的論證方法」、「旁徵博引的論述筆法」、「鏗鏘有力的句法形式」四方面加以歸納、闡述項穆的寫作風格，最後統整研究成果，完成第五章結論。

目
次

第一章 緒 論 ………………………………………… 1
　第一節 研究動機與目的 ……………………………… 1
　第二節 研究範圍與對象 ……………………………… 3
　第三節 研究方法與步驟 ……………………………… 5
　第四節 前人研究成果述評 …………………………… 6
　　一、專書 ……………………………………………… 7
　　二、期刊論文 ………………………………………… 8
　　三、學位論文 ……………………………………… 14
第二章 項穆生平事略與成書背景 ………………… 19
　第一節 項穆生平事略 ……………………………… 20
　　一、項穆之生卒年代 ……………………………… 20
　　二、項穆之仙道奇說 ……………………………… 23
　　三、項穆之於富與仁 ……………………………… 27
　　四、項穆之才學與際遇 …………………………… 29
　　五、項穆之書法嗜好與造詣 ……………………… 34
　第二節 成書時代與背景 …………………………… 37
　　一、《書法雅言》成書時間和寫作動機 ……… 37
　　二、項穆家學條件 ………………………………… 40
　　三、明代書學環境 ………………………………… 42

第三章 《書法雅言》之版本、內涵、思想與主張 … 53

第一節 《書法雅言》版本 …………………… 53

　一、明萬曆間檇李項氏刊本
　　　（簡稱「初刻本」）……………… 54

　二、清重刊書法雅言有竹齋抄本
　　　（簡稱「有竹本」）……………… 55

　三、明崇禎何偉然編輯《廣快書五十卷》之
　　　《青鏤管夢》刻本（簡稱「青鏤本」）…… 55

　四、清乾隆文淵閣《四庫全書》本
　　　（簡稱「四庫本」）……………… 56

　五、清嘉慶道光年間《藝海珠塵》本
　　　（簡稱「珠塵本」）……………… 56

第二節 《書法雅言》「書」之相關詞義探析 …… 58

　一、字與書之別…………………… 58

　二、書法的涵義…………………… 62

　三、雅言之旨意…………………… 64

　四、《書法雅言》成書原因…………… 65

第三節 《書法雅言》書學思想探討 …………… 67

　一、正統思想…………………… 68

　二、心學思想…………………… 73

　三、中和思想…………………… 81

　四、書法理學…………………… 92

第四節 《書法雅言》書學主張探討 …………… 97

　一、書體的選擇…………………… 97

　二、楷模的選擇…………………… 98

　三、因材量進退…………………… 101

　四、資學與功序…………………… 102

　五、書法的規範…………………… 104

　六、器具的講求…………………… 106

第四章 《書法雅言》寫作風格探析 ………… 109

第一節 條理井然的編排架構 …………… 110

　一、書之「理」源…………………… 110

　二、書之「性」本…………………… 114

　　三、書之「體」式…………………………………116

　　四、習書之「道」…………………………………122

第二節　哲學思辨的論證方法…………………………130

　　一、書不可以狂怪…………………………………131

　　二、書法美學觀點…………………………………132

　　三、書法與修身養性………………………………137

　　四、資學與書法實踐………………………………141

第三節　旁徵博引的論述筆法…………………………146

　　一、橫向論說──譬喻法的運用…………………146

　　二、縱向論說──引用法的運用…………………152

第四節　鏗鏘有力的語言形式…………………………158

　　一、運用排比類疊舉例，氣勢恢弘………………158

　　二、運用對偶映襯立說，鮮明整齊………………163

　　三、運用層遞排序列等，層次分明………………167

　　四、運用設問語句反詰，引導思考………………170

第五章　結　論…………………………………………175

　　一、關於作者項穆…………………………………175

　　二、關於成書背景…………………………………176

　　三、關於詞義探析…………………………………177

　　四、關於哲學思想…………………………………178

　　五、關於寫作風格…………………………………179

　　六、《書法雅言》之價值與意義…………………182

參考文獻…………………………………………………185

附　錄……………………………………………………191

　附錄一　明萬曆間檇李項氏刊本…………………193

　附錄二　清重刊書法雅言有竹齋抄本……………194

　附錄三　明崇禎何偉然編輯《廣快書五十卷》之
　　　　　《青鏤管夢》刻本………………………195

　附錄四　清乾隆文淵閣《四庫全書》本…………196

　附錄五　清嘉慶道光年間《藝海珠塵》本………197

第一章 緒 論

第一節 研究動機與目的

　　《書法雅言》第一篇〈書統〉開宗明義即說道:「書之作也,帝王之經綸,聖賢之學術,至於玄文內典,百氏九流,詩歌之勸懲,碑銘之訓誡,不由斯字,何以紀辭?書之為功,同流天地,翼衛教經者也。」〔註1〕此段文字表明經典需假文字方能流傳,而文字由書寫而來,因此「書」為文字之表彰,進而成為各類典籍詩詞得以流傳宣揚之載具,故項穆賦予書法與天地同流之崇高地位,以其有守衛護持經典智慧之重責大任,復使政治、教育等政策理念如添羽翼,穿越時空馳騁翱翔廣被四方、貫通古今而發揮其經世教化之作用。由於與經典共存,書法的重要固不容忽視;由於與經典同在,「書」之筆法勢不可輕率放肆,項穆便據此論點開展出一套有系統的書學理論。

　　生在二十一世紀的現代,書寫之功已大半被電腦打字所取代,書學環境已與項穆所處時代大不相同,透過網路電子傳輸,文字有更即時的翅翼能跨越空間的藩籬,也有標準化的字體格式可以選擇使用,因此文字典籍的載具可說是與時俱進,時過而境遷,書法的發展與作用和過往已大不相同。文字的實用功能與文字的藝術美學分道揚鑣,當今之世的書法已是另當別論的一門「文化藝術」,和平常的書寫不再那麼密不可分。然而,在科技飆速的時空背景之下,「寫字」的功夫也有逐漸被忽視的跡象,式微的程度恐怕是明朝時

〔註1〕 (明)項穆《書法雅言·書統》,明萬曆間檇李項氏刊本,頁1。

候難以想像的，較之晚明的頹唐有過之而無不及，常與教育的普及背道而馳。筆者身為國中教師，目睹青年學子寫字隨心所欲，或潦草隨便，疏離任誕；或筆畫含糊，缺橫少豎；或同音假借，不辨其異；或錯字連篇，濫用注音等情況日趨嚴重，筆者所見所感雖與項穆著述《書法雅言》之出發點不盡相同，然而對於期待後學好好把字寫出「工整確實」之美，或與項穆期待學書者能在書法上「法宗正，尚道統」，多方自我要求以寫出美善之字的心情有所共鳴。

站在對寫字要求有所期待的立場上，項穆《書法雅言》的內容引發筆者進一步深入探索的興趣。過去，諸多學者在研究此書時，常自「書法藝術」的角度去探討項穆的美學理論，故而認為他的規範甚高，容易礙於倫理而限制了藝術追求新奇原創之自由，對書法藝術的多元發展而言是不利的，然而，彭德〈美術志〉中談到「『書法』一詞始建於南朝，有直解為書寫技法的嫌疑，北宋時期曾被稱為書藝」，〔註2〕據此而言，書法的原始內涵即是「寫字」，本屬「六藝」之一，因此，在它轉化成為一門純美學藝術之前，它的本質是一種實用技藝，如楷書和行書都是日常中的實用書體，草書則較偏向藝術字體，而項穆《書法雅言》偏重於論述「文字書寫」的學習，其論點置於今日，對於文字書寫的意義而言，乃秉持立基長遠的審美目標和心性培養的功能，不失為推行硬筆書法的根據，甚或可以從中找回文字書寫在 AI 時代的人情溫度和人文素養。

目前《書法雅言》的相關研究，學者多半就三方面著眼：一為《書法雅言》中的儒學思想，二為以王羲之為書家正宗之觀點，三為強調「中和」的藝術美學觀。黃素卿即言：「學者多以其正宗觀為研究方向，或探討『中和』意涵，於項穆熱切提供具體方法則較少談及。」又言：「項穆的沿途呼告應有更完整的進路，因此，嘗試從創作到鑑賞整理其所提供的盡可能詳細的實踐指南。」〔註3〕因此項穆對於書法學習的主張，應是可以再加以琢磨和分析探討的部分。另外，由於現存有關項穆的史料相當稀少，除了幾篇序跋之外，幾乎難見於經傳，或僅是寥寥數筆，即見尾聲，因此，多數學者對項穆生平的敘述也相對簡略，再者關於《書法雅言》之序跋內容，也極少有深究者，這或許也是此篇研究可以嘗試再加以挖掘的地方。

〔註2〕彭德撰〈美術志〉，收入劉夢溪主編《中華文化通志·藝文典》（8-075），（上海：上海人民出版社，1998 年 10 月），文見頁 355。

〔註3〕黃素卿〈項穆《書法雅言》對「晉人風度」的祈嚮〉，《漢字文化圈的文化世界化：2017 學年國際學術研討會論文集》（新北：淡江大學中國文學學系，2017），頁 119～120。

　　筆者閱讀《書法雅言》，感受到一股期望能導正當時社會風氣的書學熱忱，看見項穆振筆直書、聲聲疾呼，他想給予學習書法的人一個依循的道統，透過書統的建構，論述好好寫字的重要性與必要性，試圖重新建立書法寫作正確的學習觀念、學習態度、學習目標、學習對象、學習途徑、學習工具以及審美角度等課題，項穆在書中除了對書法提出許多主張，也對歷來書法名家的寫作有許多的評述，藉此指出書法發展的正確方向，其書在寫作陳述時，常旁徵博引、多方舉例，加以比喻說明，文句簡潔而鏗鏘、敘述滔滔不絕，令筆者十分驚奇，因此筆者期望能透過文獻分析，歸納《書法雅言》十七篇之中有關書學學習的思想主張，以理解項穆透過《書法雅言》所欲傳達的書學信念，並進一步探析項穆如何建構出一套完整的理論體系，《書法雅言》如何運用論述材料極力辯證、採取什麼文學寫作架構，呈現其條理井然、思慮周嚴的書學理論，故本論文將以此作為研究《書法雅言》的目的。

第二節　研究範圍與對象

　　《書法雅言》為明朝項穆所著。全一卷，約一萬八百多字，內容依次分為：書統、古今、辯體、形質、品格、資學、規矩、常變、正奇、中和、老少、神化、心相、取捨、功序、器用、知識等十七篇。相較於眾多隨筆式的書論，如：東漢趙壹〈非草書〉、蔡邕〈筆論〉、〈九勢〉、西晉索靖〈草書勢〉、五代李昱〈書述〉、北宋蘇軾〈論書〉〔註4〕……等，項穆《書法雅言》算是一套較有系統的書學理論，書中論及各代書家，評述人物眾多，涉獵範圍甚廣，而以王羲之為正宗，排斥蘇軾、米芾，提出了一套相當完整而獨到的見解，熊秉明說《書法雅言》「不是一般零零星星語錄式的書法雜感。在編次上雖然未必能滿足今人的系統觀念，但作者確是以哲學的思辨方式來考慮書法的問題，而有一套美學體系。」〔註5〕楊貴中評述：「德純的《書法雅言》無論從篇秩或內容組織言，體例詳明，無論是放在明代或明代之前的書學論著中，在在突顯出系統的完備及強烈的個人批評風格。」〔註6〕可見關於《書法雅言》

〔註4〕參見《歷代書法論文選》（台北：華正書局，1997年4月）。
〔註5〕熊秉明《中國書法理論體系》（台北：雄獅圖書股份有限公司，2014年5月），頁109。
〔註6〕楊貴中《項穆《書法雅言》之思想研究》，臺灣師範大學國文研究所，碩士論文，2003年，頁10。

之寫作脈絡應有值得探究之處。

　　本論文以項穆《書法雅言》為研究對象，故而對《書法雅言》一書今存之版本概況、文本內容中的編排呈現特色、作者的思想主張與論述的筆法方式等等，理當有所認識與瞭解，這些都是本論文將探討的基本方向，而在版本選擇上，臺灣國家圖書館存有的「明萬曆間檇李項氏刊本」當為目前保存下來最早、最原始的版本，而楊亮在其 2008 年出版的《項穆·書法雅言》一書中提到「因初刻本現藏於臺灣，無緣拜見」〔註7〕，所以兩岸研究《書法雅言》的學者採用此版本者極少，僅有楊貴中《項穆《書法雅言》之思想研究》〔註8〕採用了此版本，而筆者亦欲選用「明萬曆間檇李項氏刊本」作為研究之主要文本，輔以其他版本作為參照，希望能有最忠於《書法雅言》原著的認識與理解。

　　此外，作者項穆，也是當然的研究對象，但由於史料的匱乏，前人研究中對於項穆的探討，闕如之處亦多，然而楊貴中的研究中曾提到：

　　　　對於德純的《書法雅言》的理論內核的探討，沈思孝等人為它作的「序」

　　　或「跋」，更是在「文本」之外，不可忽略的重要文獻資料。〔註9〕

故有關《書法雅言》目前所存錄之相關序跋，亦將仔細研讀，深究序跋資料中所呈現出來的訊息，企求能發現更多有關於項穆的生平事蹟、個人喜好、人生信仰、思想、價值觀等紀錄。

　　再者，從詮釋學的觀點而言，任何的文學作品與作者，其存在都不能脫離當下的時空背景所形成之種種環境因素的影響，因此，對於項穆的家世背景、明朝的書學環境與發展、政治、社會、經濟、文化思潮等等可能相關的部分，也必須盡可能涉獵，期望透過通盤鉅觀的現象架構，形成客觀分析的基礎認知概念，進而深化對項穆《書法雅言》其人其書的理解，從中探察項穆寫作《書法雅言》所秉持之初心。

　　當然，對於前人已完成之研究成果，亦當不可忽略，舉凡與《書法雅言》相關之文獻，無論是專書、學位論文、期刊論文，將盡可能蒐羅與研讀，從中汲取前人研究之精華，並尋求可以突破的盲區，以期對《書法雅言》有更進一步地認識，同時豐富此篇論文之內涵。

〔註7〕引自楊亮注評《項穆·書法雅言》（南京：江蘇美術出版社，2008 年 1 月），頁 24。

〔註8〕楊貴中《項穆《書法雅言》之思想研究》，臺灣師範大學國文研究所，碩士論文，2003 年。

〔註9〕楊貴中《項穆《書法雅言》之思想研究》，頁 7～8。

第三節　研究方法與步驟

　　研究方法的部分，牟宗三說：「下工夫的唯一根據就是文獻，要對文獻作恰當的了解。」〔註 10〕但由於有關項穆的史料非常稀少，同時項穆所留下的作品也相當稀少，除了《書法雅言》一書之外，其他僅零星一、兩首詩作，基於這種研究上的限制與困難，因此，筆者設想研究《書法雅言》或可採用哲學史研究中的生態學方法：

> 生態學方法的適用對象是事實對象……生態學方法有兩種子方法：過程描述法和結構描述法。事件發生、發展的歷史順序，是過程描述法的適用對象。在哲學史中，思潮的起伏、學派的興衰、義理的源流、論域的推移、範疇的演化、後世的影響，都可以用過程描述法進行描述。文本中某些思想範疇與多方面的指證相連結，從而成為理解的線索。文本中命題與命題間的聯結關係而且文本中有明確說法的，同樣是理解的線索。如此之類的理解的線索、文本本身的篇章結構、義理體系構成、學派內部的紛爭與外部的衝突等，是結構描述法的適用對象。〔註 11〕

以及現象學批評理論：

> 現象學批評旨在針對文本作全然「內在的」解讀，完全不受任何外在事物影響。文本自身被化約成作者意識的純然具現，其風格與語意的特點，全被視為某一繁複總體的有機部分，而其統一的本質就是作者的心靈。想瞭解此一心靈，我們不可牽扯到我們關於作者任何事物的實際知識——傳記式的批評是受禁止的——只可參照他或她的意識顯現在作品的種種特點。不只如此，我們關注的是此一心靈的「深層結構」，那可見於反覆出現的主題和意象的模式；掌握這一切的同時，我們也掌握了作家在其世界的「生活」方法，掌握了主體的作家和客體的世界之間的現象關聯。〔註 12〕

所以，關於《書法雅言》之思想本質，筆者欲透過文本細讀，輔以哲學史研究

〔註 10〕牟宗三《中國哲學十九講》（台北：臺灣學生書局 1983 年 10 月），頁 391。
〔註 11〕孔令宏《宋代理學與道家、道教》（北京：中華書局，2006 年 8 月），頁 13。
〔註 12〕Treer Eagleton（泰瑞・伊果頓）著、吳新發譯《文學理論導讀》（台北：書林出版，1993 年 4 月），頁 80～81。

中的詮釋法〔註13〕，從內容中瞭解作者的心靈，並對內容中所呈現的風格、主題加以歸納，分析歸納《書法雅言》十七篇之中有關書學學習的思想主張，嘗試理解項穆如何建構《書法雅言》形成一套完整的理論體系，進而傳達他的書學信念，並進一步探析《書法雅言》如何以多元豐富的論述材料及文學寫作方式來呈現其條理井然、理論嚴謹的書學理論。接著再探求此書法理論專著的價值與意義。

關於研究之步驟條列如下：

（一）蒐集資料與閱讀文本：透過全國圖書書目資訊網、國家圖書館檢索系統及各類電子化網路資源，先找出與研究相關的書籍資料和適當的版本作為研究文本，閱讀文本與相關文獻內容。

（二）作者成書背景與動機：瞭解作者所處時代背景，生平事蹟、探討《書法雅言》成書原因等相關問題。

（三）歸納統整書籍之內容：梳理《書法雅言》記載篇目內容、表現特色，探討其內容欲傳達之精神思想。

（四）訂定本論文研究大綱：將蒐集到的資料整理過後，擬定此篇論文的大綱，建立架構與章節。

（五）統整此書意義與價值：綜合上述內容，總論《書法雅言》在書法理論與習字上的價值與意義，並探析此書在寫作上的特色。

第四節　前人研究成果述評

目前研究《書法雅言》的各類資料，相對於其他經典著作而言，實屬少數，因此，只要與《書法雅言》直接相關之專書和學位論文，筆者將全數採納，至於期刊論文，則篩選與《書法雅言》研究最為相關的論題資料作為參採對象。在排列編次上，專書和學位論文依據出版年份之先後來列舉，期刊論文則先就內容分類後，再依出刊先後列舉，今將所蒐集之研究論著分專書、

〔註13〕「詮釋是從注釋上升而來的，其任務是對注釋的結果作綜合的理解，揭示義理，尤其是要揭示句子、段落、章節、全文乃至一個哲學家所寫的全部文本的義理上的連貫性、完整性、邏輯合理性，還有深刻性，即存在于它們背後的、邏輯上所蘊含的更根本的價值信念、思想原則。詮釋要回答「原作者為什麼這樣說」、「原作者可能說什麼」、「原作者本來應當說什麼」等問題。詮釋無對錯之別，但並非任意。」引自孔令宏《宋代理學與道家、道教》（北京：中華書局，2006 年 8 月），頁 15。

期刊論文、學位論文三部分敘述如下：

一、專書

（一）楊亮注評《項穆‧書法雅言》〔註14〕

此書中楊亮對項氏世系做了一些考證，其中最重要的是對項穆的生卒年作了更進一步考證。此外，此書為《書法雅言》九個版本做校勘，並為《書法雅言》內容作注釋和翻譯，接著評述項穆書學思想，探討《書法雅言》成書的歷史背景，及《書法雅言》所闡發的重要書學觀點等，最後總結《書法雅言》的歷史地位。書後附有《書法雅言》諸本序跋，依序為：陳懿典《重刊書法雅言序引》、沈思孝《書法雅言敘》、支大綸《書法雅言原》、王穉登《無稱子傳》、姚思仁《書法雅言後敘》、黃之璧《書法雅言跋》、何偉然《青鏤管夢序》、文淵閣四庫全書《書法雅言提要》。

此書對《書法雅言》的版本做了較為詳細的校勘與梳理，又完整地收錄了各篇序跋，為筆者提供了更加精確和較為完整的研究材料，同時也啟發筆者對序跋的關注。

（二）李永忠編著《書法雅言》〔註15〕

李永忠將《歷代書法論文選》中的《書法雅言》與「有竹齋本」、「四庫本」、「藝海珠塵本」等作對勘，其書中所錄之正文即為據各本勘誤後之版本，並為正文作注釋、翻譯及點評，除此之外，選配一百餘幀書法圖片並輔以圖註說明，圖片按書法發展史的線索進行編排，不與正文內容完全貼合，僅提供書法研習者作為研習線索與提示。

李永忠編著的《書法雅言》，是一本經過精校的專書，它提供讀者一個深入淺出的閱讀材料，有助於讀者理解項穆在《書法雅言》中所要傳達的書學理念，對筆者而言是初接觸《書法雅言》很好的入門讀本。但圖片編選與正文的關聯確實較不密切，圖文不太能互相參照。

（三）趙熙淳評注《書法雅言》〔註16〕

趙熙淳參考了王鎮遠《歷代書法理論史》（上海古籍出版社 2008 年版）、

〔註14〕楊亮《項穆‧書法雅言》，（南京：江蘇美術出版社，2008 年 1 月。）
〔註15〕李永忠《書法雅言》，（北京：中華書局，2010 年 9 月。）
〔註16〕趙熙淳《書法雅言》，（杭州：浙江人民美術出版社，2012 年 12 月。）

李永忠編著《書法雅言》（中華書局 2010 年版）及其他期刊、學位論文、當代學者訪談錄加以注釋、點評，並編選百幀圖片加註圖片說明，提供讀者參考。

趙熙淳評注的《書法雅言》在序文中更仔細的交代了項穆所處的時代與家世背景，在內容注釋上較李永忠編著的《書法雅言》更加詳盡，書中提及的傳說故事及來源出處也加以闡明注釋，時而搭配圖像加以說明。注釋後有點評，闡述趙熙淳對《書法雅言》閱讀研究後的看法。此書中圖片與書文內容就有較密切的結合，有助於筆者觀察書家作品，然而此書中沒有全篇譯文，比較不便於白話閱讀者選讀。

二、期刊論文

（一）思想觀點方面

1. 葉梅：〈《書法雅言》正宗觀：晚明書壇捍衛傳統的號角〉〔註17〕

此論文旨在論說：項穆其實是將書法作為了自己的人生理想，通過書法他闡述了自己的人生觀。論文中首先指出項穆在《書法雅言·品格》一篇中所提出的「正宗觀」。項穆所言「正宗」為：「會古通今，不激不厲，規矩諳練，骨態清和，眾體兼能，天然逸出，巍然端雅，弈矣奇鮮。此謂大成已集，妙入時中，繼往開來，永垂模軌，一之正宗也。」〔註18〕作者論述項穆認定之正宗書法應該「規矩諳練、天然逸出」，其中「規矩」是達到最高境界的一種途徑，目的在成就天然逸出，不激不厲的中和書法。且因而重視性情、天資、學養在成就書法藝術的途徑中所起的作用。

在〈資學〉篇中，項穆主張「資過乎學，每失顛狂；學過乎資，尤存規矩。」作者點出項穆所談之學習的目的在於糾正偏執的性情，故以「克己」來達到「中和」、「正宗」之境界。接著提出，單就天資與學識還不足以成就項穆所言「正宗」，進一步論述人品的差別決定了性情的差異，性情的差異，決定了筆勢的邪正，故而有「人正則書正」之說。因此，作者以為項穆在論述他的正宗觀時，落實到最終的還是「德」的問題。

此篇論文可說已將《書法雅言》中強調的「規矩」、「學習」、「克己」、「不

〔註17〕葉梅〈《書法雅言》正宗觀:晚明書壇捍衛傳統的號角〉，《藝術百家》，第 3 期，2006 年，頁 184～186。

〔註18〕葉梅〈《書法雅言》正宗觀:晚明書壇捍衛傳統的號角〉，頁 184。

激不厲」、「中和」等思想概念，以「正宗觀」為題旨，爬梳出構成項穆書學思想的要項與脈絡。

2. 葉梅：〈從家庭影響看《書法雅言》正宗觀的形成〉〔註19〕

此篇作者提出：《書法雅言》是晚明比較系統的書法論著，是項穆針砭當時書壇流弊和宣揚傳統審美觀念的結果，本文所探索的是項穆家庭背景與其審美理想的關係。分成「《書法雅言》的正宗觀」和「家庭背景及其影響」兩部分加以論述：

一、在《書法雅言・品格》一篇中，項穆明確提出自己的正宗觀，綜觀《書法雅言》全文，可看出項穆書學正宗觀的各個方面：書法本質方面，他以道統觀照書統，注重書法的社會功用性；在書家方面，他將王羲之視作書法之正鵠，認為逸少一出，會通古今，書法集成，模楷大定；在書法風格方面，他推崇不激不厲，骨態清和，巍然端雅的中和書風，特別排斥流行於當時書壇狂怪怒張的書風。在書法學習方面，他強調規矩和學識，注重人的修煉，主張「人正則書正」。

二、項穆成長於藝術氛圍濃厚的家庭中，父輩藝術風格與審美指向已對項穆產生了深遠的影響。項穆之父項元汴（1525～1590），鑒藏書畫甲於一時，項穆從小便受到家庭藝術氛圍的薰陶及周圍與其父交遊的藝術家的影響（與項家交好的有著名藝術家兼鑒藏家文徵明、文彭、文嘉、董其昌、李日華等人），作者舉其父及父輩友人對懷素書法之評價，闡述「反對狂怪，重視規矩」的家學審美觀對項穆《書法雅言》之影響。再者，於思想教育方面，作者認為項穆的家庭為重視傳統儒學的家庭，故其思想亦受此家學傳統所影響。對於這方面，筆者則認為項穆之思想或許不僅受儒家思想影響而已，且儒家思想與「書統」或「以王羲之為書法之正鵠」之觀點其實無必然關係。

3. 王子微：〈正本清源，建構書統──淺析《書法雅言》正統觀念的形成〉〔註20〕

此篇從項穆的家庭背景、明代尚奇風氣、儒家思想影響及借鑒前人之見等四方面，論述項穆《書法雅言》正統觀念的形成，其要點如下：

〔註19〕葉梅〈從家庭影響看《書法雅言》正宗觀的形成〉，《重慶三峽學院學報》，第5期，2009年，頁108～111。

〔註20〕王子微〈正本清源，建構書統──淺析《書法雅言》正統觀念的形成〉，《書畫世界》，第5期，2013年，頁84～85。

　　其一，家庭方面的影響主要來自父親項元汴，項元汴所收藏之書畫豐富，又常與鑒賞家往來交流，項穆便如此耳濡目染，逐漸形成書學思想。其二，受晚明社會環境影響，藝術市場趨於繁榮，文人書法創作轉為牟利取向，加上心學流行，鼓吹個性解放，尚奇之風逐漸興起，項穆便標榜正統以反對尚奇。其三，項穆以孔子思想正統地位類比王羲之書法上的正統地位，又由儒家中庸思想發展書法上「中和」審美觀，乃儒家思想哲學表現。其四，項穆與李世民皆標榜王羲之在書法領域上的崇高地位，其共通點都是擔憂輕浮書風影響社會風氣所致。

　　受到以上四方面因素的影響，便形成項穆《書法雅言》之正統觀念。此論文即是分析了《書法雅言》之成書及書中思想，與項穆家學、當時社會環境和儒家哲學觀三者的關係，但可能需要再思慮是否可以直接視為「正統觀形成」的因果關係。

4. 張寶倩：〈淺談項穆「人正則書正」書學思想〉[註21]

　　本篇作者首先論析了「人正則書正」書學思想產生的緣由，其次，辯證項穆「人正則書正」書學思想的合理性與不合理性，最後，提出書品與人品之歷史勾聯，乃緣於書法本為文人特有學術之故。

　　作者指出「人正則書正」書學思想產生的緣由有二：一是「人品」乃傳統品評書法之審美標準，「人正」是對道德品行的一個認可，如晉代王羲之的書法作品被後人推為上品，以及他在中國書法史上不可摧的書法地位，原因就在於右軍人品高，故書入神品。而項穆對「人正則書正」的闡釋是對柳公權「心正則筆正」的更高層面的理解。二是項穆受到當時陽明心學的影響，王陽明強調心為萬物之根本，他主張意識能動作用，以為人的各類活動都是心的擴展與外化，項穆顯然受到此種風氣之薰染，因此他的理論更強調了心的作用。

　　次在辯證項穆「人正則書正」書學思想的合理性與不合理性。從合理的角度來說：書法是傳達作者的心意之作，是作者的內心情感在外界流露的載體，鑒賞者可以直接通過對書法作品的理解走入作者的內心，因此書法美也成為了一種人格美。從不合理性角度來說：藝術有其獨立的標準和原則，不能從審美的心理標準去判斷一件藝術作品的優劣，故審美該有自己獨立的審

〔註21〕張寶倩〈淺談項穆「人正則書正」書學思想〉，《金田》，第 2 期，2014 年，頁 93。

美範疇，不宜把人品和書品直接劃上等號。

透過此論文的闡述，可以瞭解傳統思想將重視文人品德的哲學觀，投射在書法表現上，因而對書法美學產生了根深柢固的影響，然而由此思想將人品與審美關聯，提示筆者去思考書法之藝術性究竟從何而來的問題。

5. 馬雨萌：〈談項穆《書法雅言》中的正統觀〉〔註22〕

作者分析項穆《書法雅言》對書法藝術的美學本質富有哲理性的思考與探討，有較強的理論性、思辨性、系統性，且認為書中涉及「書法正統觀」的部分尤其重要。其論文分成：項穆《書法雅言》中的正統觀、項穆正統觀的主要來源、項穆正統觀對後世的啟示與影響三部分加以論述。

第一部分作者提出：項穆認為正統是一個系統，包含三方面內容：一是以「人正則書正」作為書法與書家關係的理論基礎；二是利用儒家思想裡的中和來建立正統書法的最高審美觀；三是將規矩定為正統書法的重要衡量標準，規矩是書法學習的核心內容。

第二部分提出項穆正統觀來源主要有三：一是家學淵源；二是時代書風的影響；三是儒家思想的影響。

第三部分關於對後世的啟示與影響提出：項穆《書法雅言》對於糾正書壇時弊具有積極意義，其意義超出他所產生的時代，為後人學習書法回歸正路指明了方向。

此篇論文直接提出項穆的正統觀是一個系統的說法：一個包含了書法與書家關係的理論基礎、學習的核心內容、正統書法的衡量標準和最高審美觀的系統，較為明確指出《書法雅言》理論性、系統性之所在，可作為思考《書法雅言》系統性的方向。

（二）藝術美學方面

1. 張少端：〈論項穆的書法美學思想〉〔註23〕

此篇作者提出：《書法雅言》集中體現了項穆書法美學思想。項穆的書論中貫穿著「中和」的思想，他的書論即本於儒家功利的文藝觀而歸於中和。項穆的書論處處時時不忘中和的原則，無論古今問題、書法創作、書法風格，

〔註22〕馬雨萌〈談項穆《書法雅言》中的正統觀〉，《山東藝術》，第 6 期，2017 年，頁 94〜97。

〔註23〕張少端〈論項穆的書法美學思想〉，《藝術研究》，第 2 期，2007 年，頁 70〜71。

他無時不堅持折衷的態度，因而他主張學書者要先能克己，論書肯定規矩的作用，確立規矩的目的在求得中和之美，他強調規矩，標舉雅正，同時立「神化」，在不失法度雅正的基礎上變化。項穆也指出正奇結合的辯證關係。

另外，項穆以王羲之為正宗，一則以為羲之書能會通古今，兼備眾長，一則以為王羲之的書風最能折衷正奇、常變，最有疏宕不羈之氣韻，又不失古雅之法度，最合乎中和之美。

作者認為項穆的書法美學思想，集中體現明代中期文人在當時的社會及文化背景下普遍的審美及精神追求，他所倡導的中和之美，對現今學習書法及更深層次的理解書法有著重要的借鑒意義。

此篇論文敘述雖然較為零散，但其旨明確點出項穆的書法美學思想，就是「中和」：指出了項穆以「中和」作為書法的評價標準與追求目標，並以「中和」思想貫穿於《書法雅言》全書的論述當中，且以「中和」觀點來說明王羲之的正宗地位似乎更為貼切。

2. 譚玉龍：〈《書法雅言》與晚明書法美學之雅俗精神〉〔註24〕

作者提出：晚明開始倡導反對狂怪怒張而回歸雅正、和諧的審美追求，項穆正是這種書法審美觀念的典型代表，是對明代前期「太拘」之雅與明代中後期「太蕩」之俗的調和，倡導書法「中和」之美，實現回歸雅正書風和世風的目的。

作者分雅正書風的理論基石、雅正書風的審美理想、崇雅斥俗的書法審美鑒賞論三部分論述。首先，項穆書法理論基石是從儒家「道統」出發，建立由文字到書法的道統論，強調書法之正統功能，由於文字或書法的衛「道」功能，才賦予書法「同流天地」的神聖地位。其次，關於書法的審美理想，項穆借用儒家「中和」思想，從宇宙到個人再到書法，構建了其書法藝術的「中和」理論。項穆認為「中和」是自然的一種運動狀態和性質，是社會和個人都應遵循的法則，又由「人正則書正」，賦予「中和」在個人品質和書法藝術中的合理性，「中和」乃項穆為書法藝術設置的最高審美境界。最後，由於「人正則書正」是項穆書法審美理論的出發點，所以項穆崇奉「心鑒」而排斥耳目之鑒，從而體現了他崇雅斥俗的審美觀念。

在此論文中，探討了項穆書學理論的建構與目的——回歸雅正書風和世

〔註24〕譚玉龍〈《書法雅言》與晚明書法美學之雅俗精神〉，《美術觀察》，第 4 期，2007 年，頁 113～117。

風。從文字到書統的建構，從儒家的「中和」到書法上的「中和」，使「中和」形成書法追求的境界與鑑賞的依據，藉此發揮救雅扶正的積極作用。閱讀此論文也有助於從另一個角度理解項穆建構書法理論系統之方式。

3. 王蕾：〈項穆《書法雅言》的藝術觀初探〉〔註25〕

此篇作者從「創作主體觀」、「創作客體觀」及「書法藝術的本體觀」三方面來探討《書法雅言》中「中和」審美觀的展現。

首先，在「創作主體觀」部分，作者提出藝術家的人品和藝術作品具有一種內在關聯性和統一性。因此想要創作出符合項穆審美標準的藝術作品，藝術家應該是具有「中和」之氣的。其次，「創作客體觀」談的是筆墨紙硯、時代環境和接受者的素養。作者認為在創作中，創作客體、時代環境和接受者的素養也關係著審美觀點。最後，於「書法藝術的本體觀」中敘述：項穆以「中和」為其核心審美要義，是時代特徵的體現，然而任何審美標準都不是特定的，因此，項穆將「中和」當成唯一審美標準也是有其片面性的。

作者企圖強調項穆「中和」之概念不僅表現在創作主體，同時也表現在創作客體的客觀因素中，此外，審美標準的形成可以從接受者的角度加以體現，作者即藉由以上論述來說明項穆「中和」觀念充分滲透於方方面面之中。此論文談到書法藝術的審美標準不特定，表示審美標準是主觀的，所以關於書法的主體、客體與書法的主觀、客觀問題，也提供了一個思索的面向。

4. 張明：〈項穆《書法雅言》中的藝術辯證法〉〔註26〕

此篇作者提出：項穆的《書法雅言》通篇都是以儒家「中和」思想為指導來探討書法藝術問題，作者就書法發展、書法創作、書法形式、書法風格、書法鑑賞等五方面分析《書法雅言》中所存在的辯證關係：一是「書法發展中的古與今」，項穆主張書法既要繼承優秀傳統，又要順勢發展；既不能厚古薄今，也不能厚今薄古，應該做到「古不乖時，今不同弊」、「與勢推移」、「中和為的」的辯證。二是「書法創作中的規矩與神化、資與學」，項穆通過辯證闡述書法創作中「規矩」與「神化」、「天資」與「功夫」等關係來維護書統，

〔註25〕王蕾〈項穆《書法雅言》的藝術觀初探〉，《語文學刊》，第 15 期，2011 年，頁 109～110。

〔註26〕張明〈項穆《書法雅言》中的藝術辯證法〉，《中國書法》，第 12 期，2017 年，頁 149～153。

糾正時弊。闡釋項穆強調規矩入巧，才能達到神化，同時強調「資學兼長」，才能「神融筆暢」之理論。三是「書法形式中的正與奇、肥與瘦」，作者自項穆「正」與「奇」相濟之辯證中，歸結出項穆之「正」、「奇」非指二者折衷，而是以「正」為常，以「奇」為變，來達成中和；「肥」與「瘦」則點出中和之美並不是固定在一個點上，而是一個比較寬鬆的標準。四是「書法風格中的老與少」，項穆由「老」與「少」的辯證中強調不同風格的書法特徵要「會之並善」、「融而通之」才能達到完美的境界。五是「書法鑑賞深與淺」，項穆是以「中和氣象」作為鑑賞之依據。

此篇論文透過分析項穆對於《書法雅言》中提出的對立概念所做的辯證，來理解項穆所言「中和」境界的美學涵義。此分析幫助筆者察見項穆企圖通過辯證法來論析書學真理的用心和理性思考的模式。

三、學位論文

（一）楊貴中：項穆《書法雅言》之思想研究〔註27〕

此論文主要從「書法的載道思想」、「人品書品相通的思想」、「觀書如觀人的思想」及「創作實踐的展開」等四方面來分析《書法雅言》之內容。藉此探討在《書法雅言》一書中，項穆主要想解決哪些問題：作者認為本來談藝術就從藝術領域來談，何以要扯進聖道？在「書法」與「道德」各有其獨立的領域，亦各有其獨立的傳承性的前提下，探討在《書法雅言》一書中「藝術」與「道德」之間到底存在著什麼樣的關係？在《書法雅言》中，項穆如何解決那些問題？通過《書法雅言》一書，項穆展露了哪些洞見？

其研究提出的結論是：項穆為了替當時書法亂象找到一個出口，便以王右軍書法作為重振當時書學風氣的標竿，企圖以「中和」書法來「正人心」，因此「中和說」涵蓋了美學與道德兩方面的統一，但是在項穆的論述過程中，卻缺少對此兩者的恰當釐清，以致概念上的跳躍，無法使寫作動機「正書法以正人心」在理論上具有說服力，而泥於一種道德與藝術間的強烈結合。而且因為作者「人品」與「書品」絕對相通的主張，使人朝向「善對美的取代」這一想法去批評項穆的書學思想，楊貴中提出的是《書法雅言》的最高境界當是「美善合一」說，而不是「以善取代美」，他認為由於項穆急於將道德和

〔註27〕楊貴中《項穆《書法雅言》之思想研究》，臺灣師範大學國文研究所，碩士論文，2003 年。

藝術做緊密聯繫而被扭曲了。此外，項穆《書法雅言》中，對書法的源流、技法的運用、書體的使用選擇、學習要點及步驟，都有相當程度體系化的見解，只是這些見解都不是書學史上的洞見，唯有嘗試為儒家美學在書法領域立下例示，具有開創之功，不同於過去的理論家，已有將書法建構完整體系成一門「學科」的意圖。

此論文引用資料豐富，內容龐博，有時敘述脈絡不很清晰，其論點中，讓筆者較為持疑的部分是：楊貴中說項穆因以善講美，「造成原本要談論藝術，卻滑向道德的領域，形成理論建構上的大忌」。〔註28〕筆者認為項穆《書法雅言》本意是否在談論「書法藝術」，有待商榷。再者，項穆書學主張是否即是偏於「儒家思想」，似乎也可再探討，此外，楊貴中雖提出沈思孝等人為它作的「序」或「跋」，是在「文本」之外不可忽略的重要文獻資料，但卻沒有太深入的著墨，也是值得筆者再用心之處。

（二）葉梅：論《書法雅言》正宗觀〔註29〕

此論文旨在分析項穆的「正宗書學觀」為何？首先從本質的正宗、書家的正宗、風格的正宗談起，接著論述其「正宗書學觀」的學習方法，繼而從思想、時代、家庭探究項穆「正宗書學觀」的形成，分析項穆審美心理的成因，最後以項穆正宗觀評價作結，論者肯定項穆以儒家文藝功用來觀照書法本質，且注意到書法作為一門藝術的相關因素，《書法雅言》不可否認是一部體系完整、具有藝術價值的論著，但書中也存在著一些矛盾，例如：項穆肯定草書之妙，卻不認為草書可以將藝術境界與道德境界相融合，書法藝術終被功利化而為道統服務。另外，項穆站在儒家正宗的立場，以中和為審美極致而排斥其他書風，不免有所偏頗，但也展示了他作為書法家和書法評論者深厚的藝術修養。

關於此論文中所謂「書法藝術終被功利化而為道統服務」的觀點，使筆者有諸多疑惑：為道統服務的是「書法文字」還是「書法藝術」？在過去的時空背景中，「書法」本屬於「六藝」之一，其社會功用，在本質上是否可說是功利化的「書法藝術」？於「書法」發展的過程中「藝術」是否居於「書法社會功用」之先？「書法」與「書法藝術」應屬於同位概念或上下位概念？而作者

〔註28〕楊貴中《項穆《書法雅言》之思想研究》，頁146。
〔註29〕葉梅《論《書法雅言》正宗觀》，西南師範大學美術學系，碩士論文，2003年。

論述之立基點是否與項穆相同？若從「書法藝術」的角度來檢視和評價項穆
《書法雅言》中關於「書法」的思想概念又是否適切？泛此種種都提醒筆者
一些研究的思考方向。

（三）劉善軍：項穆書法「中和」美學思想研究〔註30〕

此論文主要在分析《書法雅言》中「中和」的美學思想，從「中和」思想
淵源切入，為「中和美」釋義，然後分析項穆《書法雅言》中和篇的美學思
想，後分別從書法藝術的「本體論」、「創作主體論」、書法藝術審美批評的「品
格論」等研究方向分析項穆《書法雅言》一書各章內容，隨後探討項穆「中
和」美學思想形成的原因有：受儒家中庸思想、孫過庭《書譜》之影響、對王
羲之的崇仰、社會思想及家庭環境等因素，最後，分析「中和」美學思想的理
論價值與意義作結。

此篇論文對「中和」做了較多剖析，以此來解讀項穆《書法雅言》藝術
美學思想的哲學觀，引述材料比較豐富，提示筆者思索「中和」與「對立」的
關聯。

（四）汪彥君：論項穆《書法雅言》中的書學思想〔註31〕

此論文提出中國古代書法藝術理論兩大書法根基，一為道家哲學，一為
儒家哲學。汪彥君認為《書法雅言》就是站在儒家正統觀的立場上來對書法
藝術進行全面和系統的梳理總結工作。而儒家哲學的書法理論將書法置於社
會價值的角度來考慮，以期書法達到「成教化，助人倫」的社會功效，所以首
先要確立書法藝術的「大統」，強調楷模和秩序，把儒家的中和思想確立為書
法藝術的最高審美理想，再借助書法的人格化意義，達到人品與書品的盡善
盡美。以此觀察《書法雅言》的書學思想，汪彥君總結出：項穆正本清源，建
立了王羲之書統正宗的地位，又確立中和為書法藝術的最高審美理想，把書
法當成「正人心」的一種手段，標榜書法的人格化意義，於是，《書法雅言》
為帖學正統樹立了供後世學習和研究的楷模，為帖學系統設計了「書法秩序」
的藍圖，對其後的書法史發展有指導作用。

此論文帶給筆者的思考還是：《書法雅言》中「書法」的定義究竟為何？

〔註30〕劉善軍《項穆書法「中和」美學思想研究》，渤海大學美術學系，碩士論文，
　　　　2012年。
〔註31〕汪彥君《論項穆《書法雅言》中的書學思想》，河北大學美術學系，碩士論文，
　　　　2013年。

是否可以用「書法藝術」直接取代其內涵來討論？「書法」與人品的關聯，轉換成「藝術」與人格的關係，又是否能切合項穆原本的理論觀點？項穆《書法雅言》著書之目的是期望書法達到「成教化，助人倫」的社會功效嗎？或許還有待釐清。

（五）楊新然：《書法雅言》之理論研究〔註32〕

此論文的研究，首先在瞭解項穆書學淵源，從項穆所處的時代、環境、家世等條件，去瞭解項穆書學思想的形成，由項穆當時的書學環境、背景與原因去瞭解項穆立論之基礎。再者，將《書法雅言》各篇加以歸納，分成項穆書學的「正統觀」、「美學觀」、「品級觀」和「書學觀」，及項穆對蘇軾、米芾、王問、馬一龍的批判等章節來敘寫。最後，以《書法雅言》的歷史地位與對後世書學的影響作結，認為《書法雅言》具有以下的歷史意義：一、《書法雅言》雖歸本儒家正統，但在書法藝術的美學觀上多處有「融道於儒」的思維。二、項穆在《書法雅言》中明列品級，標舉了書聖「正宗」之書學傳承，提供後學珍貴的指導與建議。三、賦予書法人格化精神，書法藝術就是人格的體現，成了影響社會風氣的問題，提升了書法的影響力與價值地位。並提出藝術的發展，貴在原創性，不同時代自然各有其潮流，不同書家自有其風格，因此對於《書法雅言》的書法理論也當「取其所長」而「捨其所短」，加以擇善從之。

此論文提出在書法藝術的美學觀上多處有「融道於儒」的思維，是異與其他研究論文之處，另外論文中集錄了多幀歷代名家書畫作品，提供筆者觀察諸多書家書法風格之參照，是可貴且便利後來研究者的整理。然而，其論文中有多數內容，皆是在原文引文後以白話譯文敘述項穆《書法雅言》之內容，個人的研究分析闡述則較為稀疏，因此論者的觀點比較不容易掌握。

（六）鮑璐瑤：論項穆《書法雅言》的美學意蘊〔註33〕

此論文首先從時代、家庭、文化等背景論述項穆書學思想的形成，進而對《書法雅言》文本構成理論加以分析，將各章節分為總論、創作論、作品論、欣賞論、繼承與發展等部分來討論《書法雅言》一書的內容組織，最後從正宗觀、中和以及藝術人格化來闡述項穆《書法雅言》的美學內涵。鮑璐瑤

〔註32〕楊新然《《書法雅言》之理論研究》，明道大學，國學研究所碩士論文，2016年。
〔註33〕鮑璐瑤《論項穆《書法雅言》的美學意蘊》，安徽大學美學系，碩士論文，2017年。

對項穆《書法雅言》的文本進行了一些梳理與歸納，彰顯了《書法雅言》這一
部書學理論著作的嚴謹性與系統性。也將「中和」之內涵包含了那些方面加
以分析論述，並進一步與「書法學習與創作的指導」結合，以探討《書法雅
言》對當今學習書法書寫的價值與意義。行文大多就項穆《書法雅言》之內
容作闡釋，其他參考資料則較顯單薄。

　　而此論文在「研究背景」一節中梳理了書法理論內容的發展流變，簡明
扼要地概述了漢代至宋代書法理論內容的演進脈絡，提供筆者認知「歷代書
法理論」內容一個便捷的途徑，對筆者建構「書法理論」之基本概念相當有
幫助。

第二章　項穆生平事略與成書背景

　　項穆，字德純，號貞玄（貞元）[註1]、蘭臺[註2]，亦號貞玄子、無稱子[註3]。秀水（今浙江省嘉興市）人，生卒年不詳。官中書舍人[註4]。為明朝知名書畫收藏家、鑑賞家項元汴之長子，工書法，融會晉唐諸家，追摹逸少。乃萬曆年間書法家、書法理論家，著有《書法雅言》一卷、及《貞玄子詩草》[註5]、〈月下步虛詞〉、〈元旦詩帖〉[註6]、〈雙美帖〉[註7]等書帖。

〔註1〕〈四庫全書‧書法雅言提要〉中易「貞玄」為「貞元」，應是避康熙皇帝（玄燁）名諱之故。

〔註2〕項穆「蘭臺」之號，見於項元汴條：「其子穆，字玄貞，號蘭臺，究心八法，所著有《書法雅言》。」參見明姜紹書撰《無聲詩史》卷三，頁51，收錄於于安瀾《畫史叢書》第二冊（台北：文史哲出版，1974年），頁1009。另李日華《六硯齋筆記》卷一中亦記有「墨林子蘭臺君，與余同遊膠庠」之語，參見（明）李日華著，沈亞公校訂《六硯齋筆記》卷一（上海：中央書店，1936年），頁13，臺灣華文電子書庫，https://taiwanebook.ncl.edu.tw/zh-tw/book/NCL-000797804/reader，檢索日期2021.1.6。

〔註3〕〈四庫全書‧書法雅言提要〉載為「無邪子」。（明）項穆《書法雅言》，（北京：商務印書館影文津閣四庫全書，2006年），文見第818冊，子部，藝術類，總頁0818～801。

〔註4〕參見中國哲學書電子化計劃《嘉興府志》卷1～卷6，259條「孝義坊　為廣東惠洲府同知竇文照、光祿寺典簿沈文鋭、微仕郎，中書舍人項穆、監生竇國元立」書影第689頁，https://ctext.org/library.pl?if=gb&file=107583&page=689，瀏覽檢索日期：2021.1.6。

〔註5〕參見中國哲學書電子化計劃《嘉興府志》卷21～卷26，288條，書影第540頁，https://ctext.org/library.pl?if=gb&file=107586&page=540，瀏覽檢索日期：2021.1.6。

〔註6〕〈月下步虛詞〉、〈元旦詩帖〉均收錄於卞永譽撰《書畫彙考》，參見維基文庫，https://zh.wikisource.org/wiki/書畫彙考_(四庫全書本)/卷27，瀏覽檢索日期：2021.1.6。

〔註7〕《浙江通志》卷187記載：「項德純……書法與伯氏少嶽齊名，有雙美帖行

關於項穆的資料實在非常有限，因此要研究項穆的生平事略可說是相當不容易的事，目前僅能自序、跋、傳中去探尋。

第一節　項穆生平事略

　　現今所存與項穆有關的史料記載相當稀少，因此要瞭解項穆的生平事略，大約僅能從《書法雅言》各善本中所存錄下來的序跋及傳文內容去尋找，然而這些資料對項穆的生卒年也沒有留下明確的記錄，在此之外，若要透過其他歷史資料進一步去認識項穆就更加不容易了。楊貴中論文中便提到：

> 從事理論研究工作時，零星又大量的隨筆、箚記或書信、序跋等文獻，往往含藏著該作者對於某一問題獨到的見解。研究者必須先進入到字面的理解，釐清全文的脈絡，通過其關鍵瞭解其全體。對於德純的《書法雅言》的理論內核的探討，沈思孝等人為它作的「序」或「跋」，更是在「文本」之外，不可忽略的重要文獻資料。〔註8〕

也就是說，唯有詳讀各版本序、跋及傳文，並從這些文獻資料中去抽絲剝繭，才能對《書法雅言》書中內涵，以及對項穆這個人物，建構出更清晰的形象，同時對他的才學際遇、思想情志、為人處世等，有更鮮明的認識。

一、項穆之生卒年代

　　關於項穆的生卒年，按卞永譽《中國古代書畫人物編年》所載項德純生於明世宗嘉靖三十年（辛亥年），卒於明神宗萬曆廿六年（戊戌年），即西元1551～1598年。其編年之後又載有「按德純書唐沈佺期送司馬白雲詩款，萬曆廿四年時年四十六，又有戊戌元旦詩〔註9〕」，〔註10〕若依此編年所錄則項穆享年應為四十八。

世。」參見《文津閣四庫全書》第 524 冊，清嵇曾筠等修《浙江通志》（北京：商務印書館，2006 年），總頁 0524～400。

〔註8〕楊貴中《項穆《書法雅言》之思想研究》，頁 7～8。

〔註9〕貞玄道人元旦詩帖〈行書紙本〉：「過去雖云增將來漸以減炎涼恒摧新歲命不再返年壯恣輕肥老大徒悲感浮生多坎軻大道何夷坦青陽品彙熙所遇欣仰俛玄寂保真虛化機同舒卷。戊戌元旦作貞玄純。」參見維基文庫，https://zh.wikisource.org/wiki/書畫彙考_(四庫全書本)/卷 27，瀏覽檢索日期：2021.1.6

〔註10〕（清）卞永譽編撰《中國古代書畫人物編年》（第 19 冊）（北京：國家圖書館出版，2008 年 7 月），頁 364～367。

　　按黃惇《中國書法史・元明卷》所載項穆生卒年約於明世宗嘉靖二十九年至明神宗萬曆二十八年（西元 1550～1600 年）之間〔註11〕，享年約五十歲左右。

　　而按楊亮在《項穆・書法雅言》一書中分析提出項穆生卒年約在明世宗嘉靖三十一年至明神宗萬曆二十七年（西元 1552～1599 年）之間。楊亮是以《重刊書法雅言》〔註12〕為底本，就存錄序跋中找出蛛絲馬跡，終於在姚思仁所撰之〈書法雅言後敘〉中注意到「貞玄少余四齡」一語，再由姚思仁之生卒年去考證項穆之生年，繼而與王穉登〈無稱子傳〉中所記項穆的出生月日連結，推知項穆應生於嘉靖三十一年四月十四日。其後又依據支大綸〈書法雅言原〉中言「貞玄之子皋謨亟圖其父為不朽計」〔註13〕之一段敘述，對照支大綸此篇序文寫成的時間，推斷項穆卒年當在萬曆己亥年孟夏（即萬曆二十七年，西元 1599 年 4 月）之前，所以，楊亮認為項穆之年不超過四十七歲。〔註14〕

　　關於項穆之生年，筆者認為卞永譽所言之嘉靖三十年應較為可信，一則因為資料來源較接近項穆之時代，一則若姚思仁享年九十一，卒年為崇禎十年（西元 1637 年），則將生年與卒年計入年歲，反推姚思仁之生年當為嘉靖二十六年（西元 1547 年），而項穆少姚思仁四歲，則項穆當生於嘉靖三十年，與目前有限可知之時間訊息較為貼合。

　　而項穆之卒年的部分，由於黃之璧〈書法雅言跋〉中有提到：「戊戌之陽月，余過檇李項丈齋中，出書法一刻际之」，〔註15〕如果黃之璧這裡所說的「項丈」和「出書法一刻际之」的人就是項穆的話，那麼項穆在萬曆戊戌年（西元 1598 年）陽月（10 月）應該還在人世。

　　再自陳懿典〈重刊書法雅言序引〉見知「是編錄于就，李長公子中攜之燕

〔註11〕黃惇《中國書法史・元明卷》（南京：江蘇教育出版社，2011 年 3 月），頁 424。
〔註12〕《重刊書法雅言》，清代（1644～1911）有竹齋抄本，半頁 9 行，行 18 字，無注，花口（象鼻上記書名），單黑魚尾，下方記有竹齋，上下單欄，左右雙欄。
〔註13〕支大綸〈書法雅言原〉：「顧逸少有此子獻之，稱世二王，第與謝安論書自誇勝父，識者過之。貞玄之子皋謨，雖未暇攻書，而藻業偉修，令聞蔚起，色養之暇，亟圖其父為不朽計，如子思之尊宣尼，此又逸少之所不得望者。」收錄於（明）項穆《書法雅言》明萬曆間檇李項氏刊本正文前。
〔註14〕參見楊亮注評《項穆・書法雅言》（南京：江蘇美術出版社，2008 年 1 月），頁 11～14。
〔註15〕參見黃之璧〈書法雅言跋〉，收錄於頁 1，（明）項穆《書法雅言》，明萬曆間檇李項氏刊本。

市，一時紙貴，而君弟觀察廷堅因重校而布之通都，故為論次如此。」〔註16〕
此言說明《書法雅言》一出版就受到矚目並且廣為流傳，由於它的熱門暢
銷，故而重刻。陳懿典的序引寫於萬曆二十八年五月十三，如其所言，當是
應項廷堅〔註17〕之邀而作序，反觀支大綸的〈書法雅言原〉寫於萬曆二十
七年（西元 1599 年）四月十六，可知《書法雅言》應於萬曆二十七年即問
世。再者根據沈思孝之「敘」中透露，項穆嘗向沈思孝乞序〔註18〕，然而支
大綸卻是說：「貞玄之子皋謨，雖未暇攻書，而藻業偉修，令聞蔚起，色養
之暇，亟圖其父為不朽計，如子思之尊宣尼，此又逸少之所不得望者。予誠
少而好書，顧以應博士舉，未見其止。」〔註19〕表明支大綸並沒有見過項
穆，他寫序應是受項皋謨所託，故推測此時（西元 1599 年）項穆可能已不
在人世。

此外，姚思仁之後敘中也慨言「迹其少負大志，綽有孔明、子儀之奇才，
恒思正禮樂、變風化，未得少展世，因善書遂以書仙呼之。取其一長，掩其眾
美，惜夫！」〔註20〕以及陳懿典稱善項氏父子曰：「吳、越之間幽人韻士，禪
林歌院，一繪一書，非近代名筆則位置無色，而君家父子兩擅之，各足千古，
寧讓羲獻？同以書傳哉。」結尾還說到：「不佞且畜廷珪之墨，命管城楮，先
生數輩遲君於瀛洲亭上。」〔註21〕這些敘述中所用之詞彙，諸如「迹其少負
大志」、「未得少展世」、「以書仙呼之」、「各足千古……遲君於瀛洲亭上」等
等，都隱約含有項穆已「登仙」之意，若依此推論，則項穆之卒年應當在萬曆
二十六年十月以後至萬曆二十七年四月這七個月之間，而《書法雅言》應當
就是他的遺作。

因此，依據上述各項資料推斷，項穆約生於明世宗嘉靖三十年（西元 1551
年）四月，卒於明神宗萬曆二十六年十月至二十七年四月間（西元 1598～1599

〔註16〕 陳懿典〈重刊書法雅言序引〉，收錄於楊亮注評《項穆・書法雅言》，頁 195。
〔註17〕 廷堅，即項德楨，項穆二伯父項篤壽之子。參自楊亮注評，《項穆・書法雅言》
　　　　（南京：江蘇美術出版社，2008 年 1 月），頁 2，項氏世系表。
〔註18〕 〈書法雅言序〉：「又自以為倘使此終葆祕，後有元常其人，必當捶胸嘔血，
　　　　別生仲將之釁，遂乞余敘而傳之。余亦使為舐筆。」
〔註19〕 參見支大綸〈書法雅言原〉，頁 4，收錄於（明）項穆《書法雅言》，明萬曆間
　　　　檇李項氏刊本。
〔註20〕 參見姚思仁〈書法雅言後敘〉，頁 3 右半，收錄於（明）項穆《書法雅言》，
　　　　明萬曆間檇李項氏刊本。
〔註21〕 楊亮注評《項穆・書法雅言》，頁 195～196。

年），若以在世時間計算，則項穆享年約四十七，未滿四十八歲。〔註22〕

二、項穆之仙道奇說

　　楊亮說：「王穉登所作〈無稱子傳〉，是關於項穆生平最早的紀錄。」〔註23〕
依據生卒年的相關記載來看，王穉登（西元 1535～1612 年）約早於項穆十五
年生，晚於項穆十三年離世，所以對項穆生平理應有一定的認知程度與掌握能
力來為其作傳，故其傳中之陳述應屬言之有據的資料。因此要認識項穆，就不
可不研讀〈無稱子傳〉的內容。何況項穆「無稱子」之號，正是由於此傳而來。
至於王穉登與項穆關係如何？為何王穉登幫項穆作傳？由於筆者未蒐查到有
關兩人交游之史事紀錄，因此難以有確切的論述，但筆者推測可能緣於項元汴
和文彭、文嘉的交游所產生的鏈結。王穉登曾拜文徵明為師入「吳門派」，文徵
明逝後王穉登嘗主詞翰之席三十餘年〔註24〕，筆者推想以王穉登在吳門書派中
的角色地位，或許也曾出入項元汴家中的書畫交流聚會，因而與項穆有過交集，
從中見聞項穆其人其事，甚或與項穆有過較多意見思想上的對談、互動……等
等，故能對其生平故事有所瞭解而為其作傳。

　　王穉登在〈無稱子傳〉中以「無稱子」之稱號來記項穆的傳，一方面敘
寫了項穆的生平事蹟，一方面說明之所以將項穆稱作「無稱子」的緣由，兩
者互相扣連，可見「無稱子」這個命名，其中的內涵是與項穆的生命情懷和
思想有很大的關係的。

　　〈無稱子傳〉開篇即言：

> 夫才勝德，德不必勝才；富勝仁，仁不必勝富。此蒼素薰蕕大較也。
> 上士取德舍才，取仁舍富；中士才、德、仁、富半；下士鮮不以彼
> 易此哉。若乃處非才、非德、非仁、非富之間而澗迹玩世，如古東
> 方生，然者非逍遙宇宙，晡晚塵壒，其孰能與？於此余觀無稱子類
> 有道者。〔註25〕

〔註22〕歷經世宗、穆宗、神宗三任皇帝。

〔註23〕楊亮注評《項穆‧書法雅言》，頁 1。

〔註24〕《明人傳記資料索引》：「王穉登（1535～1612）字百穀，號玉遮山人，吳郡
　　　　人。十歲能詩，名滿吳會。吳門自文徵明後，風雅無定屬，穉登嘗及徵明門，
　　　　遙接其風，擅詞翰之席者三十餘年。」參見國立中央圖書館編《明人傳記資
　　　　料索引》（台北：中央圖書館，1978 年 1 月），頁 71。

〔註25〕參見〈無稱子傳〉，頁 1，收錄於（明）項穆《書法雅言》，明萬曆間橋李項氏
　　　　刊本。

王穉登傳文一開頭就先指出無稱子像是個有道者，類比古代的東方朔，是「處非才、非德、非仁、非富之間而濯迹玩世」且「逍遙宇宙，睥睨塵壒」的人，因而特出於「取德舍才，取仁舍富」的上士、「才、德、仁、富半」的中士和「取才舍德，取富舍仁」的下士這三種普通凡人之外，以此點明了「無稱子」的非同凡響。

繼而又云：

> 無稱子姓項，名穆，字德純，號貞玄，檇李世家也。始名德枝，郡大夫徐公奇其才，易為純。方誕時，王父夢呂仙入室，母亦夢羽衣道士臥帷中，縣弧以四月十四為純陽僊誕，易名蓋相符。生而眉目如畫，不喜食肥甘膿膩。志在玄靖沖穆，薄軒冕如浮雲，貌與情無不呂仙也者，後乃更名穆，而字其名。〔註26〕

這裡揭露「無稱子」即項穆，並說明項穆取名「穆」、字「德純」的由來。其中提到項穆出生時的傳奇異事：據王穉登的敘述，項穆出生前，他的祖父曾夢見「呂仙入室」，母親也夢見「羽衣道士臥帷中」，且恰巧項穆出生也與呂洞賓誕辰〔註27〕同一日，接著又描述項穆「貌與情無不呂仙也者」，這段敘述除了呼應郡大夫徐公「德純」之名取得適得奇巧之外，似乎還有暗示項穆乃道教仙人呂洞賓轉世之意味。

於此之後，傳文中又有數段內容提及項穆種種異於常人的才能與氣度：其一為談到項穆一直懷才不遇，比部陽陳公文昊〔註28〕深深為他惋惜而向尚書宋纁舉薦他，某次機遇，宋纁親自見識到項穆的奇才時曾發出驚詫，云：

> 他日尚書（宋纁）於座上授管，俾撰文，泚筆立成，捷若風雨，措詞命意並奇絕，不似從人間來。尚書乃失聲咤曰：此不火食人，豈

〔註26〕參見〈無稱子傳〉，頁 1 左半～頁 1 右半，收錄於（明）項穆《書法雅言》，明萬曆間檇李項氏刊本。楊亮注評《項穆・書法雅言》（南京：江蘇美術出版社，2008 年 1 月），頁 199。

〔註27〕呂洞賓，歷史上知名的道教仙人，唐德宗「貞元十四年四月十四生，號為純陽子。」參見冷立編著《中國神仙大全》（瀋陽：遼寧人民出版社，1990 年 2 月），頁 219。

〔註28〕陳文昊，江西人，萬曆進士，丙子任推官，寬平有度，讞獄之暇，進諸生講論經義，品題科目不爽，尺寸陞南刑部主事。引自中國哲學書電子化計劃《嘉興府志》卷 7～卷 1，173 條，書影第 1203 頁。https://ctext.org/library.pl?if=gb&file=107584&page=1203，瀏覽檢索日期：2021.1.6。

凡目所能鑒？〔註29〕

其二是關於他不避俗諱為其父項子京營葬的事件，文中寫道：

> 為文告后土，殃及之，不敢辭，竟以庚寅葬，由是聞者莫不稱孝子
> 哉，而無稱子意不屑也。蓋將高蹈六合之外，軒軒欲僊舉乎。〔註30〕

其三是寫到項穆的成長過程中，有一些比較異於常情的言行事蹟，諸如製作神像禮拜、閉關獨坐、神準的言論等等，家人還因此請人為他看相，進而得到他是「紫府中人」的說法，於王穉登之行文中他似乎也將項穆視之為「真仙覺士」，而以「無稱子」稱譽他溷迹「朱門繡屋銅山金埒之家，一切聲華榮利輳輻滿前，而智炬慧光夢寂常照。若蓮生污泥，亭亭不染」，仍能保有不為塵俗矇障之智慧，上述原文摘錄如下：

> 幼與群兒戲，摶土削木作聖賢仙佛像，禮拜甚虔。好閉關獨坐，家
> 人索之不得，方皇皇，已乃凝然密室中耳。時有卓偓者，言多奇中，
> 伯父子長公使相之，一見即云，是兒孫紫府中人也。在昔真仙覺士，
> 往往溷迹人間，甚者朱門繡屋銅山金埒之家，一切聲華榮利輳輻滿
> 前，而智炬慧光夢寂常照。若蓮生污泥，亭亭不染，始足以喻無稱
> 子。不然呂仙入室之夢，卓偓紫府之言豈漫然與；宋尚書之云不朽
> 者，抑又糠秕矣。〔註31〕

直到傳文的最後，王穉登說項穆「為孝子、為仁人皆不屑，意在神僊沖舉，神仙視富且才如贅疣然」，然後呼應開頭總結出「出世之士，并仁與德付之無何有，是乃所以為無稱子」，其原文所述如下：

> 讀其所著雅言，飄飄有凌雲之氣，為孝子、為仁人皆不屑，意在神
> 僊沖舉，神仙視富且才如贅疣然。故居世之士，去才取德，去富取
> 仁，出世之士，并仁與德付之無何有，是乃所以為無稱子。〔註32〕

綜觀以上王穉登對無稱子的敘述，字句間總賦予項穆一種睿智崇高、超塵絕世的形象，同時帶有著仙風道骨的神秘氣息，其中王穉登以東方朔及呂

〔註29〕參見〈無稱子傳〉頁2左半～頁3右半，收錄於（明）項穆《書法雅言》，明萬曆間檇李項氏刊本。

〔註30〕參見〈無稱子傳〉頁4，收錄於（明）項穆《書法雅言》，明萬曆間檇李項氏刊本。

〔註31〕參見〈無稱子傳〉頁4左半～頁5右半，收錄於（明）項穆《書法雅言》，明萬曆間檇李項氏刊本。

〔註32〕參見〈無稱子傳〉頁6左半～頁7右半，收錄於（明）項穆《書法雅言》，明萬曆間檇李項氏刊本。

洞賓這兩位道教中的神化人物來喻指項穆，又說他「意在神僊沖舉」，則暗示著項穆可能有崇仰道教的信仰存在。且在楊貴中所蒐集的項穆詩作中，可以見到他曾在詩作之後自稱「貞玄道人」，又於四十六歲時作有〈月下步虛詞〉一首，「步虛詞」〔註33〕乃道教詩詞，這些跡象一再顯示著與道教有所關聯，此處，不禁讓筆者對歷來學者以儒家思想來闡釋項穆的書學理論產生疑惑。

有關於項穆的這種形象，也不僅於〈無稱子傳〉中可見，姚思仁〈書法雅言後敘〉中也曾提到相似的描述：

> 嘗聞潛龍隱德，身居寰宇之中，神遊六合之外，不弘交泰之功，即守不事之節。貞玄高尚恬曠，噓吸太和，沖襟灑度，蕩蕩淵淵。信廣成、安期之偶，顏闔、子陵之儔也。逸少一憤遠引，豈能為之右哉？賢耶僊耶，余烏能知之。〔註34〕

此處姚思仁說項穆是像廣成子、安期生〔註35〕那樣的神仙高道，或者是顏闔、子陵之類的高人隱士，且因為項穆這種高尚恬淡，瀟灑曠達，內蘊深厚的情態，讓他分不清項穆到底是賢還是仙，言語中也傳達出項穆修道境界的深奧莫測。

此外，支大綸〈書法雅言原〉中也述及項穆晚年潛心投注於「沖舉之術」，其文云：

> 輒乃脫屣科名，身散萬金之產，而屏紛烏戶，庶幾沖舉之術。〔註36〕

由這些紀錄，我們大概可以看出項穆在時人眼中的奇異獨特和他平生深造於道法的心志取向。

〔註33〕步虛詞：「六朝樂府中〈清商曲辭〉錄有〈上雲樂〉，而〈雜曲歌辭〉中則錄〈步虛詞〉……步虛聲始為道教音樂的正統，其產生的時代及流行程度較〈上雲樂〉更早更廣，為道教齋儀中所使用的宗教樂曲。」參見於李豐楙《憂與遊：六朝隋唐遊仙詩論集》（新北：臺灣學生書局，1996年3月），頁278。

〔註34〕參見〈書法雅言後敘〉頁3，收錄於（明）項穆《書法雅言》，明萬曆間檇李項氏刊本。

〔註35〕安期生，「安期先生者，瑯琊阜鄉人也。賣藥於東海邊，時人皆言千歲翁。秦始皇東遊，請見，與語三日三夜，賜金璧度數千萬。」參見王叔岷《列仙傳校箋》，（台北：中研院文哲所，1995年4月），頁70。廣成子，傳說中的神仙，「上古軒轅時人，隱居崆峒山石室中，黃帝問以至道之要。」參見臧勵龢編《中國人名大辭典》，（台北：台灣商務印書館，1977年10月），頁1496。

〔註36〕參見〈書法雅言原〉頁三右半，收錄於（明）項穆《書法雅言》，明萬曆間檇李項氏刊本。

三、項穆之於富與仁

　　王穉登於〈無稱子傳〉中論及項穆乃「處非才、非德、非仁、非富之間」的人，但實際上項穆並非「無才」、「無德」、「無仁」、「無富」之輩，項穆是知名書畫收藏家項元汴之子，項元汴在當時是富甲一方的收藏家，〈四庫全書提要〉即載道：

　　　　元汴鑒藏書畫甲於一時，至今論真跡者，尚以墨林印記別真偽。〔註37〕

明姜紹書《無聲詩史》記載：

　　　　項元汴，字子京，號墨林，嘉興人。家故饒資，幾與陶白方駕，出其緒餘以購法書名畫，牙籤之富，坪於清閟。〔註38〕

沈紅梅〈明代嘉興項氏兄弟藏書考略〉說：

　　　　「天籟閣」〔註39〕收藏的圖書數量與范欽「天一閣」不相伯仲，而在品質上更精，收藏的歷代書畫及其他物品之精、之富則獨步天下，無人能望其項背。〔註40〕

又言及：「沈德符在《萬曆野獲編》中不止一次提到項元汴以重金購買圖書書畫。」〔註41〕，「項氏成為巨富的一個方面是項元汴『坐質典庫』。一般當鋪當金銀珠寶，但項元汴作為文物收藏家，他同時還典當圖籍。」〔註42〕黃惇也曾提到「項元汴資產雄厚，故其時重要的書畫藏品大多流入其手中。」〔註43〕

　　由此可知：項家的書畫收藏豐碩乃根源於其財富基礎之雄厚。項穆生於巨賈之家，自然不能說是「無富」，然而為何王穉登言其「非富」呢？這應該與項穆看待財富的價值觀有關，王穉登〈無稱子傳〉有段談論項穆處置家產的記載：

　　　　居亡何，子京先生物故，所析箸皆不問，諸古器物圖籍悉篋之，曰：「吾先君之澤，弗忍視也。」或有間之者，曰：「吾先君之志，弗忍

〔註37〕　（明）項穆《書法雅言》，（北京：商務印書館影文津閣四庫全書，2006 年），文見第八一八冊，子部，藝術類，頁 0818～801～802。

〔註38〕　項元汴條，見於明姜紹書撰《無聲詩史》卷三，頁 51，收錄於于安瀾《畫史叢書》第二冊（台北：文史哲出版，1974 年），頁 1009。

〔註39〕　天籟閣：項元汴將自己的藏書樓取名為「天籟閣」。

〔註40〕　沈紅梅〈明代嘉興項氏兄弟藏書考略〉，圖書館工作與研究，第 7 期，2008 年，頁 86。

〔註41〕　沈紅梅〈明代嘉興項氏兄弟藏書考略〉，頁 86。

〔註42〕　沈紅梅〈明代嘉興項氏兄弟藏書考略〉，頁 87。

〔註43〕　黃惇《中國書法史·元明卷》（南京：江蘇教育出版社，2011 年 3 月），頁 467。

> 傷也。」置義田七百餘畝，贍四學諸生及宗人窮乏者。開府中丞直
> 指御史而下，下記交獎，無論親踈，遠近之人餒者糜，寒者絮，病
> 者藥，死者槥，割其帑幾盡，無難色。〔註44〕

文中首先提到項穆對項元汴死後分產之事毫不過問，再者，他將父親留下的
古器物圖籍都裝箱收藏，沒有藉此買賣牟利，其餘錢財則置義田、贍四學、
獎勵家臣及廣泛濟助貧寒病死之人，雖散去多數財富而無不捨。因此，他雖
然擁有財富，卻不看重那些財富，也不據為己有己用，這可能就是王穉登所
謂的「非富」。而他利用財富於行善，其所做所為，又何嘗不是「仁」與「德」
呢？然而「仁」與「德」卻也不是他冀求沽名於世的人生目標。

俗言：「百善孝為先」，聖賢之德，「孝」為首善，項穆的孝行也在時人的
口吻間，其具體事件是項穆為其父項元汴辦理殯葬之務時的決斷態度和作為，
王穉登〈無稱子傳〉為其記曰：

> 當子京先生之殯也，或以支干生尅為忌，乃請以身本命日當之。及
> 葬，卜庚寅，庚寅，冢孫本命也。或又以為忌。則毅然曰：夫葬親
> 者為地下，非地上也，形家之說先子孫後祖考，是急生緩死矣，顙
> 泚之謂，何欲因以為利？吾不忍暴先人以徼後人福。為文告后土，
> 殃及之，不敢辭，竟以庚寅葬，由是聞者莫不稱孝子哉，而無稱子
> 意不屑也。〔註45〕

此段指出項穆不忌沖尅之諱，而以先祖為尊，克盡子孫之孝道，他這種突破
成俗故典的思想，及毫不畏懼陰禍降災的儀範，讓眾人十分肯定他的孝心與
孝行，尤其「吾先君之澤，弗忍視也」、「吾先君之志，弗忍傷也」、「吾不忍暴
先人以徼後人福」等言，更鮮明傳達出他至情至性的仁孝之心，然而王穉登
卻說「聞者莫不稱孝子哉，而無稱子意不屑也」。可見所謂的「非德」、「非仁」，
並非「無德」、「無仁」，而是項穆無意以此博名，故不看重世人給他的讚譽。

關於這個部分的記載，支大綸〈書法雅言原〉中也有所紀錄：

> 諸所建豎如廣義田以惠士，違俗諱以營葬，咸足為世重者。輒乃脫
> 屣科名，身散萬金之產，而屏紛扃戶，庶幾沖舉之術。此其人塵囂

〔註44〕參見〈無稱子傳〉頁3，收錄於（明）項穆《書法雅言》，明萬曆間橋李項氏
刊本。

〔註45〕參見〈無稱子傳〉頁3左半～頁4，收錄於（明）項穆《書法雅言》，明萬曆
間橋李項氏刊本。

榮利足絓之哉？〔註46〕

由此可知，對項穆而言，榮華富貴與名利聲譽都是不足掛齒的身外之物，也並非他所企望和追求的，於是他與眾不同的灑脫和清越，便成就了他的「神化」傳奇。

四、項穆之才學與際遇

據王穉登所言，除了「非富」、「非德」、「非仁」之外，尚有一「非才」，可想而知，「非才」亦當非指「無才」，那麼項穆之才又如何呢？關於這部分，藉由時人的評述，約略可察知項穆的才情如何，以下摘錄相關史料記載作為察探之依據：

沈思孝〈書法雅言敘〉云：

> 余故善項子京，以其家多法書名墨，居恒一過展鑒，時長君德純每從傍下隻語賞刺，居然能書家也。余笑謂子京曰：「此郎異日故當勝尊。」及余竄走疆外，十餘年始歸，德純輒已自負能書；又未幾，而人稱德純能書若一口也。余始進而語之曰：「以君名地慧才，視取榮泰猶掇之耳，奈何早自割棄，以一秩自掩，不見右軍以書掩生平，為後來惜乎？」〔註47〕

支大綸〈書法雅言原〉云：

> 我郡貞玄項子，少而擅人群之譽，制秩翩翩，傲倪一世士，士亦共推轂之而未究其用，間以湛思邃畜，精詣書法，令名隱隱動吳越間。〔註48〕

王穉登〈無稱子傳〉云：

> 父曰項子京，先生家饒於貲，性乃善博古，所藏古器物圖書甲於江南，客至相與品騭鑒定，窮日忘倦。無稱子從傍睨視，徐出片言甲乙之，父與客莫能難，然意不欲以博古名。為程書才清氣茂，風旨蕭遠，每試輒高等，主者以貲嫌，屢黜之。既游太學，復黜於都試。

〔註46〕參見〈書法雅言原〉頁3右半，收錄於（明）項穆《書法雅言》，明萬曆間橋李項氏刊本。

〔註47〕參見〈書法雅言敘〉頁1，收錄於（明）項穆《書法雅言》，明萬曆間橋李項氏刊本。

〔註48〕參見〈書法雅言原〉頁2左半～頁3右半，收錄於（明）項穆《書法雅言》，明萬曆間橋李項氏刊本。

比部陽陳公文昊意深惜之，與尚書宋公緟邂逅陳邱，陳為推轂，公未信也。他日尚書於座上授管，俾撰文，泚筆立成，捷若風雨，措詞命意並奇絕，不似從人間來。尚書乃失聲咤曰：「此不火食人，豈凡目所能鑒？試令入銅龍登白虎，不知當置誰左。子之不遇，猶齒角足翼乎，然千載而下與我曹孰不朽耳。」無稱子感其言，憬然悟，益無意世上名。〔註49〕

又云：

無稱子腹中淵淵，五車三篋，扣之若靈鐘法鼓，音節殊絕，然不自衒其博，人莫測也，書法抑其細耳。〔註50〕

姚思仁〈書法雅言後敘〉云：

貞玄以世室之胄，纖無紈縠之態，博學好義，無庸更僕。爾時修制舉義，即抽隙揮毫，尤精究禮樂，窮源搜奧，正譌糾舛。久之侍婢盡能弦歌，時聞撫奏，令人心和氣平。〔註51〕

陳懿典〈重刊書法雅言序引〉云：

貞玄少負不羈，才情八斗，頃刻千言，裘馬翩翩，所至詞人名獻，傾動奔走，絳帳之內，絲肉集陳，有馬南郡之風，而晚盡謝去，獨臨池之興，與道念並進。〔註52〕

李日華《六硯齋筆記》云：

墨林子蘭臺君，與余同遊膠庠，每臺使者至，則請為都講，聲訇然滿堂，人伏其豪爽無貴介纖悒之氣，已入太學。中歲頗娛聲酒，嘗招余，出歌童相侑，備秦巴荊越之音，晚好道，兼精八法，所著書法雅言，頗排蘇、米近習，直趨山陰，識者韙之。〔註53〕

綜觀以上沈思孝等六人之敘述，歸納項穆之才學大概可分成五項：

〔註49〕 參見〈無稱子傳〉頁2～頁3右半，收錄於（明）項穆《書法雅言》，明萬曆間檇李項氏刊本。

〔註50〕 參見〈無稱子傳〉頁6，收錄於（明）項穆《書法雅言》，明萬曆間檇李項氏刊本。

〔註51〕 參見〈書法雅言後敘〉頁1，收錄於（明）項穆《書法雅言》，明萬曆間檇李項氏刊本。

〔註52〕 參見楊亮注評《項穆・書法雅言》，頁195。

〔註53〕 （明）李日華著，沈亞公校訂《六硯齋筆記》卷一（上海：中央書店，1936年），頁13，臺灣華文電子書庫，https://taiwanebook.ncl.edu.tw/zh-tw/book/NCL-000797804/reader 檢索日期 2021.1.6

第一，由「長君德純每從傍下隻語賞刺，居然能書家也」及「無稱子從傍睨視，徐出片言甲乙之，父與客莫能難」，可見其評斷犀利的書畫鑑賞才能。

第二，由「制秇〔註54〕翩翩」、「為程書才清氣茂，風旨蕭遠，每試輒高等」、「他日尚書於座上授管，俾撰文，泚筆立成，捷若風雨，措詞命意並奇絕，不似從人間來」，可見其行文援筆立就且立意不俗、文采斐然之寫作才能。

第三，由「無稱子腹中淵淵，五車三篋，扣之若靈鐘法鼓，音節殊絕」、「博學好義」、「才情八斗，頃刻千言，裘馬翩翩，所至詞人名獻，傾動奔走，絳帳之內，絲肉集陳，有馬南郡之風」、「每臺使者至，則請為都講，聲訇然滿堂」，見其學識之淵博、器度之恢弘，豪情慷慨、懸河滔滔的講學才能；也可見其名動一時、受人景仰之一斑。

第四，由「尤精究禮樂，窮源搜奧，正譌糾舛。久之侍婢盡能弦歌，時聞撫奏，令人心和氣平」、「備秦巴荊越之音」，見其除了對禮樂有深入研究、運用之外，同時亦涉獵各種不同的通俗音樂，而知其廣博的音樂才識。

第五，由「人稱德純能書若一口」、「精詣書法，令名隱隱動吳越間」，見其備受肯定、造詣精深的書法才能。

透過時人的評述，約略可知項穆在當代卓然超拔的才學。項穆雖然學廣才高，年少時較為豪放不羈，但卻「不欲以博古名」、「不自衒其博」，姚思仁說「貞玄以世室之冑，纖無紈褻之態」，李日華言「人伏其豪爽無貴介纖恇之氣」，可見項穆並非矜誇傲驕之人，且不乏文人所應具備的才能，然而在仕途或試場上他卻屢屢受挫：王穉登說他「每試輒高等，主者以貲嫌，屢黜之。既游太學，復黜於都試」；支大綸說「士亦共推轂之而未究其用」，以此看來，項穆可說是懷才不遇，而這大概也是促使他後來去世離俗，走向歸隱修道的原因之一。因此，王穉登所言「非才」之意，可能就是指他才學洋溢卻無所著展的情況，而非「無才」。

再者，細究項穆懷才不遇與他歸隱修道的時間點，或許可以更進一步釐清項穆不同人生階段的變化。據陳懿典〈重刊書法雅言序引〉云：

> 貞玄初名德純，後更名穆，字德純，與文待詔以字行，意略同。旦

〔註54〕制秇：即制藝，八股文的別名。秇，「藝」之異體字。姚華《論文後編‧目錄下》：「熙寧　中　王安石創立經義，以為取士之格，明復仿之，更變其式，不惟陳義，并尚代言，體用排偶，謂之八比，通稱制藝，亦名舉業。」

　　　　旦暮元良正位將備官，采侍書之選，行且妙簡名流，貞玄即煙霞自信，
　　　　恐終當繼徵仲故事。〔註55〕

此處所言「旦暮元良正位」，指的應當是明神宗即將繼位，於繼位之際將揀
拔賢才，加以任用，然而那時項穆「即煙霞自信」，根據陳懿典這段敘述，
即指出明神宗即將繼位之時，項穆就已步向潛隱之徑，推究其年歲，就是在
萬曆元年（西元 1573 年）的時候，當時項穆年僅二十一、二歲而已。而〈無
稱子傳〉中也說到項穆「當文壽丞先生為郡廣文，每見其作書，倣之宛似，
先生驚嘆，謂其風骨在趙承旨上。後謝博士家居，一意臨池。」若此處的「博
士」，指的就是文壽丞〔註56〕，據史料記載，文壽丞的卒年也是在萬曆元年，
則項穆「謝博士家居」的時間，最遲也應當在萬曆元年文壽丞生前，如此看
來，項穆隱居臨池約莫是在二十一、二歲時，這當是他人生中的第一個轉
折。

　　再者，姚思仁〈書法雅言後敘〉亦有云：

　　　　余與項氏辱世，講小學之歲即識貞玄，貞玄少余四齡，弱冠同業，
　　　　互相切劘，出入起臥計十載餘，相知之深莫我二人若也。……爾
　　　　時修制舉義即抽隙揮毫，尤精究禮樂，窮源搜奧，正譌糾舛。久
　　　　之侍婢盡能弦歌，時聞撫奏，令人心和氣平，然竊惑其染於聲色
　　　　也，豈其壯膽雄腸不堪寥廓，藉是以耗磨之耶？余居去貞玄邇甚，
　　　　恒令人矙之，秉獨焚香，正襟披校，侍婢分立，肅若廟旅，略無
　　　　狎容。余惑滋甚，間亦詰之，則曰：「中有微意。」笑而不竟。逮
　　　　余改御史，三奉巡方歸而晤對，又華謝玄脩，恬澹寧靜，天地為
　　　　家，詩書為友，非醉非醒，不憂不懼。昔尼父嘆伯陽為猶龍，貞
　　　　玄其庶乎？〔註57〕

依據姚思仁的紀錄，可知當他與項穆「弱冠同業」之時，項穆就已逐漸展開
他的玄修生活，同樣也是項穆二十歲以後的事情。後來，姚思仁於癸未年（萬

〔註55〕陳懿典〈重刊書法雅言序引〉，參見楊亮注評《項穆・書法雅言》（南京：江
　　　　蘇美術出版社，2008 年 1 月），頁 196。
〔註56〕文彭（西元 1498～1573），字壽承，號三橋，長洲人，徵明長子。以明經廷試
　　　　第一，仕為國子博士，能詩，工書畫篆刻。有博士集。參見國立中央圖書館
　　　　編《明人傳記資料索引》，（台北：文史哲出版社，1978 年 1 月），頁 17。
〔註57〕參見〈書法雅言後敘〉頁 1～頁 2 右半，收錄於（明）項穆《書法雅言》，明
　　　　萬曆間檇李項氏刊本。

曆十一年，西元 1583 年）進士登科〔註58〕，推算當時項穆三十一歲，所以姚思仁所觀察到的，至少是項穆二十歲至三十一歲時的生活狀態，符合他文中所說的「出入起臥計十載餘」。後來姚思仁擔任御史，出差巡察四方到再見到項穆時，他說項穆「又華謝玄脩，恬澹寧靜，天地為家，詩書為友，非醉非醒，不憂不懼。」，也就是說姚思仁任官之後，幾乎都在奉使出巡，就不再與項穆有那麼密切的生活往來，所以在他的眼中，項穆的修道之舉是充滿神秘氣息和令他疑惑納悶的。

　　另外，沈思孝〈書法雅言敘〉也提到一段與項穆潛修書法有關的內容：

　　　　及余竄走疆外，十餘年始歸，德純輒已自負能書；又未幾，而人稱
　　　　德純能書若一口也。余始進而語之曰：「以君名地慧才，視取榮泰猶
　　　　掇之耳，奈何早自割棄，以一藝自掩？」〔註59〕

沈思孝「竄走疆外，十餘年始歸」應是指他離開嘉興任廣東番禺知縣開始至張居正死後他被召回朝廷，升任光祿寺少卿的這段期間〔註60〕，亦即穆宗隆慶五年（西元 1571 年）至神宗萬曆十二年（西元 1584 年）這十三年的時間。所以，他詢問項穆「奈何早自割棄，以一藝自掩」之語，應該是萬曆十二年（西元 1584 年）以後的事，也就是項穆三十二歲以後，照看陳懿典、王穉登與姚思仁的紀錄，項穆潛心於書法與修道，至此已十年有餘了，也頗切合沈思孝的敘述。反而不若汪彥君所述：「（項穆）在四十歲以後閉門謝客，潛心研究書藝。」〔註61〕，若依汪彥君所言，則在時間上晚了許多，而與各篇序文中所記載的時間不大相符。

　　又王穉登〈無稱子傳〉中提到「尚書宋纁（西元 1522～1591 年）座上授管」一事，據明史記載宋纁於萬曆十四年（西元 1586 年）任戶部尚書，五年後改任吏部尚書，不久死於任內（西元 1591 年），故項穆與宋纁碰面可能發

〔註58〕姚思仁為癸未科進士，癸未為萬曆十一年（西元 1583 年）。（明）張朝瑞《皇明貢舉考》卷之九，頁 23，收錄於《續修四庫全書》史部第 828 冊，頁 541。/中國哲學書電子化計劃《嘉興府志》卷 14～卷 20，27 條，書影第 537 頁。https://ctext.org/library.pl?if=gb&file=107585&page=537，瀏覽檢索日期：2021.1.6。

〔註59〕參見〈書法雅言敘〉頁 1，收錄於（明）項穆《書法雅言》，明萬曆間檇李項氏刊本。

〔註60〕楊家駱編《明史・列傳》第 117，（台北：鼎文書局，1979 年 12 月），頁 6005。

〔註61〕汪彥君《論項穆《書法雅言》中的書學思想》，河北大學美術學系，碩士論文，2013 年，頁 7。

生於萬曆十四年至萬曆十九年之間，也就是在項穆三十四歲至三十九歲以前，這時項穆已臨池學書十年有餘了，無意於世上名亦久矣，因此王穉登說他「憬然悟，益無意於世上名」。而這期間項穆又遭逢父喪〔註62〕，之後他散金濟世，〈無稱子傳〉中說他「割其帑幾盡」，支大綸則記述：「輒乃脫屣科名，身散萬金之產，而屏紛局戶，庶幾沖舉之術。」項穆這番大刀闊斧的作為之後，大大的改變了他的生活情境，這應當可視為他人生中的第二個轉折。

　　若依據以上分析的時間作區隔，項穆的一生大概可以切分成三個階段：第一階段為二十二歲以前，游於太學、豪論不羈的少年時期；第二階段應是二十三歲至三十九歲之間，潛居臨池，後聞宋繩之言憬然悟至其父亡故的中年時期；第三階段即三十九歲以後脫屣科名，庶幾沖舉之術，高蹈六合之外的晚年時期。依《書法雅言》問世的時間推測，《書法雅言》可能就是完成於晚年時期的遺作，它是項穆凝注大半生心血的結晶。而就項穆人生階段性的轉變來說，《書法雅言》中的哲學思想，可能不僅只蘊含儒家的思想而已。

五、項穆之書法嗜好與造詣

　　誠如沈思孝所言，項穆「名地慧才」，自少年時便集富貴、名聲、地位、聰慧和才情於一身。他家境富裕、博學多聞，故而自信洋溢，勇於發表己見，揮筆為文一瀉千里，支大綸描述他「少而擅人群之譽，制秋翩翩，傲倪一世士」，陳懿典則形容他「少負不羈」、「裘馬翩翩」、「絳帳之內，絲肉集陳」，足見項穆年輕時的意氣風發，神采飛揚，然而他卻忽然退居臨池，著實令人詫異。因此，沈思孝自述曾向項穆提問過為何作這樣的選擇，並將他與項穆的問答記錄在〈書法雅言敘〉中：

> 「以君名地慧才，視取榮泰猶掇之耳，奈何早自割棄，以一秋自掩，不見右軍以書掩生平，為後來惜乎？」德純曰：「假令作素王優孟，與命爭不可知，孰若為墨卿優孟，與秋爭可必得也。且右軍一時所稱，立節則卞忠貞，相業則王茂弘，再寧淪鼎則陶長沙而已。然三人者，固不若右軍以書故在人人吻間，不掩右軍孰大於是？」〔註63〕

〔註62〕項元汴卒於萬曆十八年（西元1590年）。參見錢保塘《歷代名人生卒錄》，（台北：廣文書局，1978年3月），頁678。

〔註63〕參見〈書法雅言敘〉頁1左半～頁2，收錄於（明）項穆《書法雅言》，明萬曆間橋李項氏刊本。

項穆所持之論點為：「假令作素王優孟，與命爭不可知，孰若為墨卿優孟，與秋爭可必得也。」言談中彷彿可見懷才不遇對他產生的影響——人無法左右命運，只能反求諸己，他的想法可說是相當務實的。他認為與其將期望寄託在不可預知的命運上，等待天時、地利、人和，像孔子周遊列國那樣歷盡艱辛與嘲諷，可能耗費一生精神力氣也是白忙一場，還不如在他喜愛的書法上著墨，只要願意下功夫專研自己的藝才，便能像王羲之一樣在歷史上成為流傳不朽的聖賢，甚至更為普遍存留在人們的心中、目中、口中。項穆的觀點傾向政治是一時的名利權勢，宦海浮沉，終可能是一場空，而絕世的藝能真才，方可留名千古，長久為世人仰慕愛戴，「榮泰」與此何為不朽，項穆已明確表達出他的取捨，也讓我們清楚理解到他並沒有一般儒家文人那種積極入世的政治抱負。

其實，項穆對於「書學之藝」會有這樣的肯定，想必與他自幼生長在書畫收藏之家這一點脫離不了關係。項穆的父親項元汴雅愛書畫，收藏的法書名墨為數眾多，其父藉由書畫收藏致富，又常常舉辦書畫鑑賞聚會，無形中，這些活動就或多或少地影響了項穆的價值觀，進而形塑出他對書法的偏好和認知。項穆對書法的偏好可說是非常分明，沈思孝〈書法雅言敘〉言：

> 大都德純書于晉、唐諸名家周不該會，第心摹手追者逸少，即稍稍降格，亦不減歐、虞、褚、李。故其於蘭亭聖教，必日摹一紙以自程督，雖猛熱笠寒不暫休頓。〔註64〕

支大綸〈書法雅言原〉云：

> 故于世靡所不練習而僅著于書，于書靡所不貫穿而取衷於逸少，蓋高標雅尚有神契者。〔註65〕

陳懿典〈重刊書法雅言序引〉言：

> 云伯一氏貞玄。獨專精嗜書，自晉唐逮宋元，本朝諸名家，無不獄究而折衷之睹……貞玄鑒別既精，臨摹更力，日書《蘭亭》、《聖教序》數紙，真得二王用筆之正法。〔註66〕

王穉登〈無稱子傳〉言：

> 無稱子獨好書也，當文壽丞先生為郡廣文，每見其作書，倣之宛似，

〔註64〕參見〈書法雅言敘〉頁2左半～頁3右半，收錄於（明）項穆《書法雅言》，明萬曆間檇李項氏刊本。

〔註65〕參見〈書法雅言原〉頁3，收錄於（明）項穆《書法雅言》，明萬曆間檇李項氏刊本。

〔註66〕參見楊亮注評《項穆‧書法雅言》，頁195。

先生驚嘆，謂其風骨在趙承旨上。後謝博士家居，一意臨池，日書
《蘭亭》、《聖教》數本，寒暑不輟，筆為冢，墨為池，薄蹏高於屋
承塵，而後名乃大起。……今觀其書，非永和以後轍也。〔註67〕

從沈思孝、支大綸、陳懿典、王穉登等人的描述中，都可以清楚地看到項穆
對書法的情有獨鍾以及他精深厚實的書學根柢，沈思孝說他對於晉、唐眾多
名家沒有不會的；支大綸說他什麼都學，但只特別著重於書法，且對於書法
無所不貫穿；陳懿典說他獨專精嗜書，所以從晉唐、宋元至明朝的書法都仔
細鑽研並且折衷他們的優缺點；王穉登則藉由文彭的觀察，舉證項穆寫字每
每都可與所臨之書的字體高度相仿，來說明項穆的書寫功力。這些，在在說
明了項穆對書法的愛好以及精深廣博的程度，當然這也成了他日後寫作《書
法雅言》的基礎所在。

再者，還可以清楚看到的是，項穆一心一意追摹「逸少」所傾注的心力
——他每天必做的事就是摹寫《蘭亭》、《聖教序》，沈思孝言：「雖猛熱苦寒
不暫休頓」，王穉登曰：「寒暑不輟，筆為冢，墨為池，薄蹏高於屋承塵，而後
名乃大起。……今觀其書，非永和以後轍也。」陳懿典亦云：「真得二王用筆
之正法」，支大綸則言：「蓋高標雅尚有神契者」。凡此種種，不約而同道出項
穆對書法的熱血和對王羲之的愛戴，真可說是到達了「癡」的境界。而他的
書法造詣也因此神契於王羲之用筆之正法，支大綸就讚譽項穆的書法說：「今
觀其書，即穠纖殊致而方圓協軌，華實遞美而神情傳合，匪天發其靈，人殫
其學，博綜邃討，神動機洽，未易臻斯境矣。」〔註68〕這段文字已將項穆書
法造詣的高超完美作了極致的描述。

清代張潮說：「情必近於癡而始真，才必兼乎趣而始化。」〔註69〕或也可
藉以說明項穆對書法的真誠以及他在晚明書法史上趨於神化的志趣和書藝。

附帶一提：龔鵬程《書藝談叢》中曾有一篇談論〈書法與道教〉的文章，
他提出道教是一「信仰文字的宗教」，他說太平道編著《太平經》作為「真經」
及靈寶道之「真文」，正是與「邪文」相對，他說：

〔註67〕參見〈無稱子傳〉頁5、頁6右半，收錄於（明）項穆《書法雅言》，明萬曆
間檇李項氏刊本。

〔註68〕參見〈書法雅言原〉頁3左半，收錄於（明）項穆《書法雅言》，明萬曆間檇
李項氏刊本。

〔註69〕張潮著，李安綱、趙曉鵬述論《文學心靈散步（四）幽夢影》（新北：達觀出
版，2003年9月），頁181。

所謂「真文」……代表真實真正的文書。而且，從來源上說，也是
最早的文書，是一切天文地文人文及所有文的「原型」。其說法大略
謂：在宇宙未開闢之前，天地未分、日月未光、幽幽冥冥，無主無
宗，此時忽於空洞之中、元始之先，出現了文字。這些文字乃氣化
自然形成，文勢曲折，八角垂芒，字方一丈。空洞幽冥之中出現了
自然的紋理紋路，所以天地日月等一切天文地文人文才逐漸得到發
展與安頓。這些始源文字，就是天地一切創生演化的原型奧秘，故
只要能掌握它，即可掌握創生的祕鑰。〔註70〕

上述道教看重文字意義的觀點，與項穆《書法雅言》在〈書統〉中談論文字的
起源和功能，可說有同工異曲之妙，由此為探，項穆雅愛文字的原因是否與
其信仰有關，興許可留予後來的研究者作為其一研究之方向。

第二節　成書時代與背景

一、《書法雅言》成書時間和寫作動機

　　《書法雅言》創作的時間，推測可能是在項穆晚年時期，此觀點乃根據
《書法雅言》付梓的時間推論而來。由於黃之璧〈書法雅言跋〉中說：「戊戌
之陽月，余過橋李項丈齋中，出書法一刻眎之。」〔註71〕這段話提到「項丈」
（項穆）拿出「書法一刻」（《書法雅言》刻本）給黃之璧看，透露出萬曆戊戌
年（萬曆二十六年，西元 1598 年）此書已然刻成。而支大綸受項穆之子項皋
謨所託〔註72〕撰寫序文〈書法雅言原〉，其序文撰於萬曆己亥孟夏既望（西元
1599 年），應是《書法雅言》初版付梓之時，後來，陳懿典〈重刊書法雅言序
引〉（撰於萬曆庚子長至后二日）云：

　　是編鋟于就，李長公子中攜之燕市，一時紙貴，而君弟觀察廷堅因
　　重校而布之通都，故為論次如此。〔註73〕

〔註70〕龔鵬程《書藝談叢》（宜蘭：佛光人文社會學院，2001 年 6 月），頁 133。
〔註71〕參見〈書法雅言跋〉頁一，收錄於（明）項穆《書法雅言》，明萬曆間橋李項
　　　氏刊本。
〔註72〕「貞玄之子皋謨，雖未暇攻書，而藻業偉修，令聞蔚起，色養之暇，亟圖其父
　　　為不朽計，如子思之尊宣尼，此又逸少之所不得望者。」見於支大綸〈書法雅
　　　言原〉。
〔註73〕參見楊亮注評《項穆‧書法雅言》，頁 196。

表示《書法雅言》第一版問世的時間，應是在萬曆二十七年（西元 1599 年），而由「是編鋟于就……一時紙貴」可知此書甚為暢行，因此項穆堂弟項廷堅又予以重校再版（西元 1600 年）。

另在此書完成之時，項穆還曾向沈思孝乞序，相關紀載可見於〈書法雅言序〉：

> （德純）嘗謂人曰：「比來靜坐，如聞泥丸中有呼右軍者。」此猶昔人夢見伯英，亦神會之一驗也。因著《書法雅言》一卷，上下千載，品第周贍，進乎技矣。至若放斥蘇、米，詆落元鎮，更定筆陣數語，乃頃近書家不敢道者。又自以為倘使此終葆秘，後有元常其人，必當捶胸嘔血，別生仲將之釁，遂乞余敘而傳之。余亦便為舐筆。〔註74〕

透過沈思孝的這段敘述，可得知三件事：一是項穆著作《書法雅言》，乃出自一種心靈感知的召喚，一個心底深處萌生的企盼，一時而浮出腦海的心念；二是《書法雅言》乃項穆於書法技藝鍛鍊外，更進一步的突破與推展，且項穆自認為此書必是後世書家視之為珍寶及相爭睹之祕典；三是項穆生前親自邀請沈思孝為他的書作序，期望讓此書得以流傳。故可知此書當寫於項穆臨池磨練書法技巧之後，而在臨終之前託付沈思孝幫助他完成心中的遺願，由此推測此書應為項穆晚年之作。

項穆著作《書法雅言》，據引文中沈思孝所言，是因為頭腦裡的呼喚聲，喚起他的創作動機，但「如聞泥丸中有呼右軍者」亦神會之說，意思模糊，不知是指項穆在書法研修上，突然感悟王羲之帶給他的心靈啟發，而使項穆更上一層樓地會通羲之書法的奧妙；還是對承傳書法道統，有不可不盡心力的內在使命感聲聲催促；抑或是預告著項穆的生命即將步入另一個超然的階段，其含義予人多種想像。

然而，項穆著作《書法雅言》的緣由，無疑與他心中的書法理想有關，但也因為當時社會中書法風氣的發展，讓他更負有義不容辭的使命，它反映了項穆對書法偏離常軌的憂慮和力圖扭轉頹喪書風的志向，對於書學觀念的導正可謂不遺餘力。其中，姚思仁〈書法雅言後敘〉就指出項穆著作《書法雅言》是因為：

> 既絕世緣，臨池養性，睹世尚之偏俗，慨書法之淪沉，手筆雅言，

〔註74〕參見〈書法雅言敘〉頁 3，收錄於（明）項穆《書法雅言》，明萬曆間檇李項氏刊本。

咸古今未發之祕，探據要旨，約本正心，聖賢道德亦不越此，奚翅
六書云哉。〔註75〕

另何偉然〈青鏤管夢序〉亦言及項穆著作《書法雅言》的緣由為：

雅言之作，慨書法之失宗，挽世趨之纖詭，法先坊後，風旨悠長。
若夫放斥蘇、米，詆落元鎮，非故排訾，先民用以痛畫虎之失，揮
毫三昧，良在于斯。〔註76〕

而王穉登〈無稱子傳〉也指出：

夫書自右軍而後迄今餘千禩，骫骳於六代，曼衍於李唐，狂怪於五
季，巑岏於趙宋，而青黃刻鏤於勝國之餘燼，陽九之厄已甚。微無
稱子筆可扛鼎，疇能力排眾作。〔註77〕

綜合以上晚明時人之體認，都指出《書法雅言》的寫作動機，乃是源於當代
書法的風俗崇尚漸趨向偏詭的關係。在項穆看來，無論是書之運筆方法、書
之體格形質、書之基本功夫、書之目的作用……在當時可能被嚴重忽視和遺
棄，反之，扭曲的美學觀點和標新立異的創意正大行其道，項穆故而傾盡全
力著作《書法雅言》，亟圖匡正當時書學的弊端，正如他在〈書統〉一章中所
言：

奈自祝文絕世以後，南北王、馬亂真，邇年以來，競傚蘇、米。王、
馬疎淺俗怪，易知其非；蘇、米激厲矜誇，罕悟其失。斯風一倡，
靡不可追，攻乎異端，害則滋甚。況學術經綸，皆由心起，其心不
正，所動悉邪。宣聖作《春秋》，子輿距楊、墨，懼道將日衰也，其
言豈得已哉？……正書法，所以正人心也；正人心，所以閑聖道也。
子輿距楊、墨于昔，予則放蘇、米于今，垂之千秋，識者復起必有
知正書之功，不愧為聖人之徒矣。〔註78〕

由此亦可知，項穆恐書法正道日衰的憂心忡忡，使他無法坐視不理，因為對
書學抱持著熱切的使命感，所以雖已潛心修養，不問世事多年，卻無法默不

〔註75〕參見〈書法雅言後敘〉，頁2，收錄於（明）項穆《書法雅言》，明萬曆閒檇李
項氏刊本。

〔註76〕何偉然〈青鏤管夢序〉頁1，參見中國哲學書電子化計劃，線上圖書館→廣
快書→廣快書十三，https://ctext.org/library.pl?if=gb&file=112369&page=8，瀏
覽檢索日期：2021.3.7。

〔註77〕參見〈無稱子傳〉，頁6右半，收錄於（明）項穆《書法雅言》，明萬曆閒檇
李項氏刊本。

〔註78〕參見（明）項穆《書法雅言》，明萬曆閒檇李項氏刊本，頁2。

作聲，遂著《書法雅言》高聲呼籲，期望能喚醒時人的意識，不要迷失於追求「奇」或「怪」的書法風尚，而敗壞了書學的美德，可見他應是十分著急他所熱愛的書法，唯恐美善的書法可能斷了薪傳，於是在他有生之年，他竭力要為書法的承繼盡一份力量，因而寫下了《書法雅言》來傳遞「正書」之觀念與方法。

二、項穆家學條件

項穆為明代著名收藏家項元汴之子，是故擁有優於一般人的家學條件：一方面家境富裕，收購之書畫典藏眾多；另一方面則是有許多書畫鑑賞的門庭聚會，書畫交流活動頻繁。

據〈四庫全書‧書法雅言提要〉載：

> 元汴鑒藏書畫，甲于一時，至今論真跡者，尚以墨林印記別真偽。穆承其家學，耳濡目染，故于書法特工。因抒其心得，作為是書，凡十七篇。[註79]

汪彥君亦言：

> 項元汴收藏的書畫珍品數量十分可觀，就流傳至今的作品上的收藏印來看，除去清朝皇帝之外，就他的印記為最多。[註80]

此即指出項元汴書畫收藏之豐富，在當時無人能敵。且他所留下的藏書印記，除了可見證其收藏之多，還能作為鑑別真偽之依據，足見其收藏品之精。而項穆卓越的書法學養正是受這樣的家學陶冶而來。王穉登〈無稱子傳〉言：

> 父曰項子京，先生家饒於貲，性乃善博古，所藏古器物圖書甲於江南，客至相與品騭鑒定，窮日忘倦。無稱子從傍睨視，徐出片言甲乙之，父與客莫能難，然意不欲以博古名。[註81]

就提到了項元汴優渥的財力及收藏文物書畫的癖好，並描述了項穆參與父親和賓客品鑑收藏的景況。因此，項穆對書法的認識、觀察與深究，必然深深受其父親所經營的書畫事業之福惠。

沈紅梅〈明代嘉興項氏兄弟藏書考略〉云：

> 「天籟閣」收藏的圖書數量與范欽「天一閣」不相伯仲，而在品質

[註79]（明）項穆：《書法雅言》，（北京：商務印書館影文津閣四庫全書，2006年），文見第八一八冊，子部，藝術類，總頁第0818—801、802。

[註80] 汪彥君《論項穆《書法雅言》中的書學思想》，頁7。

[註81] 參見〈無稱子傳〉頁2，（明）項穆《書法雅言》，明萬曆間檇李項氏刊本。

上更精，收藏的歷代書畫及其他物品之精、之富則獨步天下，無人能望其項背。〔註82〕

又云：

以後這些圖書和書畫中一部分為一些收藏家收得，後大多歸入清宮內府，在清宮收藏中佔有很大的比例，項元汴也因此在乾隆帝心中留下深刻印象。乾隆帝甚至按嘉興煙雨樓和天籟閣意境在承德避暑山莊興建了「煙雨樓」和「天籟書屋」各一座。〔註83〕

可見項元汴的收藏資產多麼龐大，除了乾隆皇帝外，並不是任何人隨隨便便就能模仿和擁有的，而項穆坐擁這樣的家學條件，故能經常觀摩品鑑父親典藏的書畫，當然也是得天獨厚、無人能匹的客觀條件。沈紅梅文中還粗略統計了項氏所藏歷代書法名迹之數量：

唐以前墨迹 15 件，唐代 35 件，五代 3 件，宋 199 件，元 169 件，明 42 件，這 463 件作品中包括歷代名家經典之作，其中王羲之 10 件，懷素 4 件，蘇軾 27 件，黃庭堅 27 件，米芾 15 件，蔡襄 11 件，趙孟頫 67 件，除上述頂級名家作品之外，還有唐歐陽詢的〈夢奠帖〉，張旭的〈草書古詩四帖〉，孫過庭的〈景福殿賦〉，李白的〈上陽台帖〉，杜牧的〈張好好詩〉，五代楊凝式的〈神仙起居法〉等等，哪一件不是價值連城？〔註84〕

單就書法名迹而言，其收藏之珍品就如此可觀，無論是量或是質，都令人嘆為觀止，這除了顯示項元汴的收藏豐碩之外，也間接反映了項穆的書學優勢。

董其昌（1555～1636 年）嘗於〈太學墨林項公墓誌銘〉中記述：

憶予於諸生時游檇李，公之長君德純實為夙學，以是日習於公。公每稱舉先輩風流及書法繪品，上下千載較若列眉。余永日忘疲，即公亦引為同味，為相見晚也。公與配錢孺人歿數十年，而次君德成圖公不朽，屬余以金石之事。余受交公父子間，不可不謂知公者，何敢以不文辭。〔註85〕

由此記述可知董其昌與項穆曾是「夙學」，也因為與項穆的關係而有機會攀附

〔註82〕沈紅梅〈明代嘉興項氏兄弟藏書考略〉，頁 86。
〔註83〕沈紅梅〈明代嘉興項氏兄弟藏書考略〉，頁 86。
〔註84〕沈紅梅〈明代嘉興項氏兄弟藏書考略〉，頁 87。
〔註85〕（明）董其昌《容台集》十七卷，明崇禎三年董庭刻本，收錄於《四庫禁燬書叢刊》集部第 32 冊，頁 365。

在項元汴身邊學習品鑑書畫，這對董其昌日後在書畫上的成就，不可說毫無啟發與影響，然而若不是源於與項穆的夙學關係，一般人恐怕並不容易進得了項家這個書畫的上流家庭中去觀摩學習。如支大綸即云：「予誠少而好書，顧以應博士舉，未見其止，而家故貧，不能多致真蹟，乃蓬蓬舍津筏而師心，故於臨池之道淺矣。」〔註86〕不似項穆生來就在這樣的家庭中，見到那些珍貴的書畫典藏的機會大，比起他人遠遠便利許多。

再者，沈紅梅提到「項元汴區別於其他歷代藏書家的一個最大特點，在於他所收藏的圖籍珍品並不是束之高閣、秘不示人，而是經常與文人和藏家在一起研究與把玩。」〔註87〕黃惇就曾說到文徵明之子文彭、文嘉與項元汴的交游：

> 他們與同時代的嘉興藏書家項元汴、太倉藏家王世貞兄弟都有往來，尤與項元汴關係密切，相與商討，共同鑑定，書畫藏品亦時有交換。然項元汴資產雄厚，故其時重要的書畫藏品大多流入其手中。〔註88〕

又如沈思孝之言：「余故善項子京，以其家多法書名墨，居恒一過展鑒。時長君德純每從傍下隻語賞刺，居然能書家也。」〔註89〕可見項氏家中不乏書畫交流之聚會，由於項元汴頗為熱衷於書畫交流的活動，因此也使項穆有許多機會增廣見聞，從旁汲取眾多文人書家的書畫學養和鑑賞知識，進而豐厚自身的書法素養，故其家學條件可謂雄厚非常。

三、明代書學環境

明代書法的昌盛與發展，起初與君王的愛好取向有著密切的關係，受到朝中相關政策的影響，伴隨著文化思潮及社會、經濟結構的逐漸轉變，明代書法自然受到其時代革新的作用，而產生其時代性的特徵，換句話說，書法潮流的形成與時代環境的脈動息息相關。因此，在研究《書法雅言》時，不可不探討項穆所處之時代，影響書法發展的環境背景因素。

〔註86〕參見〈書法雅言原〉頁四左半，收錄於（明）項穆《書法雅言》，明萬曆間檇李項氏刊本。
〔註87〕沈紅梅〈明代嘉興項氏兄弟藏書考略〉，頁88。
〔註88〕黃惇《中國書法史‧元明卷》，頁466～467。
〔註89〕參見〈書法雅言敍〉頁1右半，收錄於（明）項穆《書法雅言》，明萬曆間檇李項氏刊本。

（一）明代君王對書法的態度

談到明代書法，一般而言，分成早、中、晚三個發展時期。明朝開國之初，書法的發展，與君王的好惡意向關係密切，關於明代書法，肖燕翼如此敘述：

> 明代書法，是繼宋、元以後帖學書法的又一發展及普及的時期。明代歷朝皇帝及外藩諸王，大多愛好書法，繼宋之後，又掀起朝野間的從帖匯刻之風，如永樂十四年（1416）周憲王朱有燉匯刻的《東書堂集古法帖》，弘治九年（1496）晉靖王朱奇源為世子時匯刻的《寶賢堂集古法帖》；私家刻帖，有華夏的《真賞齋帖》、文徵明的《停雲館帖》、董其昌的《戲鴻堂法書》等，都是明代的著名刻帖。這些刻帖為明代奠定了基礎，故近代馬宗霍說：明代「帖學大行，故明人類能行草，雖絕不知名者，亦有可觀。」〔註90〕這是明代書法的主要特點之一。〔註91〕

由此可知明朝「帖學」書法的興盛。劉九庵便說：「帖學書法興起，成為宋、元兩代書法的主流，而明沿其體勢，集其大成，更演為鼎盛之局面。」〔註92〕除了「帖學」之外，書法的發展也深受明成祖所頒布的政令之影響：

> 明成祖朱棣異常喜歡書法，在永樂年間，曾下詔廣徵天下長於書法的人才，然後召入宮中，命其專門繕寫詔令、文書等。對於有書法專長的人，授以中書舍人的崇高官位，在翰林院工作。然後又從中書舍人中，再選拔書法造詣較高的書家，專門學二王書藝，並且以內府所藏的古代名人書法，以供他們進修提高之用。由此可見，明代帝王對書法家的獎勵是十分重視的。〔註93〕

由於書法造詣高就有機會獲選入宮，授官任用，書法因此受到極高的重視。書法的地位得到鞏固和維持，自然而然也助長學書的風氣。況且，除了明成祖以外，仁宗、宣宗、憲宗、孝宗、世宗、神宗都繼承家風，愛好書法，如此一來，上行下效，「帖學」書法便蔚然成風。由馬宗霍所輯《書林藻鑒》所記

〔註90〕馬宗霍《書林藻鑒》下冊卷第十一（台北：臺灣商務印書館，1982 年 5 月），頁 283 左半。

〔註91〕肖燕翼《明代書法》（上海：上海科學技術出版社，2001 年 12 月），頁 13。

〔註92〕劉九庵〈帖學鼎盛期的明代書法〉，中國美術全集編輯委員會《中國美術全集‧書法篆刻編 5 明代書法》（台北：錦繡出版社，1989 年 8 月），頁 1。

〔註93〕蔣文光《中國書法史》（台北：文津出版社，1993 年 7 月），頁 258。

便可見明朝君王對書法的崇好：

> 仁宣嗣徽，亦留意翰墨，仁宗則好摹蘭亭，宣宗則尤好草書，憲宗、
> 孝宗、世宗皆有書蹟流傳，孝宗好之尤篤，日臨百字以自課，亦徵
> 能書者使值文華供內制，神宗十餘歲即已工書，每攜大令鴨頭丸帖、
> 虞世南臨樂毅論、米芾文賦以自隨，夫上有好者，下必甚篤，明之
> 諸帝，既並重帖學，宜士大夫之咸究心於此也。〔註94〕

於此同時，還形成「臺閣體」〔註95〕書風。肖燕翼在《明代書法》中談到：

> 統治者對書法藝術的審美要求，通過官祿拉攏、羈縻善書者，深刻
> 地反映在中書舍人的書法風格中，於是，造成了「臺閣體」書法的
> 出現。〔註96〕

又說：

> 檢清代康熙時官修的《佩文齋書畫譜》，有記載的中書舍人在洪武朝
> 有十餘人，至永樂朝驟增至三四十人……雖然有明一代從未間斷過
> 中書舍人之職，而永樂年間（1403～1424）則是最盛的時期。這段
> 時間，「臺閣體」書法佔據了當時書壇的主要地位，其代表者是號稱
> 「二沈」的沈度、沈粲兄弟。〔註97〕

在明朝，書法可說是進入仕途必修的基本技能，又由於「臺閣體」為統治者
的審美要求，因此不僅對書壇產生很大的影響，在科舉上，以八股文取士，
也相當重視字體書寫的工整，故而「臺閣體」書法不可免的成為士人文字書
寫上的指南。肖燕翼《明代書法》中言：

> 「臺閣體」書法並不囿於中書舍人中，一些官僚文人，甚至包括在
> 野的書法家，他們或因在朝供職，或因欲取科舉，或因風流所致，
> 也曾或多或少地受到「臺閣體」書風的制約和影響。……據記載，
> 永樂朝編纂的《永樂大典》，參與繕寫者達兩千餘人，我們只要看

〔註94〕馬宗霍《書林藻鑒》下冊卷第十一，頁283。

〔註95〕所謂「臺閣體」，主要指在宮廷中供職的中書舍人們的書法。……由於中書舍
人在洪武初曾隸屬中書省，後來才主要承辦內閣或皇帝直接吩咐的繕寫事
務，而唐、宋以後中書省曾取代尚書省，漢代稱尚書為臺官，這樣中書省的
官員也兼有臺官的職能；又由於明代中書舍人書寫的文字，有一定的體格、
風貌，所以人們就用中書舍人所在的官署及其職能，和稱其書法為「臺閣體」。
參見肖燕翼《明代書法》，頁15～16。

〔註96〕肖燕翼《明代書法》，頁15。

〔註97〕肖燕翼《明代書法》，頁16。

《永樂大典》的文字書寫與沈度楷書的接近程度，就可以想像出「臺閣體」書法曾經是怎樣的盛行了。既然「臺閣體」是強權政治的產物，他有著泯滅藝術家個性的保守性，那麼在這種強權統治稍微鬆弛之時，一些藝術家便會衝破其窠臼，於是，明代書法便進入了中期的發展階段。〔註98〕

由於「臺閣體」書法的盛行與發展，最後也使書法趨向停滯、死寂，因為它的力求端正平穩，拘謹中式，便使書法流失了書家的個性，而缺乏生氣，在整齊統一的點畫規範下，無形中扼殺了書法的藝術展現，徒為秀整而呆板，呈現出「千人一面」之弊而遭人詬病，因而促使書法產生後續的變革：先是中期「吳門書派」的崛起，書壇開始透過復古企圖改革「臺閣體」書風，於是紛紛師古，「有師法蘇軾的吳寬，師晉人的王鏊，師法黃庭堅的沈周，師法張旭、懷素的張弼、張駿，師法懷素、米芾的徐有貞等等」。〔註99〕到了晚期，則受到陽明心學的影響，於是又對昧於擬古的書法興起反動，展開個性大解放，遂大大偏離晉唐風度，走向求奇尚怪的書學風潮。肖燕翼對晚明書法的敘述說：

昔人評明人書法「尚態」，是指明代人的書法注重型態的表現。但明代早、中期，也包括董其昌的書法，都是一種流便秀美的型態。而明末眾多的書法家則不然，他們的書法型態表現往往很怪異，乍看並不能使人產生美感，甚至覺得「醜怪」；筆法也不追求流暢婉便，而是表現為澀勁倔強，因而與此前的明代書法大相逕庭。〔註100〕

劉九庵則談到：

明初以及明中期的書法都有各自的代表人物，並且彼此間都有某些共同的藝術理想和共同的藝術表現特點，而明末書壇則不復有這種現象。比如慶隆、萬曆年間號為「邢張董米」四家的邢侗、張瑞圖、董其昌和米萬鍾，他們只是齊名當代、彼此間沒有多少藝術瓜葛的四個書家而已。而且，他們也不能代表當時書壇的主流，因為還有一批如徐渭、趙宧光、莫是龍等人，基本上都是各行其事的書法家。……明末書法的特點，恰恰就在於諸家並立的書壇，不同的書

〔註98〕肖燕翼《明代書法》，頁17。
〔註99〕肖燕翼《明代書法》，頁17。
〔註100〕肖燕翼《明代書法》，頁21。

法風貌競相紛爭的局面，從而使帖學書法獲得了另一種型態的發展
和繁盛。〔註101〕

《書法雅言》即是誕生於中晚期的書法論著，在中晚明書法發展的時空背景
下，讓項穆發出警戒的，便是中晚期對「臺閣體」書法和「泥於摹古」的叛逆
——對於走向「激勵矜誇」、「任誕不羈」的書學思潮，他反對矯枉過偏所形
成的另一種書法弊端，因此提出「中和」觀的書法主張，期望能力挽狂瀾，匡
正時弊。

（二）學術思想對書法的引領

除了政治上君王的態度之外，明朝不同時期的學術思想主流也對書法產
生了相當的影響。學術思想反映著當時社會上的價值選擇和認同，社會、文
化發展的方向不免受到思想主張的引領，而形成某種潮流。明代的書法，同
樣也隨著學術思想的更迭而嬗變。概略而言，明代前、中期沿襲程、朱理學
作為政治統治的依歸，而成為當時社會上的學術主流，及明代中、晚期政治
日趨衰腐，陽明心學代之興起，與當時社會環境轉型緊密結合，因而大放異
彩，佔據了主流地位。在書法方面，書法所呈現出的風貌與型態也和學術思
想的變革相呼應著。譬如「臺閣體」書法的風靡，背後其實有其深刻的學術
因素支撐方才助長它的發展：

> 永樂十三年，翰林院學士兼左春坊大學士胡廣等人，奉成祖之命編
> 纂《性理大全》七十卷，專一收輯程、朱理學，使之成為科舉應試
> 的必讀之書，以後浙江錢塘人鍾人杰又輯錄增訂成《性理大全會通》
> 七十卷，續編四十二卷。其中《字學》專一收輯宋儒張載、程顥和
> 朱熹的論書語錄，這是歷史上第一次從程、朱理學角度來輯錄論書
> 語錄。書法理論被作為理學的一個有機組成部分，則使當時的書法
> 藝術發展塗上了濃重的道統色彩。〔註102〕

李吾銘〈米芾書法的經典化歷程〉也論述道：

> 程朱理學對人性的態度是「存天理，滅人欲」，對藝術的態度是「文
> 便是道」，是藝術為道德教化的工具，這與北宋崇尚個性自由的「尚
> 意」思想完全對立……由於理學思想在南宋晚期到元、直到明前期

〔註101〕劉九庵〈帖學鼎盛期的明代書法〉，頁13。
〔註102〕黃惇《中國書法史・元明卷》，頁385。

　　　　一直是官方的統治思想，所以此期不僅米芾書法，而且整個北宋書
　　　　法都是受批判的對象。這種情況到明中期時才有所改變。〔註103〕
可見程、朱理學思想對明初的書法有著何等鮮明的指導作用。直到王陽明的
心學崛起，在書法上掀起了一場巨大的個性解放風潮，響應著心學的理念，
此時，書法的表現形態一時紛呈，崢嶸之態勢宛如波濤洶湧，不可遏逆。肖
燕翼說：「明代後期的書法發展，是以諸家紛爭並立的局面為表現形態的。」
〔註104〕李吾銘也陳述：

　　　　明中晚期，稱雄書壇者先後有吳門書派、雲間書派，他們突破了元
　　　　以來獨宗趙孟頫書法的局限，開始關注並取法蘇、黃、米為代表的
　　　　宋人書法。……明中葉之後，思想界開始出現一股被視為「異端」
　　　　的潮流。首先是王陽明的心學出現……這種強調主體意識的思想
　　　　對明前期占統治地位的程朱理學造成強烈衝擊。其後李贄更是在
　　　　此基礎上根本否定權威，肯定個體價值……提出了童心說……肯
　　　　定個體價值和「童心就是真心」的主張極具叛逆色彩。……一種主
　　　　張創新、肯定自我、崇尚個性的思想變革很快波及到各個藝術領
　　　　域。……到晚明，這股思想變革潮流發展到頂峰，崇尚自由抒發主
　　　　體情感的呼聲佔據了整個藝術創作領域。個性鮮明、奮筆刷掠的米
　　　　芾書法得到了董其昌和王鐸等大家的肯定和推崇，更是大行於天
　　　　下。〔註105〕

由此可知，明代書法發展的脈絡，受到學術思想的影響而表現出不同時期的
特徵：明初書法主要為政治服務，受程、朱理學思想的規範；至明中期，政治
力量減弱，書壇一開始從復古中改革「臺閣體」書法之弊，書法便逐漸與政
治分流，文人書家意志覺醒，於是取法自古代書家，或漢、或晉、或唐、或
宋，各有各的崇尚，分別展開不同風格的追求。然而「師古」、「摹古」終流於
「擬古」、「泥古」，產生僅求字體肖似而缺乏個人的突破與創造之病，所以隨
著明中期心學的破門而出，一舉衝破傳統社會的權威思想，開創了一個新的
學術時代，一股「從心所欲」、講求「個性解放」的思潮，在書壇漫流橫溢，
書法的恣意狂怪，由此正式登場。只是，即便如此，明朝至終仍舊沒有出現

〔註103〕李吾銘〈米芾書法的經典化歷程〉，書法世界，第11期，2004年，頁37。
〔註104〕肖燕翼《明代書法》，頁20。
〔註105〕李吾銘〈米芾書法的經典化歷程〉，頁35、37。

超越前朝的書家，然而，其中值得注意的是：明朝書法在思想與藝術上的革新與開創，對書法史發展過程所產生的重大意義。

觀項穆的《書法雅言》就是在中晚明這股強大潮流變化中的一種迴響，它顯示出明朝書學思想存在著各種不同的看法，可見明朝書法發展的方向並不單一，而是逐漸朝向多元的嘗試與探索，也因此而使書法呈現出多元的面貌，無形中也增添了書法的藝術欣賞角度。這是明代書法突破過去傳統藝術思維的一大特點，由於「中國的藝術創造具有明顯的壟斷性。《考工記》指出，聖人坐而論道，是藝術的創始者。」〔註106〕過去的藝術多半是由上而下傳遞的統一信仰，往往只有單一的認同與遵循，「由於創造的被壟斷，在中國美術史中，很少出現個人化的民間美術。每個朝代流行的民間美術都是禮教美術的簡裝本或名家美術的複製品。」〔註107〕然而，晚明的學術發展則改變了這樣的狀態，邁入了一個嶄新的時代，它掙脫了封建社會的枷鎖，逆勢形成由下而上的社會力量，展現了民間藝術活蹦亂跳的生命力。

（三）經濟發展對書法的影響

明朝文化的普及與商業發達、經濟繁榮有著密切的關係，商業活動不僅促進文化交流，還興起了以文化作為商品的交易，這種情況，反映了當時資本主義萌芽、封建社會逐漸瓦解、社會價值正在改變的現象，而這種改變，也造成了當時社會型態的變異，商傳〈明代文化志〉記述：

> 從正德時開始，中國歷史進入了從傳統社會向近代社會的轉型時期，也有的學者稱之為近代早期。……造成社會轉型的根本原因當然還是明朝中葉以後商品經濟的發展。物質生活的豐富給人們的追求提供了基本條件，作為文化先導的文人士大夫，首先是擁有財富和權勢的士大夫們，將物質生活和文化生活都推向了一個新階段。人們的社會觀念開始發生了變化。〔註108〕

明朝社會逐步邁向近代社會的型態，資本主義的經濟價值取向，大幅改變了人們的價值觀，譬如「士大夫們本來視為高雅的文化，也開始成為他們

〔註106〕彭德撰〈美術志〉，收錄於劉夢溪主編《中華文化通志‧藝文典》(8-075)（上海：上海人民出版社，1998年10月），頁18～19。
〔註107〕彭德撰〈美術志〉，頁20。
〔註108〕商傳撰〈明代文化志〉，收錄於李學勤主編《中華文化通志‧歷代文化沿革典》(1-008)（上海：上海人民出版社，1998年10月），頁16。

換取物質享受的商品。」〔註109〕，於是「文化商品化」的產業經濟由此形成。「文化商品化是晚明的一大特徵，從而也就決定了晚明文化的發展趨勢。」〔註110〕由於藝學創作變成有價償之物，使文人士大夫開始販賣作品以換取金錢，因此，便促成書畫交易與書畫收藏風氣的興盛，除此之外，文化商品經濟的活躍，也使得文化商品走進平民百姓的生活中，逐漸擴大了它原本涵蓋的層面，進而使藝文欣賞更為普及，發展更為蓬勃，需求市場也更為廣闊。商傳〈明代文化志〉即述道：

> 正德、嘉靖乃至隆慶、萬曆，更是明朝社會繁華奢靡的時代。經濟
> 與文化的發展，不僅造就了一代風氣，而且造就了一個時代的社會
> 生活。文化活動充斥於整個社會活動之中，成為人們社會生活中必
> 不可少的一部分。〔註111〕

晚明時期，文化於社會生活中已成為日常，且「文化既然成為商品，它就必然要與社會需求相適應，使之能夠盡可能的擁有市場」，〔註112〕於是「創作人們感興趣的東西，或者說社會需求的東西，是文化商品化以後的必然結果。」〔註113〕，所以文化的發展便受到市場趨向與消費需求的影響。這段期間，書法也日漸成為亭、院、林園等建築的風雅裝飾。蘇忠炙探討〈晚明經濟對書法的影響〉，關於廳堂建築和園林題額的部分提到了：

> 晚明是書法的另一個高峰期，長條巨幅的書法作品大量出現，而這
> 些的出現絕不僅是當時書家自身創作的需求，市場的繁榮以及廳堂
> 建築的發展給晚明的書法帶來了一定的影響。……園林書法藝術作
> 為園林景觀展示的一種重要方式，也成為晚明時期園林的審美趨向
> 而更順勢風行。〔註114〕

由此可看出書法與生活的關係，書法在晚明已發展出運用於建築物的裝飾功能，從而提升生活的藝術品味，書法的實用功能就不再侷限於紙張上文字的書寫而已，還更進一步延伸開拓它的「藝術」展現場所，創造出更大的揮灑空間。

〔註109〕商傳撰〈明代文化志〉，頁19、頁18。
〔註110〕商傳撰〈明代文化志〉，頁19、頁18。
〔註111〕商傳撰〈明代文化志〉，頁156。
〔註112〕商傳撰〈明代文化志〉，頁19。
〔註113〕商傳撰〈明代文化志〉，頁21。
〔註114〕蘇忠炙〈晚明經濟對書法的影響〉，美與時代，第10期，2016年，頁135。

　　項穆之父項元汴，是明朝知名的書畫收藏家，他之所以能夠取得那麼多的書法精品，當然也就是得力於文化商品市場的發展，緣於當時書畫交易與書畫收藏風氣的興盛，項元汴也因此有豐碩的蒐羅成果。而當有一群對書畫感興趣的人，使這些文化活動熱絡地交流運作時，則能對書法藝術的推廣、鑑賞和普及，發揮巨大而深遠的影響。

　　除了書畫藝品的交易買賣之外，明代的圖書刊刻、印刷事業也是超越歷朝，蓬勃發展的產業。刊刻、印刷事業的發達，一方面助長帖學的推廣，一方面則是促使各類圖書著述的大量出版，而「書法論著」亦是此時期眾多的圖書類型之一，明代的《中國文明史》中記述：

> 明代有關書畫藝術的專門著述，絕大多數都完好地流傳至今。無論其數量、體裁還是內容，都較前代更為豐富多樣。這一方面取決於當時文人士大夫鑑賞書畫、古玩的高漲熱情與著書立說的雅興，另一方面也與發達的刻版印刷業不無關係。總體上，沿襲前代的列傳體史籍仍有續作；有關書畫品評、鑑賞的論述大量見諸於士大夫的筆記、雜著。值得注意的是，開始出現了一批由私人鑑藏家撰寫的著錄性專著。此類著作專記私藏的或者目睹耳聞的法書名畫，錄有這些作品的內容、尺寸、質地、有關題跋及其流傳經過等等，是具有美術史料學意義的建樹。〔註115〕

這段內容讓我們更加瞭解《書法雅言》出版的時空條件，尤其項氏家族本就是經營圖書刊刻的知名事業家，更是為《書法雅言》提供了不可多得的後盾，據沈紅梅研究指出：

> 項氏家族不少成員還刊刻圖書，特別是項篤壽〔註116〕，所刻之書不僅數量多，質量也頗高。著名版本目錄專家葉德輝稱其所刻書為「明人刻書之精品。」〔註117〕

因為有家族事業的支持，項穆又比別人擁有了更強大、更充足的出版資源，

〔註115〕《中國文明史》第八卷 明代（下冊）（台北：地球出版社，1995 年 3 月），頁 1361。

〔註116〕據楊亮《項穆‧書法雅言》所錄世系表，項篤壽為項穆之大伯父，而《重刻書法雅言》的發鐫者項德楨（廷堅）即項篤壽之長子，也就是項穆的堂弟。參見楊亮《項穆‧書法雅言》（南京：江蘇美術出版社，2008 年 1 月），頁 2。

〔註117〕沈紅梅〈明代嘉興項氏兄弟藏書考略〉，頁 86。

這對《書法雅言》的出版，無疑是一個極為理想的外在條件。而在此也可以看出文化與經濟之間的結合與發展。

（四）文人書家對行書的偏好

或許是受到書法及帖學特別盛行的影響，也或許出於「自我」與「真我」的覺知所致，明人書法對「行書」隱然存在著某種偏好，蔣文光《中國書法史》中提到：

> 當時的文人大多擅長寫行草書，並愛好行草尺牘。他們都精心研究和學習書法，以便取得中書舍人的官職，互相爭奇。……明代書家，大都長於行書，對正楷和草書寫得較少，就是楷書、草書中也往往雜有行書，李東陽等如此，後來祝允明、文徵明、董其昌也如此。〔註118〕

而劉九庵〈帖學鼎盛時期的明代書法〉中引文記述：

> 正如馬宗霍所說：「帖學大行，故明人類能行草，即不知名者，亦有可觀。簡牘之美，幾越唐、宋。」僅《佩文齋書化譜》一書所載書法家，即有一五三二名之多，超過了書學盛行的唐代，更遑論宋、元了。〔註119〕

這些內容反映出「行書」在明人生活中的普遍實踐，也指出了明人偏愛的書法表現方式。字體，原本來就是非常具有個人風貌的一種呈現，「行書」則是更能自然展現個人字體的形式，因此特別能夠顯現出個人的情態與特色，如劉九庵所言：

> 書法藝術本來就是「形之楮墨，性情各異」的形象性藝術，盡管不是表現客觀具象的藝術，在廣博取法前人法帖時，不可能離開書法的形、意，或形、神，或形與情性之間互為表裏的對應關係的剖析與處理。〔註120〕

明人對書法著墨甚深，而且具有非常強烈的思考性，他們從法帖中學習，卻力求樹立自己的風格，試圖開創自己的天下，或許這便是明人為何偏好「行書」的原因。然而，書法歷經晉、唐、宋、元各代，確已發展極致，明朝要有

〔註118〕蔣文光《中國書法史》，頁261。
〔註119〕劉九庵〈帖學鼎盛期的明代書法〉，中國美術全集編輯委員會《中國美術全集·書法篆刻編5明代書法》，頁2。
〔註120〕劉九庵〈帖學鼎盛期的明代書法〉，頁2。

超越前人的表現實屬不易，但明代書法家仍然勉力為之。劉九庵對明代書法的分析說：

> 帖學書法發展到明代，變得更加理性了。許多書法家在創作時不是不期而然，而是盡可能的做到然之於心、應之於手。其結果，不僅集晉、唐、宋、元帖學書法之大成，而且能自覺或不自覺地反映出時代的特徵，和鮮明地突出了書者的個性，造成了明代書法的分明階段性和個性的典型化。〔註121〕

這種企圖透過理性書寫來表現書家個性，及偏好「行書」的表現趨向，在項穆《書法雅言》中也反映出這樣的主張，如《書法雅言‧形質》篇之論述：

> 書之體狀多端，人之造詣各異，必欲眾妙兼備，古今恐無全書矣……是以人之所稟上下不齊，性賦相同，氣習多異，不過曰中行、曰狂、曰狷而已。所以人之于書，得心應手，千形萬狀，不過曰中和、曰肥、曰瘦而已……臨池之士，進退于肥瘦之間，深造于中和之妙，是猶自狂狷而進中行也，慎毋自暴且棄哉。〔註122〕

又《書法雅言‧中和》篇論真書、草書與行書：

> 真則端楷為本，作者不易速工；草則簡縱居多，見者亦難便曉。不真不草，行書出焉。似真而兼乎草者，行真也；似草而兼乎真者，行草也。圓而且方，方而復圓，正能含奇，奇不失正，會于中和，斯為美善。〔註123〕

自引文中大約可看出項穆所提倡的「中和」書法，也是傾向於能夠表現書家特質的「行書」，而這種書學的理性思考，則反映出明人在書法上的用功，並不僅止於技藝的精進，還有反射於書法中，個人性靈修為層次的提昇。

綜而言之，書法普遍存在於明人的生活中，書家在書法實踐上，更進一步追求以理性技巧來駕馭心手、表現個性，大概透過「行書」最能夠呈現人人不同的面貌與學功，正好也能呼應心學思想著重「自我」的表現需求，於是，在不知不覺中，「行書」便成了明代書家青睞且常用於體現書法的書體了。

〔註121〕劉九庵〈帖學鼎盛期的明代書法〉，頁2。
〔註122〕（明）項穆《書法雅言》，明萬曆間橋李項氏刊本，頁7～8右半。
〔註123〕（明）項穆《書法雅言》，明萬曆間橋李項氏刊本，頁24右半。

第三章 《書法雅言》之版本、內涵、思想與主張

本章首先將就《書法雅言》所存之古籍善本作一整理與說明，以便瞭解此書內容保存之概況。

另外，過去研究《書法雅言》的諸多學者，大都將《書法雅言》所指之「書法」一詞視為「書法藝術」來提出論述，如李永忠說「書法是藝術，漢字是工具」〔註1〕，所以他認為在《書法雅言》中「書」的概念被偷換了——從一般的文字書寫偷偷轉換成了書法藝術的概念。因此，「字」與「書」在《書法雅言》中的涵義究竟為何應有必要加以釐清。故本章將先探析「字」與「書」之相關詞義，而後再深入探討書中之哲學思想和書學主張。

第一節 《書法雅言》版本

有關《書法雅言》的版本，自明萬曆迄今流傳下來的有哪些？今蒐集所存之古籍善本，依時代先後歸納整理如下表，並於後簡要說明各版本概況：

	書　名	版　本	卷數	出版年	備註（簡稱）
1	書法雅言	明萬曆間檇李〔註2〕項氏刊本	一卷	明萬曆己亥年（1599）	初刻本

〔註1〕李永忠編著《書法雅言》（北京：中華書局，2010年9月），頁6。
〔註2〕地名，位於今浙江省嘉興縣。檇，音最。檇李，原為一種李子。皮色鮮紅，肉富漿質，味甘美，以浙江嘉興、桐鄉一帶所產的最佳，或因以為其地之地名。

2	青鏤管夢	《廣快書》五十卷，卷三十二，明，何偉然編，刊本	一卷	明崇禎己巳（二年）（1629）	青鏤本
3	重刊書法雅言	有竹齋抄本（善本）	一卷	清	有竹本
4	書法雅言	文淵閣《四庫全書》本	一卷	清乾隆 38 年起（1773～）	四庫本
		文淵閣《四庫全書》影印本，台灣商務出版		民國 72～77 年（1983～1988）	
5	書法雅言	藝海珠塵（刻本）金山錢氏漱石軒	一卷	清道光 30 年（1850）	珠塵本
		清嘉慶、道光年間《藝海珠塵》本，百部叢書集成，初編 35（藝海珠塵，癸集），藝文印書館印行	一卷	民國 57 年（1968）	

一、明萬曆間檇李項氏刊本（簡稱「初刻本」）

此本現藏於臺灣國家圖書館。

半葉 9 行，行 18 字，無注，花口（象鼻中記書名），單黑魚尾，四周單欄。正文卷端題「書法雅言　明　無稱子貞玄項穆　字德純撰」，首行頂格題「書法雅言」，第二行低兩格題「明無稱子貞玄項穆字德純撰」，卷末有尾題，尾題下井題「男皐謨校正」。卷首有序，依次為：「書法雅言敘　繡水沈思孝敘」「書法雅言原　萬曆己亥孟夏既望華平支大綸撰」，再次有「無稱子傳　太原王稺登撰并書」，再次有「書法雅言篇目」。卷末有跋：「書法雅言後敘　眷弟姚思仁撰」、「跋書法雅言　娑羅居士黃之璧白仲甫題」。（書影參見附錄一）

此版本中，由於支大綸所撰之〈書法雅言原〉中有記錄撰文的時間是在「萬曆己亥孟夏既望」，故據以推斷此刻本大約成書於西元 1599 年左右，據尾題下井題「男皐謨校正」〔註3〕及支大綸之原中所言：「貞玄之子皐謨，雖未暇攻書，而藻業偉修，令聞蔚起，色養之暇，亟圖為其父不朽計，如子思之尊宣尼，此又逸少之所不得望者。」〔註4〕，而知此本應是由項穆之子項皐謨

〔註3〕（明）項穆《書法雅言》，明萬曆間檇李項氏刊本，半葉 9 行，行 18 字，無注，花口（象鼻中記書名），單黑魚尾，四周單欄。頁 42 左半。
〔註4〕（明）項穆《書法雅言》，明萬曆間（1573～1620）檇李項氏刊本，半葉 9 行，行 18 字，無注，花口（象鼻中記書名），單黑魚尾，四周單欄。〈書法雅言原〉頁 4。

為其校正付梓。

二、清重刊書法雅言有竹齋抄本〔註5〕（簡稱「有竹本」）

此本現藏於中國北京國家圖書館。

半葉9行，行18字，無注，花口（象鼻中記書名），版心下方記有「有竹齋」，單黑魚尾，左右雙欄，上下單欄。正文卷端題「重刻書法雅言　明無稱子貞元項穆德純甫撰」首行頂格題「重刻書法雅言」，第二行頂格題「明　無稱子貞玄項穆字德純甫撰」，第三至五行記有「叔元瀍閱。弟德楨發鐫，季松、良枋編次。姪鼎鉉、利賓、俊卿重校」。可知此抄本應根據項氏重校家刻本（簡稱「重刻本」）所抄，而卷端題改「貞玄」為「貞元」應是避康熙皇帝（玄燁）名諱之故，故此抄本當為清代之抄本。（書影參見附錄二）

重刻本與初刻本之差異在於重刻本沒有「娑羅居士黃之璧」之跋文，增加陳懿典「重刊書法雅言序引」，而陳懿典序引文末書有「萬曆庚子長至后二日，社弟陳懿典孟常父書于長安吏隱齋。」此外，其序引中又提到：「是編鋟于就，李長公子中攜之燕市，一時紙貴，而君弟觀察廷堅〔註6〕因重校而布之通都。」〔註7〕由此推知「重刻書法雅言」應重刻於西元1600年，約晚初刻本一年左右。而有竹齋抄本則是清代抄錄「重刻書法雅言」而來之版本，因為德楨重校發鐫後，使〈重刻書法雅言〉「布之通都」，重刻本可能就是後來在民間流傳最廣的版本了。

三、明崇禎何偉然編輯《廣快書五十卷》之《青鏤管夢》刻本（簡稱「青鏤本」）

《青鏤管夢》收錄於《廣快書》卷三十二中，半葉8行，行18字，無注，版心上方記「青鏤」中段有「三十二卷」，左右雙欄，上下單欄。〔註8〕正文卷端題「廣快書卷三十二」下方有「哈佛大學漢和圖書館珍藏」印，後

〔註5〕此本現藏於中國北京國家圖書館中，筆者無緣拜見，版本資料參自楊亮注評《項穆·書法雅言》（南京：江蘇美術出版社，2008年1月），頁19及總序頁001書影。

〔註6〕廷堅，即德楨。據楊亮《項穆·書法雅言》中引徐邦達先生《嘉興項氏書畫鑑藏家譜系略》之項氏世系所錄，德楨為項穆二伯父之子。參見楊亮注評《項穆·書法雅言》，頁2。

〔註7〕楊亮注評《項穆·書法雅言》，頁196。

〔註8〕參見《廣快書十三·青鏤管夢》中國哲學書電子化計劃，頁7～76。

二至四行有「西湖何偉然仙臞纂　延陵吳從先寧野定　青鏤管夢　項德純本易名」〔註9〕（書影參見附錄三），由「項德純本易名」可知《青鏤管夢》乃項穆《書法雅言》易名之版本。《青鏤管夢》正文前有仙臞何偉然所題之序。〔註10〕此本經楊亮校勘後發現正文部分〈資學〉篇後的附評被刪，〈規矩〉、〈取捨〉、〈功序〉皆脫漏半節；而存錄部分共有七字脫漏，六字訛誤，存錄部分錯誤不多，故所存內容也可作為勘誤之依據。

四、清乾隆文淵閣《四庫全書》本（簡稱「四庫本」）

文淵閣《四庫全書》本現藏於臺灣故宮博物院。

《書法雅言》收錄於文淵閣《四庫全書》子部八，藝術類一，書畫之屬，半葉 8 行，行 21 字，無注，花口（象鼻中記欽定四庫全書），單黑魚尾，魚尾下方記有「書法雅言」，四周雙欄。正文卷端題首行頂格題「欽定四庫全書」第十二字處題「子部八」，第二行低一格題「書法雅言」第十三字處題「藝術類一」下有小字注「書畫之屬」，正文前有〈四庫提要〉及沈思孝撰〈書法雅言原序〉。楊亮《項穆·書法雅言》：「此本標明是浙江巡撫『採進本』，據《浙江採集遺書總錄》所載，浙江所進為『刊本』，當為項氏家刻本。」〔註11〕，楊亮為其校勘後發現訛誤處共有十七字，他認為應只是抄錄過程中產生的少數錯誤。（書影參見附錄四）

五、清嘉慶道光年間《藝海珠塵》本（簡稱「珠塵本」）

《藝海珠塵》叢書為清嘉慶年間吳省蘭輯。分甲、乙、丙、丁、戊、己、庚、辛八集，省蘭之婿錢熙輔又補續壬、癸二集。《書法雅言》則收錄於錢熙輔所續之癸集中，但未標明所依據之底本。半葉 10 行，行 21 字，無注，花口（象鼻中記藝海珠塵），單黑魚尾，魚尾下方記有「書法雅言」，左右雙欄，上下單欄。正文卷端題「藝海珠塵　子部藝術類／金山　錢　熙輔　次丞　輯／婁　程　平成　寧宇　校」，第四行低一格題「書法雅言」，第五行低兩格題「項穆纂」下方兩行注「穆字德純號貞元亦號無稱子秀水人」。未收錄任何

〔註9〕參見中國哲學書電子化計劃《廣快書十三》書影，頁 11，https://ctext.org/library.pl?if=gb&file=112369&page=11，瀏覽檢索日期：2021.3.7。

〔註10〕參見中國哲學書電子化計劃《廣快書十三》書影，頁 7～10，https://ctext.org/library.pl?if=gb&file=112369&page=7，瀏覽檢索日期：2021.3.7。

〔註11〕楊亮注評《項穆·書法雅言》，頁 21。

序跋。此本楊亮校勘後發現訛誤處僅有六字，除避諱外，並沒有重複「四庫本」的中的訛誤，故應不是以「四庫本」為底本，且為較準確的版本，筆者察看楊亮勘誤統計表〔註12〕之紀錄，「珠塵本」訛誤之處幾與「有竹本」一致，推測「珠塵本」可能也是依據「重刻本」而來。後《叢書集成初編》〔註13〕中存錄的《書法雅言》就是依據此本所刊。（書影參見附錄五）

綜合以上所存版本資料，臺灣國家圖書館存有的「明萬曆間檇李項氏刊本」當為目前保存下來最早、最原始的版本，而楊亮在其 2008 年出版的《項穆・書法雅言》一書中提到「因初刻本現藏於臺灣，無緣拜見」〔註14〕，所以兩岸研究《書法雅言》的學者採用此版本者極少，僅有楊貴中《項穆《書法雅言》之思想研究》採用了此版本，而筆者亦欲選用「明萬曆間檇李項氏刊本」作為主要研究文本，輔以其他版本加以對勘整理，希望有助於《書法雅言》最忠於原著的認識與理解。

有關《書法雅言》五個版本之源流關係，繪一脈絡圖呈現如下：

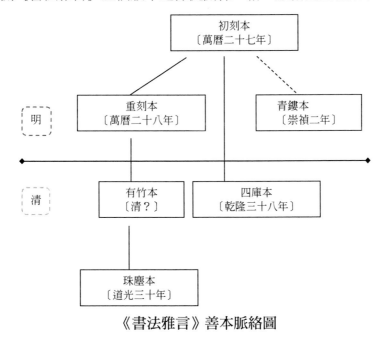

《書法雅言》善本脈絡圖

〔註12〕楊亮注評《項穆・書法雅言》，頁 25。

〔註13〕《叢書集成》，王雲五等編，民國二十三至二十九年（1935～1940）上海商務印書館出版，這部大叢書乃集叢書之大成，收錄的範圍非常廣泛，原編分十大類五百四十一小類，舉凡需常備作參考的古籍，大致已經包羅在內。

〔註14〕引自楊亮注評《項穆・書法雅言》，頁 24。

第二節 《書法雅言》「書」之相關詞義探析

「書」，這個字在《說文解字》中的解釋為：「箸也。从聿者聲。」〔註15〕所以「書」之字義應是寫的意思，而「聿」字是由「手持筆管」之形構成，在《說文解字》中的解釋為：「所目（以）書也。楚謂之聿。吳謂之不律。燕謂之弗。」〔註16〕由此可見，「聿」所指稱的應是筆，而「書」就是拿著筆書寫的意思。再循根究源，「書」乃「六藝」之一，據《周禮·地官·保氏》：「掌諫王惡，而養國子以道，乃教之六藝：一曰五禮，二曰六樂，三曰五射，四曰五御，五曰六書，六曰九數。」〔註17〕之記載，其中「書」曰六書，六書即象形、指事、會意、形聲、轉注，假借，乃是與文字構成有關的學科，而於六藝中其用意就在教導學習者認字與寫字。依此推之，「書法」顧名思義當是「寫字之法」，換言之，中華文化傳統中，「書」的產生，起初根本與藝術創作無關，而是一門關於「寫字」的技藝學科。在《周禮·地官·保氏》中也言明修習這一項技藝是因為要以道「養國子」，可見它是培養國子基本能力的第一步，是讀書人必修的基本學科之一。

牟宗三先生說：「講學問有三個標準，第一個是文字，第二個是邏輯，第三個是見（insight）。」〔註18〕就邏輯學而言，若「把不同的概念混為一談，就不可能正確表達思想，也不能用於指導實踐。」〔註19〕因此，此論文首要之務，必須釐清項穆《書法雅言》中「書法」所指之定義，將其對「字」與「書」的認知概念加以析分、區辨，而後方能進一步理解項穆所言之「書法」為何？及其思想理論所秉持的主張與立場究竟有無自相矛盾或邏輯不清的地方。

一、字與書之別

在趙熙淳評注的《書法雅言》一書中曾提到：「書的含義有兩方面：一指書法，一指漢字。漢字是書法的基礎，書法和漢字是不可分割的，所以項氏

〔註15〕（漢）許慎撰，（清）段玉裁注，（民國）魯實先正補《說文解字注》（台北：黎明文化，1975 年 9 月），頁 117。
〔註16〕（漢）許慎撰，（清）段玉裁注，（民國）魯實先正補《說文解字注》，頁 117。
〔註17〕（漢）鄭玄注，（唐）賈公彥疏：《儀禮注疏周禮正義》（台北：廣文書局，1972 年 8 月），頁 95。
〔註18〕牟宗三《中國哲學十九講》（台北：臺灣學生書局，1983 年 10 月），頁 77。
〔註19〕張智光《邏輯的第一本書》（台北：先覺出版，2003 年 3 月），頁 54。

把書法的相關問題直接轉移到文字的相關問題上。」〔註20〕在此段敘述中，點出了「書法與漢字究竟是何關係」的問題，但其中對「書法」一詞並無明確定義。而陳丁奇《書道教育概說》中嘗言：「學書法，首先『字』與『書』之意義必須認識清楚，不可混淆不清。書是以文字為素材之造形藝術，不能脫離文字，否則無『書』之意義存在。」〔註21〕可見區分「字」與「書」的概念，可以是理解「書法」的前提。

因此對於項穆是否「把書法的相關問題直接轉移到文字的相關問題上」，筆者認為應該回歸到《書法雅言》中去探尋項穆對「字」與「書」的論述，是否有一概而論的情況，抑或根本是兩個不同內涵的概念，釐清兩者之後，方能對項穆的書法理論有較精確的認識。

那麼，項穆《書法雅言》中「字」與「書」是否也有區別呢？兩者的分野又是什麼？以下將自《書法雅言》中找出項穆對「字」與「書」的敘述，試圖從中瞭解項穆所言之「字」與「書」的含意。

在《書法雅言》第一篇〈書統〉中，項穆便開宗明義的談到了「字」與「書」，云：

> 河馬負圖，洛龜呈書，此天地開 文字 也。羲畫八卦，文列六爻，此聖王啓 文字 也。若乃龍鳳龜麟之名，穗雲科斗之號，篆籀嗣作，古隸爰興，時易代新，不可殫述。信後傳今，篆隸焉爾。歷周及秦，自漢逮晉，真行迭起，草章浸孳， 文字 菁華，敷宣盡矣。然 書 之作也，帝王之經綸，聖賢之學術，至于玄文內典，百氏九流，詩歌之勸懲，碑銘之訓戒，不由斯 字 ，何以紀辭？故 書 之為功，同流天地，翼衛教經者也。〔註22〕

在這段文字中，項穆追溯「文字」的起源、發展，進而談及「書」產生的目的和功用。由「書之作……不由斯字，何以紀辭」的說法，得以察知「字」與「書」兩者有著同生共存的密切關係然而「字」與「書」有其分別之稱呼，表示兩者並非完全等同，可見在項穆的敘述上應該是被看做兩個概念來說的。就項穆文中言「文字」之處來看，指的是「符號形體」，而「書」所指當是「書

〔註20〕趙熙淳評注《書法雅言》，（杭州：浙江人民美術出版，2012年12月），頁5。
〔註21〕陳丁奇《書道教育概說》（新北：蕙風堂出版，1997年5月），頁1。
〔註22〕（明）項穆《書法雅言‧書統》，萬曆間橋李項氏刊本（於後註中簡稱為「項氏家刻本」），頁1。

—59—

寫記錄」，而經綸、學術、內典、詩歌……等著作乃透過「文字」符號之「書」寫紀錄方能產生，因此，沒有文字就沒辦法書寫，當然也不會有經典著作的誕生。簡而言之，即「字」為傳遞思想，「書」為字顯形，不書無字，則無以傳達思想。所以兩者並存同在，卻不相同。

　　《書法雅言》中除了〈書統〉篇提到「字」與「書」之外，其後於〈辯體〉篇中云：

　　　心之所發，蘊之為道德，顯之為經綸，樹之為勛猷，立之為節操，宣之為文章，運之為 字蹟 ，爰作書契，政代結繩，刪述侔功，神仙等妙……但人心不同，誠如其面，由中發外， 書 亦云然。〔註23〕

於〈常變〉篇中言：

　　　夫字猶用兵，同在制勝。兵無常陣， 字無定形 ，臨陣決機，將 書 審勢，權謀廟算，務在萬全。然陣勢雖變，行伍不可亂也； 字形 雖變，體格不可踰也。〔註24〕

於〈神化〉篇中言：

　　　 字 者，孳也； 書 者，心也。字雖有象，妙出無為；心雖無形，用從有主。…… 未書之前 ，定志以帥其氣； 將書之際 ，養氣以充其志。勿忘勿助，由勉入安，斯于 書 也無間然矣。〔註25〕

　　依據〈辯體〉篇之敘述：「心之所發」，「運之為字蹟」乃指「書」發生的經過和結果，其中「字」需「運之」方能產生。項穆認為將字「爰作書契」，可與「神仙等妙」，且因人心不同，「書」亦隨之而異，可見「書」是將「字」寫出來的運作過程。〈常變〉篇中則言：將「書」審勢，所形成之「字」雖無定形，卻有其為符號之基本體格，故其變亦不可脫離「字」的形象符號之基本規範。而於〈神化〉中言：「字者，孳也；書者，心也。」及「未書之前」、「將書之際」之準備。綜合以上項穆對「字」與「書」的敘述加以析分，項穆所言之「字」當是指書寫出來的「符號」，由有統一規則的點畫組成的特定形體；而「書」應是書寫文字，蘊含個人筆法的多種變化，書之內涵包括了人心對書寫的指導、手在書寫上的運作和最後書寫出來的字，這三個程序所構成的整體。「字」一般只作名詞來解釋，而「書」可以當名詞或動詞來解釋，「書」

〔註23〕（明）項穆《書法雅言‧辯體》，項氏家刻本，頁5右半。
〔註24〕（明）項穆《書法雅言‧常變》，項氏家刻本，頁19右半。
〔註25〕（明）項穆《書法雅言‧神化》，項氏家刻本，頁30。

當作名詞時，將其解釋為「書者寫下的字」，當作動詞時，則解釋為「寫字」。其中「字」與「書」兩者最關鍵的差異就在於「寫」這個有機的動態變數上，尤其項穆認為「寫」之舉動發之於「心」的主宰，乃受「人」之影響，固然有別於單純僅為符號形體之「字」。正如陳丁奇對「書」之闡釋：「『書』是流動不停有性命之特質，文字是固定性。書具有天生素質、品性之先天條件，與感興印象之後天條件，渾一全體被統攝於筆者之生命，而做不同狀態與方向之推移發展，通過文字形態而表現。」〔註26〕所以「字」單純為語言之符號，而「書」則是有人為意識所表現的藝術在其中。

　　既如前文所言，「字」與「書」兩者最主要的關鍵差異就在於「寫」，因此「寫」就是變因之所在——由誰寫？怎麼寫？寫出什麼樣的字？透過「寫」的過程，變化多端的因果便產生各式各樣的字跡，由此，「書」的內涵便逐漸擴展，進而成為一門關於「寫字」的學問。而項穆《書法雅言》正是針對這門「寫字」的學問，提出了一套個人的思維觀點和主張。

　　至於「文字」與「書法」的關係與分別，王壯為說：「無書寫則文字無由成形，無文字則書寫無由寄託而表現其美妙，所以研究書法是不能離開文字的。但研究文字卻並非研究書法，研究書法也非研究文字，二者相附而並非一事，這一點在學術科分上，是一種很特異的情形。」〔註27〕，這段敘述或許可用以回應「書」的概念有無被偷換和「書法的相關問題是否直接轉移到文字的相關問題上」，這兩個在概念釐清與混淆上的問題。

　　另外，王壯為還說到：

> 不論何種字體，其書寫得不美好者，則其藝術作用大減；但在文字
> 上言，其文字寫的好看，固然使人看來比較舒適，倘寫的不好看，
> 卻並無損於其文字之意義……文字固然是有形體的——所謂字體，
> 但只有書體纔與藝術有關。而通常我們所謂書法，主要的是指文字
> 之由於書體而表現出藝術性質來的東西。〔註28〕

可見「文字」的藝術性，是來自「書寫」，書寫造成文字不同的姿態展現而構成「書體」，呈現出「文字形象的藝術」，歸入「書法」的學問範疇，所以「書法」，可以說是用來表現文字藝術的技法，「書寫技法」（狹義「書法」）的掌

〔註26〕陳丁奇《書道教育概說》，頁1。
〔註27〕王壯為《書法研究》（台北：臺灣商務印書館，1999年12月），頁3。
〔註28〕王壯為《書法研究》，頁25。

握，關係著文字呈現出什麼「藝術美感」，所以，須是「寫字」才叫「書法」；結合「文字」（體）、「書寫」（人）、「技法」（理）和「美」（感）於一體，才能見知「藝術」之所在，而涵蓋這個整體的便稱之為「書」（廣義「書法」）。因此，「字」與「書」並不相同，且由「書」才有藝術可談。

二、書法的涵義

彭德〈美術志〉述曰：「『書法』一詞始見於南朝，有直解為書寫技法的嫌疑。」〔註29〕《書法雅言》中亦有直稱「書法」之用語，今將書中提及「書法」之敘述摘錄出來，藉此觀察項穆所言「書法」之意涵。

《書法雅言》之中提及「書法」一詞之內容大致有六處，茲摘錄如下：

六經非心學乎？傳經非六書乎？正 書法 ，所以正人心也；正人心，所以閑聖道也。〔註30〕（〈書統〉）

書法之目 ，止以篆隸古文，兼乎真行草體。 書法之宗 ，獨以羲、獻、蕭、永，佐之虞、褚、陸、顏。〔註31〕（〈古今〉）

書之法則 ，點畫攸同；形之楮墨，性情各異。〔註32〕（〈資學〉）

形象器用，無庸言矣，至於鳥之巢，蜂之窩，蛛之網，莫不圓整而精密也，可以 書法之大道 ，而禽蟲之不若乎！〔註33〕（〈規矩〉）

書法要旨 ，有正與奇。所謂正者，偃仰頓挫，揭按照應，筋骨威儀，確有節制是也。所謂奇者，參差起復，騰淩射空，風情姿態，巧妙多端是也。〔註34〕（〈正奇〉）

余今曰：「人正則書正。」心為人之帥，心正則人正矣；筆為書之充，筆正則書正矣。人由心正，書由筆正，即《詩》云「思無邪」，《禮云》「無不敬」， 書法大旨 ，一語括之矣……夫經卦皆心畫也， 書法 乃傳心也，如罪斯言為迂，予固甘焉勿避矣。〔註35〕（〈心相〉）

〔註29〕彭德撰：〈美術志〉，收入劉夢溪主編《中華文化通志·藝文典》（8-075），（上海：上海人民出版社，1998年10月），文見頁355。

〔註30〕（明）項穆《書法雅言·書統》，項氏家刻本，頁2左半。

〔註31〕（明）項穆《書法雅言·古今》，項氏家刻本，頁3右半。

〔註32〕（明）項穆《書法雅言·資學》，項氏家刻本，頁11右半。

〔註33〕（明）項穆《書法雅言·規矩》，項氏家刻本，頁16。

〔註34〕（明）項穆《書法雅言·正奇》，項氏家刻本，頁21右半。

〔註35〕（明）項穆《書法雅言·心相》，項氏家刻本，頁31左半、32左半。

綜觀上述項穆所言之「書法」，所涉及之內容包括：用筆點畫有共同法則、結字法則、筆法正奇表現方式之特點，流通合時之各種書寫字體類目、可宗法仿效之書家楷模及書寫心態等面向之論題。大體而言，項穆認為書法傳「心」，「心」為書之志帥，為指導和影響書法的根本，而他談「書法」不僅只是「寫字筆法表現技藝」這個單一狹義的面向，而綜合書體類別、寫字名家、點畫、表現、心態等多個面向，故「書法」所指內容涵蓋較廣，從項穆提到的概念看來，「書法」的內涵已匯集數方面之要素，漸次構成一組學術體系之雛形。而在這些論述當中，項穆著重與強調的「書法」，並不在於倡導文字單純審美的「藝術性」創作，而是綜合多方面來說文字於書寫筆法上應具有的雅正表現或規範，如他評述張旭、懷素之草書曰：

> 降及旭、素，既方更圓，或斜復直。有「如何」本兩字，促之若一字，腰、昇本一字，縱之若二字者。然旭、素飛草，用之無害，世但見草書若爾。予嘗見其郎官等帖，則又端莊整飭，儼然唐氣也。〔註36〕（〈規矩〉）

項穆認為張旭、懷素書寫草書是沒有妨害的，因為張旭、懷素的「正書」還是端整且具有書法根柢的，由此可見項穆不是不能接受草書的存在，只是書法不能捨本逐末將草書當成寫字入門之正道去著手，而這正反映了他看待書法並非只強調「純藝術」面向的表現，因為「文字之發生亦即書法之發生是基於實用的原因」〔註37〕，但也並不是完全沒有「藝術」的成分在其中。只是項穆更擔憂的是「書法」的偏頗帶來的衰微敗壞，而亟力維護與匡正「寫字之正道」。字裡行間可見得項穆對書法有其個人信念與堅持，因而他追本溯源，申明文字書寫在典籍上對文化、教育的重要性，企圖導正時人寫字的觀念與態度，他提出許多學習「書法」的方針，無論在學習表率的選擇、學習先備知識的奠定、學習終極目標的追尋、學習的方法程序、學習用具的講究、作品品鑑的能力等等，各方面都有相當深刻的分析與闡述，在項穆的眼中，「書法」是一門值得精深專研的文人學術，《書法雅言》正是他在「書法」上投注大量心力和時間的證明，因此《書法雅言》並不像其他的書法筆札那般，僅是零星的心得，它是一部有系統的書法理論著作。

〔註36〕（明）項穆《書法雅言·規矩》，項氏家刻本，頁17。
〔註37〕王壯為《書法研究》，頁45。

三、雅言之旨意

釐清項穆所言之「字」、「書」及「書法」之涵義後，接著便是要弄清楚項穆所指稱之「雅言」一詞之意旨。

「雅言」一詞最早應見於《論語‧述而》篇：「子所雅言，《詩》、《書》、執禮，皆雅言也。」〔註 38〕以白話來敘述就是：孔子使用雅言，在誦讀、講授《詩經》、《書經》等典籍內容和執行禮節儀式時，都是採用正式通用的語言。使用「雅言」之稱，表示有別於「方言」，指的是「正式的語言」，所謂正式的語言指的是周秦「通用」的語言，當是上古以來通行於官方和文人群體中的語言。如古籍中，關於「雅言」的著述，有《爾雅》一書，《爾雅》為華夏最古之字典辭書，是一門紀錄古代詞語的著作，可以讓人知道古代用詞的意思，因此「雅言」應當要具有正式、統一、普遍、通用之特性。

而「雅」解釋為「正」的意思，《毛詩序》曰：「雅者，正也。言王政之所由廢興也。」〔註39〕《荀子‧儒效》云：「言道德之求，不二後王。道過三代謂之蕩，法二後王謂之不雅。」〔註40〕其中荀子這段話說的是道德教化，不應自遠古中求取，因為超過三代以前的道已久遠難循，所以其治法不尊從當時之「後王」而追崇遠古，就稱之為不雅，二者皆與「正統」、「教化」有關。

如此看來，項穆命名《書法雅言》應在表明此書之言論含有書法之正統、普遍、通用、統一、正式等用意。

項穆於《書法雅言》中多處引用儒家思想言論來闡述書法要義，由此情況看來，項穆所謂「雅言」所代表的涵義，似乎有師法孔子講授《詩》、《書》之莊嚴慎重的態度，他以書學儒士〔註41〕自詡，故亦自許論述「書法」之學時能以正統的語言方式來傳授正統的思想，他要為書法在學術上樹立正統的價值地位，才能與當時受資本主義影響，縱誕而俗化淺陋的書法劃清界線，進而捍衛正宗書法。他以禮敬的態度申論書法根心，由心統性，由中發外，

〔註38〕（宋）朱熹《四書章句集註‧論語‧述而第七》（台北：鵝湖出版社，1998 年 10 月），頁 97。

〔註39〕（清）阮元等撰集《經籍籑詁補遺》（北京：中國書局，1982 年 4 月），卷五十一，頁 2，總頁 1245。

〔註40〕楊正翠等撰《荀子新注‧儒效》（台北：里仁書局，1983 年 11 月），頁 135。

〔註41〕《周禮‧天官‧大宰》：「以九兩繫邦國之名……四曰儒，以道得民。」（漢）鄭玄‧注：「儒，諸侯保氏有六藝以教民者。」參見（漢）鄭玄注，（唐）賈公彥疏：《儀禮注疏周禮正義》（台北：廣文書局，1972 年 8 月），頁 15。

書體因而各不相同，由此強調端正心念思想對於寫字的重大影響。甚至由於書之興起是為了各類典籍而存在，其重要程度就擴及到對王政教化推行有所影響的層次，由此觀「雅」之涵意，隱約中似與《毛詩序》所言有所呼應。

再者，項穆說「逸少我師也，所願學是焉。」又說「不學古法者，無稽之徒也；專泥上古者，豈從周之士哉！夫夏彝商鼎，已非汙尊坏飲之風；上棟下宇，亦異巢居穴處之俗。生乎三代之世，不為三皇之民，矧夫生今之時，奚必反古之道！」〔註42〕項穆認為書法要講求「時中」、要「與世推移」，在《書法雅言》中他說「惟右軍為書之正鵠」，乃直接指出王羲之書法為正宗，故有以王羲之為書法「後王」之意，又說：「書不入晉，固非上流；法不宗王，詎稱逸品？……豈有舍仲尼而可以言正道，異逸少而可以為法書者哉？」〔註43〕他的這種想法似乎可與《荀子·儒效》所云：「法二後王謂之不雅。」之說法相呼應，所以項穆《書法雅言》之「雅」，乃是以王羲之為師法對象的書法為正統，倘若不是宗法王羲之，就是學入傍流了，如他認為蘇軾、米芾、黃庭堅都是學入傍流的書家，由此便能彰顯他的書法信仰。

故「雅言」之旨，當與書法正統思想有關，項穆大概欲藉由書統的建立，咸別正閏，彰明書法正道以匡正時弊，故以《書法雅言》命名此論著。

四、《書法雅言》成書原因

通過對「書法」、「雅言」概念的釐清和定義之後，便可由此進一步探索項穆著作《書法雅言》的原因與目的。關於這個問題，可以從《書統》一篇中讀到項穆的自我表述：

> 我　明肇運，尚襲元規，豐、祝、文、姚，竊追唐躅，上宗逸少，大都畏難。夫堯舜人皆可為，翰墨何畏于彼？逸少我師也，所願學是焉。奈自祝、文絕世以後，南北王、馬亂真，邇年以來，競倣蘇、米。王、馬疎淺俗怪，易知其非；蘇、米激厲矜誇，罕悟其失。斯風一倡，靡不可追。攻乎異端，害則滋甚。況學術經綸，皆由心起，其心不正，所動悉邪。宣聖作《春秋》，子輿距楊、墨，懼道將日衰也，其言豈得已哉。柳公權曰：「心正則筆正」；余則曰：「人正則書正」。取舍諸篇，不無商、韓之刻；心相等論，實同孔、孟之思。六

〔註42〕（明）項穆《書法雅言·古今》，項氏家刻本，頁4右半。
〔註43〕（明）項穆《書法雅言·規矩》，項氏家刻本，頁15。

> 經非心學乎？傳經非六書乎？正書法，所以正人心也；正人心，所
> 以閑聖道也。子輿距楊、墨于昔，予則放蘇、米于今。垂之千秋，
> 識者復起，必有知正書之功，不愧為聖人之徒矣。〔註44〕

在這段敘述中，項穆開門見山指出明朝書家在於向王羲之看齊的書法學習上，多有「畏難」的情況。於是他引據心學所推倡的「人人可以成堯舜」的主張，提出「翰墨何畏于彼」的詰問，同時堅定表明自己師法王羲之的志向。繼而慨嘆當代書風的頹喪：明代中晚期，不但有王問、馬一龍疏淺俗怪之書法敗壞書法的根本，還有為了標新求異，競相模仿蘇軾、米芾激厲矜誇之書法的風氣，項穆認為這是嚴重危害書法的偏風。然而助長這股風氣的正是講求個性解放的心學思想。所以項穆同樣從心學的思維角度立說，以心學的觀點來駁斥這種偏頗的風尚，他提出「學術經綸，皆由心起，其心不正，所動悉邪。」的說法，化用王陽明「夫物理不外於吾心」、「心之體，性也，性即理也。」〔註45〕之主張，藉此彰顯放浪不羈之書法在根本上與心學旨意是互相矛盾的作為。

　　眼見明代這種書學環境的變革，項穆內心深有所感，他想到孔子作春秋，以及孟子抗衡楊朱、墨子之舉，都是出於「懼道將日衰」的心情，若不是情非得已，又何需如此不辭萬難，力圖振聾發聵、正其視聽呢？而他面對明代書法的轉變，也和孔子、孟子有著一樣的心情，所以他說「心相等論，實同孔、孟之思」，由於憂懼書法正道的衰微，因此他以「六經非心學乎？傳經非六書乎？」之詰問來論證心學與端正書法是不相違背的，進而闡明自己對於書法的看法、主張和用心，即所謂：「正書法，所以正人心也；正人心，所以閑聖道也。子輿距楊、墨于昔，予則放蘇、米于今。垂之千秋，識者復起，必有知正書之功，不愧為聖人之徒矣。」這也正是項穆著作《書法雅言》的起因和目的之所在。

　　前面章節自《書法雅言》諸篇序跋中，我們已瞭解到書法是項穆畢生之志趣，在〈書統〉篇中他更是將自己對書法的關心程度，類比孔子、孟子對國家社會的憂慮，項穆對書法的熱愛，亦於此展露無遺，因此，筆者認為他關

〔註44〕　（明）項穆《書法雅言・書統》，項氏家刻本，頁2。

〔註45〕　（明）《傳習錄・中・答顧東橋書》收錄於王陽明著、吳光等編校《浙江文叢》《王陽明全集：新編本》第一冊卷二（杭州：浙江古籍出版社，2010 年 12 月），頁47。

注的其實不是藝術美學，也不是倫理道德，而是他心心掛念的「書法」本身
——他擔憂這一門有關於寫字的學問，沒有受到世人的重視和承傳。

第三節　《書法雅言》書學思想探討

關於項穆《書法雅言》之書學思想，汪彥君以為：「項穆《書法雅言》
書學思想主要是受到程頤、朱熹為代表的程、朱理學的影響。」〔註46〕但蒙
建軍說：「項穆生活在王陽明之後，心學的流行與影響對項穆的書法藝術觀
念形成多處可尋。」〔註47〕而汪彥君和鮑璐瑤都說到：「項穆一直把儒家的
『道統』思想作為理論基石。」〔註48〕葉梅認為：「在《書法雅言》一書中，
隨時可見項穆將孔子與王羲之並舉。這顯然也是他以儒家思想觀照書法的結
果。」〔註49〕劉善軍指出：「項穆《書法雅言》中和篇整篇文章闡述他的中
和美學思想，表達了自己的書法觀點，以儒家思想和程朱理學為理論基礎，
為我國古代書法理論史上重要著作。」〔註50〕楊貴中則認為「因傳統儒家觀
點散見於全書，對於該書中『善』與『美』之間關係的種種考察，自當從儒
家內部對於藝術的看法作為考察基點。」〔註51〕統整以上的研究論述，大多
提到項穆《書法雅言》與儒家思想、理學思想的關聯，尤其是儒家思想的部
分特別顯著而備受關注與討論，筆者認為這應與宋、明兩朝理學思想主流脫
不了關係。林啟彥說：「宋、明兩代更是理學發展的輝煌時代。儒學經此兩
代學者的改造，已成功地由外王之學變為內聖之學。」〔註52〕項穆作為一個
博學的明朝儒士，以書學談正心，這種內聖的思想顯然受到時代的薰陶，而

〔註46〕汪彥君《論項穆《書法雅言》中的書學思想》，河北大學美術學系，碩士論文，
　　　　2013 年，頁 9。
〔註47〕蒙建軍〈項穆「知識」觀念裡的「書為心畫」論〉，《中國書法》，第 24 期，
　　　　2017 年 12 月，頁 132。
〔註48〕鮑璐瑤《論項穆《書法雅言》的美學意蘊》，安徽大學美學系，碩士論文，2017
　　　　年，頁 8。汪彥君《論項穆《書法雅言》中的書學思想》，頁 8。
〔註49〕葉梅《論《書法雅言》正宗觀》，西南師範大學美術學系，碩士論文，2003 年，
　　　　頁 13。
〔註50〕劉善軍《項穆書法「中和」美學思想研究》，渤海大學美術學系，碩士論文，
　　　　2012 年，頁 6。
〔註51〕楊貴中《項穆《書法雅言》之思想研究》，臺灣師範大學國文研究所，碩士論
　　　　文，2003 年，頁 2。
〔註52〕林啟彥《中國學術思想史》（台北：書林出版，1994 年 1 月），頁 182。

他對理學必須有相當程度的涉獵和思考，才能據以論述書法種種。牟宗三先生自述他在「心體與性體」中「把宋明理學分為三系：伊川、朱子是一系，陸、王是一系，胡五峯、劉蕺山是一系。這最後一系就是繼承周濂溪、張橫渠、程明道。嚴格來說，北宋諸儒的嫡系應當是這一系。」〔註53〕即指出理學思想有三系之別，若想要瞭解項穆的思想與儒家思想、理學思想或心學思想的關係為何，大概就要從貫穿於《書法雅言》中的三個主要思想來探求，這三個主要思想就是：「正統思想」、「心學思想」及「中和思想」。

一、正統思想

有關項穆《書法雅言》中的正統思想，一般通常認為是受到儒家道統、倫理思想的影響，於是通常也將項穆正書法的論題視為倫理議題，如熊秉明在《中國書法理論體系》中就將《書法雅言》歸類於倫理派的書法理論。〔註54〕而王子微說：

> 《書法雅言》以〈書統〉開篇，明確提出「道統即書統」的觀點。……
> 作者一直站在衛道的立場上，把「正本清源，建構『書統』」放在首
> 位，以至於為了極力推崇王羲之的正統地位而在一些觀點上出現了
> 牽強附會、自相矛盾的說法。〔註55〕

然而，儒家的道統思想影響項穆《書法雅言》的具體展現是什麼？項穆談正統的原因是否全然出自於衛道的立場？捍衛書法與衛道能否等同並論？儒家思想是否是項穆強調書統的原因和目的？本論文中將分成「書法的本體論」和「王羲之與書統」兩部分來討論。

（一）書法的本體論

汪彥君指出「《書法雅言》的開篇〈書統〉篇可以說是《書法雅言》十七篇的總序，其後各篇都是圍繞〈書統〉篇的宗旨而展開論述的，那麼其書論的核心思想便在這一篇。」〔註56〕由此論述可知〈書統〉篇之於《書法雅言》的意義。在這篇內容中，項穆首先追溯了「字」與「書」的歷史起源，闡述

〔註53〕牟宗三《中國哲學十九講》，頁393。
〔註54〕熊秉明《中國書法理論體系》（台北：雄獅，2014年5月），頁108。
〔註55〕王子微〈正本清源，建構書統──淺析《書法雅言》正統觀念的形成〉，《書畫世界》，第5期，2013年，頁84。
〔註56〕汪彥君《論項穆《書法雅言》中的書學思想》，頁8。

「字」與「書」的產生與流變，由此確立「書之統」，進而彰明書法史上的「正宗」與歷代書法發展的軌跡。項穆透過客觀的歷史演進，指出書法沿襲的路徑，繼而說明《書法雅言》成書的動機與目的，他的立場〔註57〕十分明確，研讀此章節便可瞭解項穆著作《書法雅言》的起心動念，故此篇可視為《書法雅言》之緒論。

在這個章節中，項穆為「書」提出了一個重要的概念作為他的論述基礎，這個概念可視為書學的「本體論」，即：

> 書之作也，帝王之經綸，聖賢之學術，至于玄文內典，百氏九流，詩歌之勸懲，碑銘之訓戒，不由斯字，何以紀辭？故書之為功，同流天地，翼衛教經者也。夫投壺射矢，猶標觀德之名；作聖述明，本列入仙之品。〔註58〕（〈書統〉）

項穆論述「書」的源起是與帝王經綸、聖賢學術、玄文內典、百氏九流、詩歌碑銘緊密相關的，由於書「政代結繩，刪述侔功」可謂與「神仙等妙」。也就是說，「書」是人類智慧思想的顯形，它有一個與「神仙等妙」之處，便是可以突破時間長流和空間距離的侷限，正如揚雄所言「彌綸天下之事，記久明遠，著古昔之㖧㖧，傳千里之忞忞者，莫如書。」〔註59〕因此，項穆說「書之為功，同流天地，翼衛教經者也」，並由此賦予「書」用於「作聖述明」，故其地位「本列入仙之品」的認定。所以「法書仙手，致中極和，可以發天地之玄微，宣道義之蘊奧，繼往聖之絕學，開後覺之良心，功將禮樂同休，名與日月並曜。」〔註60〕

這裡項穆對「書」的論述，是對「為什麼要寫字」、「寫字的作用為何」所作的思辨，基於「書」的本體功用來敘述，由此闡明書體不可亂的理由，他的目的是要從根本來說明「匡正」書法的必要性和正當性，這種講求「名正言順」的思考邏輯，固然當本於儒家孔子的思想理路，項穆《書法雅言》就是根

〔註57〕「每一個理論體系，無論它的建立者自覺認識到與否，都有一個立場。⋯⋯從理論體系得建構與研究的角度來看，立場是一個理論體系由以建立的出發點，也是整個體系賴以支撐的基本立足點。」引自孔令宏《宋代理學與道家、道教》（北京：中華書局，2006年8月），頁6。

〔註58〕（明）項穆《書法雅言・書統》，項氏家刻本，頁1。

〔註59〕揚雄撰、朱榮智校注《新編法言》（台北：臺灣古籍出版，2000年10月），頁172。

〔註60〕（明）項穆《書法雅言・神化》，項氏家刻本，頁30左半。

據儒家講求「名正言順」的立場來鞏固他著作此書論矯正時弊的正當地位。

但是回到「書」的本體來看，「書」本身是渾然獨立於各種思想之外的，因為「書」之用，並不囿限於儒家之中，書法並不僅為儒家思想服務，舉凡九流百家所有的學術經典，在古代，這些由文字記載的史料作品，無一不需仰賴書法記錄下來，唯有透過文字書寫的功夫，思想才能具象化，也才能流傳。這就指出了書法本體的功用，書法的本體是什麼？「書法」是將無形的思想記錄下來，藉由書寫化為有形的文字，使它可以跨越時空源遠流長，保留須臾生命的精神智慧，承傳人類在演化中得來的經驗、發現與創造，綿延為不朽的歷史文化資產，對於人類文明發展而言，「書」實有其存在於歷史洪流中的高度價值和意義，所以項穆說「書之為功，同流天地」、書「本列入仙之品」，即是在標舉「書」的本體價值，並由此確立「書」之於學術與文明的崇高地位，他要讓人重新審視這不容小覷的書學根本。據此而言，項穆之所以強調書統，應當不是為了承繼儒家的道統思想，而是為了捍衛「書法」本身的價值意義，所謂「正統」在思辨寫字的初衷和意義，與弘揚儒道其實沒有直接關係。

既然書寫是為了流傳，那麼就必須要有規範書寫理則之法。其中「通用」、「可辨識」的字體是傳遞的首要條件，所以項穆說：

> 河馬負圖，洛龜呈書，此天地開文字也。羲畫八卦，文列六爻，此聖王啓文字也。若乃龍鳳龜麟之名，穗雲科斗之號，篆籀嗣作，古隸爰興，時易代新，不可殫述。信後傳今，篆隸焉爾。歷周及秦，自漢逮晉，真行迭起，草章浸孳，文字菁華，敷宣盡矣。[註61]（〈書統〉）

又說：

> 書契之作，肇自頡皇；佐隸之簡，興于嬴政。他若鳥宿芝英之類，魚蟲薤葉之流，紀夢瑞于當年，圖形象于一日，未見真蹟，徒著虛名，風格既湮，考索何據。信今傳後，貴在同文；探賾搜奇，要非適用。故書法之目，止以篆隸古文，兼乎真行草體。書法之宗，獨以羲、獻、蕭、永，佐之虞、褚、陸、顏。[註62]（〈古今〉）

這裡項穆提出了「同文」以「適用」的觀點，他自中國文字演化所產生的字體

[註61]（明）項穆《書法雅言·書統》，項氏家刻本，頁1右半。
[註62]（明）項穆《書法雅言·古今》，項氏家刻本，頁3右半。

中，列出適用的字體類別，作為「同文」之依據，將書體的範疇明確規列清楚。這些文字的形貌雖然各有不同，然而「通行」、「可辨識」乃為其共同性質。又由於它們都是存在於中國文字發展各演變階段中的一環，因此都隸屬在中國「書統」體系之中，項穆便是由此來確定字體之正統。

（二）王羲之與書統

除了書體本身的正統之外，項穆也提出書法上的「正宗」——王羲之。他在書中的幾段文字中就直白指出王羲之在書法上的正宗地位，今示如下：

夫投壺射矢，猶標觀德之名；作聖述明，本列入仙之品。宰我稱仲尼賢於堯、舜，余則謂逸少兼乎鍾、張。大統斯垂，萬世不易。〔註63〕（〈書統〉）

生乎三代之世，不為三皇之民，矧夫生今之時，奚必反古之道？是以堯、舜、禹、周，皆聖人也，獨孔子為聖之大成；史、李、蔡、杜，皆書祖也，惟右軍為書之正鵠。〔註64〕（〈古今〉）

夫道之統緒，始自三代而定於東周；書之源流，肇自六爻而盛於兩晉。宣尼稱聖時中，逸少永寶為訓。蓋謂通今會古，集彼大成，萬億斯年，不可改易者也。〔註65〕（〈資學附評〉）

會古通今，不激不厲，規矩諳練，骨態清和，眾體兼能，天然逸出，巍然端雅，奕矣奇鮮。此謂大成已集，妙入時中，繼往開來，永垂模軌，一之正宗也。〔註66〕（〈品格〉）

這些思想論點非常明確地呈現出項穆對王羲之的推崇與肯定，而葉梅曾就項穆將孔子與王羲之並舉的部分來說明那是項穆以儒家思想觀照書法的結果和對儒家思想與聖人的頂禮膜拜，她說：

在《書法雅言》一書中，隨時可見項穆將孔子與王羲之並舉。這顯然也是他以儒家思想觀照書法的結果。儒家的聖人是孔子，既然項穆是從儒家的文藝功用觀來看書法本質，難免他就要隨時將他心目中的書聖比擬為孔子。要是不將孔子與羲之並舉，似乎論述王羲之在書法上的正宗地位還不夠有說服力。從中也能看出項穆對儒家思

〔註63〕（明）項穆《書法雅言‧書統》，項氏家刻本，頁1左半。
〔註64〕（明）項穆《書法雅言‧古今》，項氏家刻本，頁4右半。
〔註65〕（明）項穆《書法雅言‧資學附評》，項氏家刻本，頁12右半。
〔註66〕（明）項穆《書法雅言‧品格》，項氏家刻本，頁9右半。

想、儒家聖人的頂禮膜拜。〔註67〕

但書學的價值對項穆而言並不在儒家之後，王羲之的地位在項穆眼中也不亞於孔子，為什麼如不將孔子與羲之並舉，論述王羲之在書法上的正宗地位會不夠有說服力呢？王羲之得以與孔子相提並論的條件是什麼？究竟為何項穆是以王羲之作為書法正宗？這是否用儒家思想就能夠觀照得到呢？從儒家思想來談論書法，並不能解釋王羲之書法的成就和儒家思想有關，而秉持儒家思想也不能保證字就能寫得跟王羲之一樣好，那麼為什麼王羲之的正宗地位是從儒家思想來觀照書法的結果？況且實際上，無論是王羲之或項穆，似乎都對道教有個人偏好，若用儒家思想來說明，不是和兩人的信仰矛盾和衝突嗎？筆者存有許多疑惑，王羲之之於書法的成就到底為什麼要透過孔子的地位來彰顯？

然而，在筆者讀牟宗三《中國哲學十九講》時，讀到一段牟先生談孔子獨立價值的內容說道：

> 由宋儒開始，才了解孔子的獨立價值，了解他在文化發展中有獨特
> 的地位，不能簡單地由他往上溯，而作為堯、舜、禹、湯、文武、
> 周公的驥尾。……孔子本身在中國文化上有個獨特的地位。到了孔
> 子，開始政教分離。假定以堯、舜、禹、湯、文、武、周公為主，
> 就是以政治事業為主，以業績為主。孔子並沒有做皇帝，沒有稱王，
> 有其德而無其位。所以我們可以籠統地說，到了孔子，是政教分離；
> 孔子的地位是「教」的地位，不是「政」的地位。所以孔子本身含
> 一傳統。〔註68〕

依照牟先生的說法，孔子在中國文化上獨特的地位是「教」的地位，因而成為宗師，那麼，王羲之是否也是類似的情況？由於王羲之對於書法的愛好與投入，因而造就他個人在書法上的貢獻，書法發展到了兩晉，由王羲之將書法發揚光大，讓書法不僅只是經書的附屬，而擁有書法本身的丰采，成為被關注的焦點及師法的對象，進而使書法從「藝能」躍升為一門「學術」，從此奠定書法在歷史上的獨立地位，那麼是否可以說：王羲之在中國文化上獨特的地位是「書」的地位，因為他在書法上「通今會古，集彼大成」，無論在文

〔註67〕葉梅《論《書法雅言》正宗觀》，西南師範大學美術學系，碩士論文，2003 年，頁 13。

〔註68〕牟宗三《中國哲學十九講》，頁 397。

字歷史的縱軸上，或字體沿革的橫軸上，他的書法與文字同時達到成熟，於是在書學上豎立了一座雄偉壯麗的里程碑，中國當代書法大師潘伯鷹說：「王羲之是精擅隸書、更以其中許多筆法變化移轉到楷書和草書上最有成就的大家。事實上，自從有了他，中國的書法才形成了由他而下的一條書法大河流。」〔註69〕這就如同項穆所說的「妙入時中，繼往開來，永垂模軌」，「萬億斯年，不可改易者也」之意。因此項穆以王羲之作為書法正宗，其實應該與儒家思想是沒有直接關係的，他只是引用眾人熟知的孔子來作類比，作為論證王羲之書法地位的論據，以同理可證的思考邏輯來類推他的「正統」觀點，他擁護王羲之，也肯定孔子的歷史地位，但目的並不是為了弘揚或捍衛儒道，書法是項穆的主體，是個人修身的道法，而不是儒家思想的附庸，因此回歸到書法的本體上來說，王羲之正宗地位的肯定是由於王羲之與書法以及天時共同激盪產生的結果，如項穆在〈規矩〉篇中說：

> 古今論書，獨推兩晉，然晉人風氣，疎宕不羈。右軍多優，體裁獨
>
> 妙。書不入晉，固非上流；法不宗王，詎稱逸品？〔註70〕

書法在晉朝達到成熟，而「右軍多優，體裁獨妙。」因此寫書法就要宗法王羲之，這是天時與人和開出來的花、結出來的果，也是歷來有目共睹、不必爭辯的史實，而項穆就是將這個「書統」明白指出來。他的用意就是要透過梳理書法發展的歷史來正本清源，重新強調王羲之在書法史上的正宗地位，藉以重申書法應遵循的典範，規勸時人學習書法不要為了標新立異而走入旁門左道，項穆以聖人之徒自居，他在〈書統〉篇說「逸少我師也，所願學是焉」，故以捍衛正宗書法為己任，他深信「垂之千秋，識者復起，必有知正書之功，不愧為聖人之徒矣」，可見他投入於書法之情感的深刻殷切，因此一心力挽狂瀾，企圖拯溺晚明式微的書法，他對書法的念茲在茲於〈書統〉篇中表露無遺，而正統思想可以說是項穆用以匡正書法的理論依據。

二、心學思想

本論文第二章談明代書學環境時曾提過明代學術思想對書法產生的影響，概略而言，明代前、中期沿襲程、朱理學之思想主流，迨明代中、晚期，政治日趨衰腐，陽明心學代之興起，與當時社會環境轉型緊密結合，因而大

〔註69〕潘伯鷹《中國書法簡論》（台北：華正書局，1989年10月），頁91。
〔註70〕（明）項穆《書法雅言‧規矩》，項氏家刻本，頁15。

放異彩，佔據了主流地位。

關於明代理學的分類概要，陳來如是說明：

> 明代，理學成為專指宋代以來形成的學術體系的概念，包括周程張朱的道學，也包括陸九淵等人的心學。……由於二程與朱熹皆以「理」為最高範疇，所以後來習慣於用「理學」指稱他們的思想體系。另一派是在宋代產生而於明中期後居主導地位，以「心」為最高範疇的思想體系，代表人物為陸九淵、王守仁，故又稱為陸王派或陸王「心學」。因此，廣義的理學包括道學與心學。〔註71〕

只是無論道學或心學，他們探討的課題範疇多為《四書》：

> 《論語》、《孟子》、《大學》、《中庸》是理學尊信的主要經典，是理學價值系統與功夫系統的主要根據，理學的討論常與這些經典有關。大體上，理學討論的主要問題有理氣、心性、格物、致知、主敬、主靜、涵養、知行、已發未發、道心人心、天理人慾、天命之性、氣質之性等。〔註72〕

根據上述理學討論的主要課題來察看《書法雅言》的內容，項穆書中也時常引用《四書》的內容來闡發他的書學思想，可見其書學可能是用理學的方式來探討的，其中最為核心的論題就是「正心」與「中和」。前者當是就王陽明心學思想來闡發，後者則有受張橫渠宇宙論氣化思想及對立思辯的影響。而此篇章將先就心學部分，分成「關於心與書」與「人正則書正」二部分來討論。

（一）關於心與書

《書法雅言》中項穆自己以「心學」之說提出「書」與「心」的關係。

「心學」一詞出現在〈書統〉篇項穆提出的詰問中：「六經非心學乎？傳經非六書乎？正書法，所以正人心也；正人心，所以閑聖道也。」〔註73〕於此之外，他又在〈心相〉篇說「經卦皆心畫也，書法乃傳心也」。而全書中，有關「心」與「書」的內容，於〈心相〉、〈神化〉篇中有較大篇幅的談論，其餘則散見於〈辯體〉、〈規矩〉等某些篇章中。

首先，視察項穆詰問句的語意，可以得知一個論點是項穆認為六經都是

〔註71〕陳來《宋明理學》（台北：洪葉文化事業，1994 年 9 月），頁 10～11。
〔註72〕陳來《宋明理學》，頁 14。
〔註73〕（明）項穆《書法雅言·書統》，項氏家刻本，頁 2 右半。

心學，而經傳皆由六書寫成，依此推論「（六）書」是心學。至於六經為何是心學？項穆就在〈心相〉篇以「經卦皆心畫也，書法乃傳心也」來說明其原因。其實項穆並不是第一個將「書」與「心」連結在一起說的人。清劉熙載《藝概·書概》說：「揚子以書為心畫，故書也者，心學也。」〔註74〕這段話指出將「書」和「心」相連的說法早在漢代就已經被提出來了。漢代思想家暨文學家揚雄曾在《法言》一書中寫道：「言，心聲也；書，心畫也。聲畫形，君子小人見矣。」〔註75〕揚雄認為從書寫的成品中可以透露出一個人的心性本質，項穆顯然也認同這種說法，所以他承繼前人這樣的思想觀點，進一步與明代的心學思想相結合，然後從心學來闡發他「正書法」的論點。而關於「心」與「書」，他提出了哪些想法呢？摘錄彙整如下：

> 奈自祝、文絕世以後，南北王、馬亂真，邇年以來，競倣蘇、米。王、馬疎淺俗怪，易知其非；蘇、米激厲矜誇，罕悟其失。斯風一倡，靡不可追。攻乎異端，害則滋甚。況學術經綸，皆由心起，其心不正，所動悉邪。〔註76〕（〈書統〉）

> 夫人靈于萬物，心主于百骸。故心之所發，蘊之為道德，顯之為經綸，樹之為勛猷，立之為節操，宣之為文章，運之為字蹟。爰作書契，政代結繩，刪述倖功，神仙等妙，苟非達人上智，孰能玄鑒入神。但人心不同，誠如其面，由中發外，書亦云然。所以染翰之士，雖同法家，揮豪之際，各成體質。〔註77〕（〈辯體〉）

> 且帝王之典謨訓誥，聖賢之性道文章，皆託書傳，垂教萬載，所以明彝倫而淑人心也，豈有放僻邪侈，而可以昭蕩平正直之道者乎！〔註78〕（〈規矩〉）

> 字者，孳也；書者，心也。字雖有象，妙出無為；心雖無形，用從有主。初學條理，必有所事，因象而求意；終及通會，行所無事，得意而忘象。故曰由象識心，徇象喪心；象不可着，心不可離。〔註79〕（〈神

〔註74〕參見劉熙載《藝概·書概》，收錄於《歷代書法論文選》下冊（台北：華正書局，1997年4月），頁665。

〔註75〕（漢）揚雄撰、朱榮智校注《新編法言》，頁172。

〔註76〕（明）項穆《書法雅言·書統》，項氏家刻本，頁2右半。

〔註77〕（明）項穆《書法雅言·辯體》，項氏家刻本，頁5右半。

〔註78〕（明）項穆《書法雅言·規矩》，項氏家刻本，頁15右半。

〔註79〕（明）項穆《書法雅言·神化》，項氏家刻本，頁30右半。

化〉）

> 蓋聞德性根心，睟盎生色，得心應手，書亦云然。人品既殊，性情各異，筆勢所運，邪正自形。書之心，主張布算，想像化裁，意在筆端，未形之相也。書之相，旋折進退，威儀神彩，筆隨意發，既形之心也。……所謂有諸中必形諸外，觀其相可識其心。〔註80〕（〈心相〉）

在這些論述中，項穆從書寫歷程說明了「心」、「書」與「字」或「經典」間密不可分的因果關係：由於「人心」、「人品」、「性情」不同，「心」的運作不同，所以「揮毫之際，各成體質」，「筆勢所運，邪正自形」。他說「書者，心也」，「書」是「心」由內而外的過程，所謂「書之心……未形之相也。書之相……既形之心也。」而筆乃隨「心之意」而發，所以說「學術經綸，皆由心起，其心不正，所動悉邪」，所以由「心」而「書」可以「昭蕩平正直之道」。

　　依照項穆對「心」與「書」的這些敘述，說明筆勢邪正、經綸之道都是從「心」而來，可見人的「心」有表現好壞的能力，而且隨每個人「心」的狀態有所不同。項穆這種對「心」的認知思維，則與王陽明對「心之良知、良能」的認定有雷同想法：

> 「良知」是固有的、與生俱來的辨別是非的能力，故良知實是一自
> 然而然為善的內在動能，是存於每一個人心靈意識之中的。〔註81〕

王陽明的「心外無理」之說認為：「一切理（道德準則）只是從心生出，以心為根基。」〔註82〕而項穆說：「蓋聞德性根心，睟盎生色，得心應手，書亦云然。」可見他所談的「書」之理，也是以「心」為根基。透過上述的這些論述觀點，約略可以說明《書法雅言》中根據「心學」思想來闡述內容的概況。

　　再者，王陽明在論述「心外無物」時，也曾「根據《大學》裡『正心』『誠意』『致知』『格物』的排列，對心、意、知、物作了一個定義：

> 身之主宰便是心，心之所發便是意，意之本體便是知，意之所在便是物。」〔註83〕

這裡王陽明對心、意、知、物的定義與項穆〈神化〉篇的敘述頗能呼應：

〔註80〕（明）項穆《書法雅言・心相》，項氏家刻本，頁31。
〔註81〕林啟彥《中國學術思想史》，頁230。
〔註82〕林啟彥《中國學術思想史》，頁226。
〔註83〕陳來《宋明理學》，頁246。

字者，孳也；書者，心也。字雖有象，妙出無為；心雖無形，用從有主。初學條理，必有所事，因象而求意；終及通會，行所無事，得意而忘象。故曰由象識心，徇象喪心；象不可著，心不可離。〔註84〕

對照兩者的說法，項穆與王陽明都是以「心」作為主宰，而王陽明說「心之所發便是意」即項穆所言之「書者，心也」，這個部分也相當於王陽明說的「行」；王陽明說「意之本體便是知」即項穆所言之「因象而求意」、「由象識心」的認知過程；王陽明說「意之所在便是物」即項穆所言之「字象」。

關於「格物」，王陽明《傳習錄》載曰：「問格物。先生曰：格者，正也。正其不正，以歸於正也。」〔註85〕這段話指出王陽明所言「格物」即在「正物」，加以推論，由於「意之所在便是物」、「心之所發便是意」，所以「正物」即在「格意」，「格意」即在「正心」，於是王陽明的「格物論」便與項穆「正書法，所以正人心也」之說有了契合點，由此可見項穆書論與心學的通同之處。

項穆透過「心學」思想來闡述，目的就是要糾正當時打著心學思想的旗號，追求個性解放，在書學上乖張橫行——「好奇尚怪」——的流弊，呼應時人主張個性可以從書法上解放、展現出來，就說明了個性對書法樣貌的影響，所以說「人正則書正」與時人觀點基本上是共通的；而書法表現出來的樣子，代表個性的樣貌，所以書法樣貌的改變，也就表示個性有所變化，即所謂「正書法所以正人心」的作用，因此筆者認為項穆似乎有意欲以心學之矛攻心學之盾，以此申明「人正則書正」的書學主張。再以此論反推，透過「正書法」來「正人心」，然後由「正人心」進而「閑聖道」，如此一來，「正書法」便是可以「閑聖道」的方法，藉由書法可以修身養心，因此，人們面對書法，怎可不莊重敬慎呢？

（二）人正則書正

在《書法雅言・心相》篇中，項穆說：

柳公權曰：「心正則筆正」；余今曰：「人正則書正」。心為人之帥，心正則人正矣；筆為書之充，筆正則書正矣。人由心正，書由筆正，即《詩》云「思無邪」，《禮》云「無不敬」。書法大旨，一語括之矣。……

〔註84〕（明）項穆《書法雅言・神化》，項氏家刻本，頁30右半。
〔註85〕（明）《傳習錄・上》收錄於王陽明著，吳光等編校《浙江文叢》《王陽明全集：新編本》第一冊卷一，頁27。

故欲正其書者，先正其筆；欲正其筆者，先正其心。若所謂誠意者，即以此心端己澄神，勿虛勿貳也。致知者，即以此心審其得失，明乎取舍也。格物者，即以此心博習精察，不自專用也。正心之外，豈更有說哉！由此篤行至于深造，自然秉筆思生臨池志逸，新中更新，妙之益妙，非惟不奇而自奇，抑亦己正而物正矣。夫經卦皆心畫也，書法乃傳心也，如罪斯言為迂，予固甘焉勿避矣。〔註86〕

這裡項穆將柳公權「心正則筆正」改成「人正則書正」，看似異曲同工，但項穆於「人正則書正」之論述後，說「書法大旨，一語括之矣。」可見項穆當認為修改後更俱完備性。再者，若兩者等同，項穆何須別樹一幟，提出這個看法呢？若兩者有異，其差別何在？為何項穆要做這樣的修改呢？

　　若將更動處提出來看，「心」與「人」、「筆」與「書」是有別的，其中「人」與「書」才是能與社會互動的整體。「心」雖為人之主宰，然而它的運作是無形不可見的，唯有透過「人」的行為舉止才能窺見一二；「筆」雖用於書寫，然而筆之正與不正，唯有形於書時方為可視，所以「人」和「書」才是具體可視的「已發」之象，而「心」與「筆」是「未發」之體，如此解讀，便能與「中庸之道」相呼應，《中庸》第一章曰：「喜怒哀樂之未發，謂之中；發而皆中節，謂之和。中也者，天下之大本也；和也者，天下之達道也。致中和，天地位焉，萬物育焉。」〔註87〕王聰明說「由中導和，始能引生真正的道德行為，乃至於『天地位，萬物育』，此之謂『致中和』……『中』不僅是我們道德實踐的根據，也是天地萬物的存有論的根據。」〔註88〕因此，「心」與「人」、「筆」與「書」的關係可以比作是「中」與「和」的表現，「心」與「筆」是「中」所本之體，而「人」與「書」是可以表現「和」之道的象。《中庸》言：「道者也，不可須臾離也；可離，非道也。是故，君子戒慎乎其所不睹，恐懼乎其所不聞。莫見乎隱，莫顯乎微，故君子慎其獨也。」〔註89〕據此而言，道既不可離，就必須「中節」，中節的起點即在「正心」，而後方能有「心正則人正」、「心正則筆正」、「筆正則書正」，最終達到「人正則書正」。由此看來，「心正則筆正」仍在王陽所謂「心之所發便是意」的階段，偏向起點，而「人

〔註86〕（明）項穆《書法雅言·心相》，項氏家刻本，頁31左～32右半。

〔註87〕（宋）朱熹《四書章句集註·中庸章句》（台北：鵝湖出版社，1998年10月），頁18。

〔註88〕王聰明《《中庸》形上思想研究》（新北：花木蘭文化，2010年9月），頁15。

〔註89〕（宋）朱熹《四書章句集註·中庸章句》，頁17。

正則書正」屬於「意之所在便是物」，才是目標結果，可見兩者所處位置不同，涵蓋範圍也不同。以下將項穆「人正、心正、筆正、書正」之關聯作示意圖表示，其概略狀況如下：

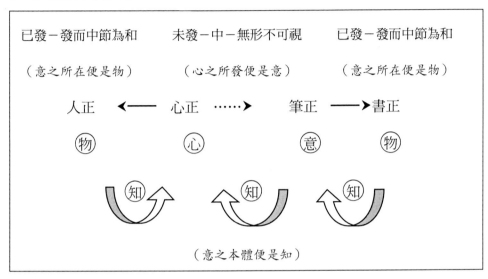

由項穆說「故欲正其書者，先正其筆；欲正其筆者，先正其心。」就更明白指出「正書」要自「正心」著手，而「正心」也是修身的第一步。《大學》曰：

> 大學之道，在明明德，在親民，在止於至善。……物有本末，事有終始。知所先後，則近道矣。古之欲明明德於天下者，先治其國。欲治其國者，先齊其家，欲齊其家者，先脩其身。欲脩其身者，先正其心。欲正其心者，先誠其意。欲誠其意者，先致其知。致知在格物。物格而後知至，知至而後意誠，意誠而後心正，心正而後身脩，身脩而後家齊，家齊而後國治，國治而後天下平。自天子以至於庶人，壹是皆以脩身為本，其本亂而末治者否矣。〔註90〕

文中指出「自天子以至於庶人，壹是皆以脩身為本，其本亂而末治者否矣」，可見「修身」是每個人認識道德與實踐道德的根本，「修身」為內聖的功夫，「內聖的功夫不但是每個人都可以做，而且是必然能做」，〔註91〕而「正心」、「誠意」、「致知」、「格物」是《大學》中提出的實踐順序。宋代理學家把〈大

〔註90〕（宋）朱熹《四書章句集註・大學章句》，頁3～4。
〔註91〕牟宗三《中國哲學十九講》，頁398。

學〉從《禮記》中獨立出來，就是由於「〈大學〉提出了兩個重要的實踐性觀念——『格物』和『致知』，理學家們認為從這兩個基本概念出發可以衍演出一套新儒家的認識論和修養論。」〔註92〕而對於正書法，項穆〈心相〉篇也根據《大學》中提出的「誠意」、「致知」、「格物」衍釋了一套「心學」上的實踐應用，他說：

> 若所謂誠意者，即以此心端己澄神，勿虛勿貳也。致知者，即以此心審其得失，明乎取捨也。格物者，即以此心博習精察，不自專用也。正心之外，豈更有說哉！由此篤行至于深造，自然秉筆思生臨池志逸，新中更新，妙之益妙，非惟不奇而自奇，抑亦己正而物正矣。〔註93〕

「王陽明特別強調良知作為『是非之心』的意義。」〔註94〕，「陽明不僅指出良知是人人先天本有的道德實踐之超越根據（良知之體），更強調良知是道德實踐的根源性動力（良知之用），其發用是當下具足。良知就在其當下『知是知非』的發用、判斷中，自立道德法則、呈現道德法則、實踐道德法則。」〔註95〕所以「心」不僅是萬事萬物的最高主宰，也是最普遍的倫理道德原則。項穆言「誠意」、「致知」、「格物」皆言「以此心（如何如何）」，即表露了他以心之良知作為領導之依據，並以心之良知作為實踐的根源動力來闡述他的書學實踐方向，由此可見他將心學運用於書學的情況。

此外，他的實踐主張也切合《中庸》的治學之道：其中「誠意」即言於書須專心致志，「致知」言於書須慎思明辨，「格物」言於書須博學，最後加上「篤行至于深造」，正與《中庸》所云「博學之」、「慎思之」、「明辨之」、「篤行之」相呼應，可見項穆的書學思想亦融入了《中庸》思想於其中。

總而言之，項穆透過心學思想，闡述了「書」與「心」的關係和作用，也點出每個人因修養狀況不同，性情不同，表現在書法上也各有不同，但由於書法有承載和傳遞經典的重要任務，因此「正書法」乃為必要之事，於是他又結合《大學》、《中庸》與心學思想衍釋了一套實踐方針，並以此彰明了他的書法哲學與書學理論。

〔註92〕陳來《宋明理學》，頁162。
〔註93〕（明）項穆《書法雅言・心相》，項氏家刻本，頁32。
〔註94〕陳來《宋明理學》，頁257。
〔註95〕林月惠《詮釋與功夫——宋明理學的超越蘄嚮與內在辯證》（台北：中研院文哲所，2008年12月），頁155。

三、中和思想

在《書法雅言》中，「中和思想」也是項穆的核心思想之一。「中和」是書法的最高境界，也是項穆對書法審美的理想。譚玉龍說「『中和』乃項穆為書法藝術設置的最高審美境界」〔註96〕張少端指出「項穆的書論中貫穿著中和思想。『中和』本是儒家中庸之道的體現……書既可發明六經，弘揚聖道，故其用不可廢。項穆的書論即本於此種儒家功利的文藝觀，而歸於中和。」〔註97〕王蕾說「項穆在《書法雅言》中集中闡述了他的書學批評論。他強調，書法無論是主體角度還是客體層面，以及審美標準，都離不開『中和』這個核心思想。」〔註98〕透過這些敘述便可明白「中和」思想是項穆書法理論中一個非常重要的依歸，他對書法的評斷與要求，都是以「中和」來說明的，因此，以下就從「項穆『中和』書法」與「中和思想來源」兩部分來探討。

（一）項穆「中和」書法

項穆以「中和」作為他書論的一大主軸，因此若想要知道他的「中和」書法觀，就不能不探究他主張的中和書法所指為何，以下摘擇《書法雅言》中的相關內容作觀察分析，以便認識「中和」思想在書法上如何呈現並瞭解項穆提出了哪些看法和主張。

首先，項穆在〈古今〉篇中討論書體的取法問題時，便指出「中和」是書法追求的目標與根據：

> 宣聖曰：「文質彬彬，然後君子。」孫過庭云：「古不乖時，今不同弊。」審斯二語，與世推移，規矩從心，中和為的。〔註99〕

然而所謂「中和」書體的具體判斷準則是什麼？項穆在〈規矩〉篇中說：

> 穹壤之間，莫不有規矩；人心之良，皆好乎中和。……圓為規以象天，方為矩以象地，方圓互用，猶陰陽互藏。所以用筆貴圓，字形貴方，既曰規矩，又曰之至，是圓乃神圓〔註100〕，不可滯也，方乃

〔註96〕譚玉龍〈《書法雅言》與晚明書法美學之雅俗精神〉，《美術觀察》，第4期，2007年，頁116。

〔註97〕張少端〈論項穆的書法美學思想〉，《藝術研究》，第2期，2007年，頁70。

〔註98〕王蕾〈項穆《書法雅言》的藝術觀初探〉，《語文學刊》，第15期，2011年，頁110。

〔註99〕（明）項穆《書法雅言·古今》，項氏家刻本，頁4。

〔註100〕項氏家刻本中作「圓神」，筆者依語意與對偶修改為「神圓」。

通方，不可執也。此由自悟，豈能使知哉！〔註101〕

由上段文字可知「中和」是與天、地自然的「規」「矩」相應的法則，而書法上符合「中和」的規矩就是「用筆貴圓，字形貴方」，在於字形方面項穆說：

晉、魏以前，篆書稍長，隸則少區。鍾、王真行，會合中和。〔註102〕

可見項穆認為「真書」、「行書」在字形方面，都是合於中和的字體，但在〈中和〉篇他又提出行書是「會於中和」的美善書體，這部分則討論到用筆與字形「圓奇、方正」的搭配和運用：

真以方正為體，圓奇為用；草以圓奇為體，方正為用。真則端楷為本，作者不易速工；草則簡縱居多，見者亦難便曉。不真不草，行書出焉。似真而兼乎草者，行真也；似草而兼乎真者，行草也。圓而且方，方而復圓，正能含奇，奇不失正，會於中和，斯為美善。中也者，無過不及是也；和也者，無乖無戾是也。然中固不可廢和，和亦不可離中……方圓互成，正奇相濟，偏有所着，即非中和。使楷與行真而偏，不拘鈍即稜峭矣；行草與草而偏，不寒俗即放誕矣。

不知正奇參用，斯可與權，權之謂者稱物平施，即中和也。〔註103〕

此段論述中指出項穆認定行真、行草都是「圓而且方，方而復圓，正能含奇，奇不失正」的中和字體，強調「方圓互成，正奇相濟」，但若有所偏重就不是中和了。所以他說若「行真」又往楷書偏，就會出現「拘鈍」或「稜峭」的毛病，或「行草」再向草書偏，就會出現「寒俗」或「放誕」的缺點，因此除了「正奇參用」之外，還要權衡其運用是否適恰，若能平均勻稱的施展，才能說是「中和」。

由此可知，項穆所說的中和字體並非一種統一的樣態，也不是只有唯一一種表現模式，而是介於楷書與草書之間，方正圓奇互用得當的行書字體，所以在〈形質〉篇他說：

人之于書，得心應手，千形萬狀，不過曰中和、曰肥、曰瘦而已。若而書也，脩短合度，輕重協衡，陰陽得宜，剛柔互濟，猶世之論相者，不肥不瘦，不長不短，為端美也。此中行之書也。〔註104〕

〔註101〕（明）項穆《書法雅言·規矩》，項氏家刻本，頁16右半、17右半。
〔註102〕（明）項穆《書法雅言·規矩》，項氏家刻本，頁17右半。
〔註103〕（明）項穆《書法雅言·中和》，項氏家刻本，頁24。
〔註104〕（明）項穆《書法雅言·形質》，項氏家刻本，頁7。

此即指出人之於書雖千形萬狀，但大體上只區分成「中和」、「肥」、「瘦」三種類別，由此便可看出項穆在書法上建立了一個「對立與統一」的審視觀點。其中或肥或瘦的字體因各有所偏，雖有缺點，但也可以透過調整修正而成為符合「中和」的字體，同樣在〈形質〉篇中，項穆提出了過肥或過瘦的缺失與改善之道：

> 若專尚清勁，偏乎瘦矣，瘦則骨氣易勁，而體態多瘠。獨工豐豔，
> 偏乎肥矣，肥則體態常妍，而骨氣每弱。……使骨氣瘦峭，加之以
> 沉密雅潤，端莊婉暢，雖瘦而實腴也。體態肥纖，加之以便捷遒勁，
> 流麗峻潔，雖肥而實秀也。瘦而腴者，謂之清妙，不清則不妙也。
> 肥而秀者，謂之豐豔，不豐則不豔也。〔註105〕

可見項穆認為只要在原有的問題上去修改就可以趨向中和，形成「肥而秀」的豐艷字體或「瘦而腴」的清妙字體，因此，項穆勉勵學書者千萬不要認為中和書體很難實現就自暴自棄，他說：

> 臨池之士，進退于肥瘦之間，深造于中和之妙，是猶自狂狷而進中
> 行也，慎毋自暴且棄哉。〔註106〕

而在〈辯體〉篇中他也提到：

> 第施教者貴因材，自學者先克己。審斯二語，厭倦兩忘，與世推移，
> 量人進退，何慮書體之不中和哉！〔註107〕

這是關於他對中和書法教學的看法，他認為教導書法要分得清楚書者的書法型態與問題，然後加以引導改善；而書者要先能夠克服自己書寫上的問題加以修正，如果清楚明白這兩點，而能秉持著「誨人不倦」、「學而不厭」〔註108〕的精神，持之以恆、與時俱進地進行個別化的適性教學，就不用擔心書體不能達到中和了。

此外，在〈功序〉篇他也提到相似的看法，說：

> 舍其所短，取其所長，始自平整而追秀拔，終自險絕而歸中和，心
> 與筆俱暢，月繼年不厭。譬之撫絃在琴，妙音隨指而發；省括在弩，
> 逸矢應鵠而飛。意在筆前，翰從豪轉。〔註109〕

〔註105〕（明）項穆《書法雅言・形質》，項氏家刻本，頁7左半、頁8右半。
〔註106〕（明）項穆《書法雅言・形質》，項氏家刻本，頁8右半。
〔註107〕（明）項穆《書法雅言・辯體》，項氏家刻本，頁6。
〔註108〕（宋）朱熹《四書章句集註・論語・述而第七》，頁93。
〔註109〕（明）項穆《書法雅言・功序》，項氏家刻本，頁37右半。

書體本就是因人而異，因此他主張改善個人的缺點，保留個人的優點，經過「平整」、「秀拔」、「險絕」等不同階段的發展，如此經年累月，孜孜不倦地去練習和提升，自然就能使「筆隨意發」，最終達到「中和」書法的層次境界。

在他心中王羲之便是中和書法的楷模，他在〈正奇〉篇說王羲之的書法「正奇混成」又「森嚴有法」，即可謂「揖讓禮樂」、中和有節的集大成者：

> 伯英急就，元章（當作常）楷跡，去古未遠，猶有分隸餘風。逸少一出，揖讓禮樂，森嚴有法，神彩攸煥，正奇混成也。……大抵不變者，情拘于守正；好變者，意刻于探奇。正奇既分為二，書法自醇入漓矣。然質朴端重以為正，剽急駭動以為奇，非正奇之妙用也。〔註110〕

而項穆之云「正」「奇」所指為何？〈正奇〉篇述曰：

> 書法要旨，有正與奇。所謂正者，偃仰頓挫，揭按照應，筋骨威儀，確有節制是也。所謂奇者，參差起復，騰淩射空，風情姿態，巧妙多端是也。奇即運于正之內，正即列于奇之中。正而無奇，雖莊嚴沉實，恒朴厚而少文；奇而弗正，雖雄爽飛妍，多譎厲而乏雅。〔註111〕

如此說來，好的書作，應當是「正奇相濟」、「正奇混成」的表現，項穆所言「正奇之妙」猶言「中和書法」之妙，也是一個「對立與統一」的審視觀點。

除此之外，在〈品格〉篇中，項穆曾論述「正宗書法」的特點為：

> 會古通今，不激不厲，規矩諳練，骨態清和，眾體兼能，天然逸出，巍然端雅，奕矣奇鮮。此謂大成已集，妙入時中，繼往開來，永垂模軌，一之正宗也。〔註112〕

綜合他對「正宗書法」與王羲之書法的闡釋，便可整理出項穆所謂「中和書法」的特點有：「揖讓禮樂」、「森嚴有法」、「神彩攸煥」、「正奇混成」、「會古通今」、「不激不厲」、「規矩諳練」、「骨態清和」、「眾體兼能」、「天然逸出」、「巍然端雅」、「奕矣奇鮮」等。將這些條件與特點加以分類，大體可區分為三：包括字體基本筆法、筆法運用能力與字形整體美感三方面的呈現。其中「揖讓禮樂」、「森嚴有法」、「規矩諳練」即指字體基本筆法的奠定與鞏固；

〔註110〕（明）項穆《書法雅言・正奇》，項氏家刻本，頁21左半、22左半、23右半。

〔註111〕（明）項穆《書法雅言・正奇》，項氏家刻本，頁21右半。

〔註112〕（明）項穆《書法雅言・品格》，項氏家刻本，頁9右半。

「會古通今」、「眾體兼能」、「正奇混成」、「天然逸出」即筆法運用能力的通透與掌握；「神彩攸煥」、「不激不厲」、「骨態清和」、「巍然端雅」、「奕矣奇鮮」即字形整體美感的呈現，且由字象中還能流露出人的情感神貌。

由此分析便可瞭解項穆書法評審的準則，簡要而言之，只在「筆法」、「運筆」與「書體」三者的極致表現上，反過來說，想要追求「中和」書法，即是要從這三方面下功夫。從三方面下功夫，就能透過書法來修養自身並參透「天道」，故項穆在〈神化〉篇說：

> 法書仙手，致中極和，可以發天地之玄微，宣道義之蘊奧，繼往聖之絕學，開後覺之良心，功將禮樂同休，名與日月並曜。豈惟明窓（窗）淨几，神怡務閑，筆硯精良，人生清福而已哉！〔註113〕

若說「格物」是窮究事物的道理而「致知」的方法，那麼「書法」應該就是項穆所格之物〔註114〕。「中和」可說是天地玄微之道，他以中和書法為標的，便是通過「書法」來體察「天道」與實踐「天道」，他說「融天機于自得，會群妙於一心，斯于書也，集大成矣。」〔註115〕所以說中和思想就是他賦予書法形而上的書學哲理。

（二）中和思想淵源

談到「中和」思想，溯其源，自然不能不回溯到《中庸》所言之「中和」：「喜怒哀樂之未發，謂之中；發而皆中節，謂之和。中也者，天下之大本也；和也者，天下之達道也。致中和，天地位焉，萬物育焉。」〔註116〕然而，項穆《書法雅言》中，除了「中和」一詞之外，似乎沒有太多直接的對應，但「中和」思想卻又貫穿於他的書論之中，因此推想項穆的「中和」思想應該已經過理學哲思的轉化，故而自理學思想中去探尋項穆「中和」思想的淵源，發現他的論述似乎與張載宇宙觀的諸多概念有相似之處，而「《宋史》認為張載的思想以《中庸》為體……從宇宙本體出發構建天人合一的思想體系。但《中庸》只斷言人性本源於天，對天道並無清晰系統的論述。」〔註117〕據此，若項穆沿用了張載的思想觀念，便同樣不離《中庸》思想之源流，同時又兼

〔註113〕（明）項穆《書法雅言‧神化》，項氏家刻本，頁30左半。

〔註114〕項穆：「格物者，即以此心博習精察，不自專用也。」參見（明）項穆《書法雅言‧心相》，項氏家刻本，頁32左半。

〔註115〕（明）項穆《書法雅言‧功序》，項氏家刻本，頁37右半。

〔註116〕（宋）朱熹《四書章句集註‧中庸章句》，頁18。

〔註117〕孔令宏《宋代理學與道家、道教》（北京：中華書局，2006年8月），頁167。

有道家、道教思想上的淵源，故而嘗試將項穆中和思想與張載宇宙論觀點相應對照，藉以察看兩者在「中和」思想上有何關聯。

1. 氣與神化

張載論述宇宙及天地萬物之形成，最主要的關鍵就在於「氣」的運行變化，由《正蒙‧太和》篇可見他的闡述，曰：

> 太和所謂道，中涵浮沈、升降、動靜、相感之性，是生絪縕、相盪、勝負、屈伸之始。……散殊而可象為氣，清通而不可象為神……太虛無形，氣之本體，其聚其散，變化之客形爾；至靜無感，性之淵源，有識有知，物交之客感爾。客感客形與無感無形，惟盡性者一之。〔註118〕

他稱宇宙運行的整體為「太和」，「太和」中有清通無形之「神」為「氣」之本體，名曰「太虛」，「太虛」散殊而可象曰「氣」，「氣」聚而能生成萬物。因此，世間萬物皆因「氣」聚而來，此即張載所云「遊氣紛擾，合而成質者，生人物之萬殊」〔註119〕之言。而當處於「至靜無感」的時候，便可以回到「性之淵源」的氣之本體（太虛）狀態，此即張載所言「造化所成，無一物相肖者，以是知萬物雖多，其實一物。」〔註120〕此「一物」即為氣之本體。

而項穆〈形質〉篇中，亦可見類似的概念：

> 穹壤之間，齒角爪翼，物不俱全，氣稟使然也。書之體狀多端，人之造詣各異，必欲眾妙兼備，古今恐無全書矣。然天地之氣，雨暘燠寒，風雷霜雪，來備時敘，萬物榮滋，極少過多，化工皆覆。故至聖有參贊之功，君相有燮理之任，皆所以節宣陰陽而調和元〔註121〕氣也。是以人之所稟，上下不齊，性賦相同，氣習多異，不過曰中行、曰狂、曰狷而已。〔註122〕（〈形質〉）

項穆談到書之體狀與人之氣稟、造詣有關。然而性賦是相同的，所以如至聖

〔註118〕（明）王夫之著，船山全書編輯委員會編校《船山全書‧張子正蒙注‧太和》（長沙：嶽麓書社，1996年2月），頁15～18。

〔註119〕（明）王夫之著，船山全書編輯委員會編校《船山全書‧張子正蒙注‧太和》，頁37。

〔註120〕（明）王夫之著，船山全書編輯委員會編校《船山全書‧張子正蒙注‧太和》，頁41～42。

〔註121〕「創造的真幾即是元」參見牟宗三著《牟宗三先生全集》5（台北：聯經出版，2003年4月），頁342。

〔註122〕（明）項穆《書法雅言‧形質》，項氏家刻本，頁7右半。

能參贊，君相能燮理，以此點出人是可以「節宣陰陽、調和元氣」的。其文中「性賦相同，氣習多異」、「天地之氣」、「化工皆覆」及「調和元氣」等概念，與張載宇宙本體和萬物形成之說法所秉持的觀念可說相當一致。

另外，《書法雅言》中將「書學」提升至形上的層次，與天地運行串聯來論述的篇章，為〈神化〉篇。其內容中也援用了張載的宇宙氣學觀來闡述，因而別具玄奧之意，項穆於〈神化〉篇云：

> 書之為言，散也，舒也，意也，如也。欲書必舒散懷抱，至于如意所願，斯可稱神。書不變化，匪足語神也。所謂神化者，豈復有外于規矩哉！規矩入巧，乃名神化。固不滯不執，有圓通之妙焉。況大造之玄功，宣淺于文字，神化也者，即天機自發、氣韻生動之謂也。日月星辰之經緯，寒暑晝夜之代遷，風雷雲雨之聚散，山嶽河海之流峙，非天地之變化乎？高士之振衣長嘯、揮塵談玄，佳人之臨鏡拂花、舞袖流盼，如豔卉之迎風泫露，似好鳥之調舌搜翎，千態萬狀，愈出愈奇；更若煙霏（霧）林影，有相難著，潛鱗翔翼，無迹可尋，此萬物之變化也。人之于書，形質法度，端厚和平，參互錯綜，玲瓏飛逸，誠能如是，可以語神矣。世之論神化者，徒指體勢之異常，豪端之奮筆，同聲而贊賞之，所識何淺陋者哉！約本其由，深探其旨，不過曰相時而動、從心所欲云爾。宣尼、逸少，道統、書源，匪由悉邪也。……規矩未能精諳，心手尚在矜疑，將志帥而氣不充，意先而筆不到矣。此皆不能從心之所欲也。至于欲既從心，豈復矩有少踰者耶！宣尼既云從心，復云不踰者，恐越于中道之外爾。……然不動則不變，能變即能化，苟非至誠，焉有能動者乎？澄心定志，博習專研，字之全形，宛爾在目，筆之妙用，悠焉忘思，自然腕能從臂，指能從心，瀟灑神飛，徘徊翰逸，如庖丁之解牛，掌上之弄丸。執筆者自難揣摩，撫卷者豈能測量哉！《中庸》之「為物不貳，生物不測。」《孟子》曰「深造自得，左右逢源。」生也逢也，皆由不貳深造得之。是知書之欲變化也，至誠其志，不息其功，將形著明，動一以貫萬，變而化焉，聖且神矣。〔註123〕（〈神化〉）

張載《正蒙》中亦談神化，曰：「一物兩體，氣也。一故神，兩故化，此

〔註123〕　（明）項穆《書法雅言・神化》，項氏家刻本，頁28～30右半。

天之所以參也。」〔註124〕又曰：「神，天德；化，天道。德，其體，道，其用，一於氣而已。」〔註125〕簡而言之，張載認為宇宙的本質或說是組成之物，就是「氣」，當「氣」呈清通寂靜狀態即為「太虛」、為「神」；當「氣」聚而散的運作，便是「化」，即天地運行之道，故曰「神」為其體，「化」為其用。

而項穆〈神化〉篇言「書不變化，匪足語神也」，言「然不動則不變，能變即能化」，言「將志帥而氣不充，意先而筆不到矣」，若由張載「氣」之觀點來照應項穆對「書」的論述，則可見他將書法視為感通天地之大道的途徑，故書須「氣」充方能馭筆以舒散懷抱，項穆云「未書之前，定志以帥其氣；將書之際，養氣以充其志。」〔註126〕又云「如意所願，斯可稱神。」、「人之于書，形質法度，端厚和平，參互錯綜，玲瓏飛逸，誠能如是（指天地之變化、萬物之變化），可以語神矣。」故而可知，能由「書」體察「氣」之聚散變化之客形，方能見知「神」之所在。

項穆又曰：「苟非至誠，焉有能動者乎？」也與張載所云「聖者，至誠得天之謂；神者，太虛妙應之目」〔註127〕有所呼應。張載云：

> 天之化也運諸氣，人之化也順夫時；非氣非時，則化之名何有？化之實何施？《中庸》曰「至誠為能化」，《孟子》曰「大而化之」，皆以其德合陰陽，與天地同流而無不通也。〔註128〕（《正蒙·神化》）

又云：

> 《易》謂「窮神知化」，乃德盛仁熟之致，非智力能強也……窮神知化，與天為一，豈有我所能勉哉？乃德盛而自致爾。〔註129〕（《正蒙·神化》）

故項穆主張「相時而動」，又言「況大造之玄功，宣洩于文字，神化也者，即

〔註124〕（明）王夫之著，船山全書編輯委員會編校《船山全書·張子正蒙注·參兩》，頁46～47。

〔註125〕（明）王夫之著，船山全書編輯委員會編校《船山全書·張子正蒙注·神化》，頁76。

〔註126〕（明）項穆《書法雅言·神化》，項氏家刻本，頁30右半。

〔註127〕（明）王夫之著，船山全書編輯委員會編校《船山全書·張子正蒙注·太和》，頁34。

〔註128〕（明）王夫之著，船山全書編輯委員會編校《船山全書·張子正蒙注·神化》，頁81。

〔註129〕（明）王夫之著，船山全書編輯委員會編校《船山全書·張子正蒙注·神化》，頁86、89。

天機自發、氣韻生動之謂也。」又言「澄心定志，博習專研，字之全形，宛爾在目，筆之妙用，悠焉忘思，自然腕能從臂，指能從心，瀟灑神飛，徘徊翰逸，如庖丁之解牛，掌上之弄丸。執筆者自難揣摩，撫卷者豈能測量哉！」可見神化之境界乃是自然而然、「窮神知化，與天為一」的狀態，惟有德盛仁熟之聖者方可以驅動「氣」以作窮天理、行天道之書，故張載云：「神化者，天之良能，非人能；故大而位天德，然後能窮神知化。」〔註130〕由此而知「至誠」與「窮神知化」是天人合一的條件和境界。項穆即以此澄清觀念，襯顯世俗以「體勢之異常，豪端之奮筆，同聲而讚賞之」為神化的淺陋認知觀點。從而亦能明白項穆所言：「是知書之欲變化也，至誠其志，不息其功，將形著明，動一以貫萬，變而化焉，聖且神矣。」之旨意。

此外，由張載氣學解讀項穆〈神化〉篇所云，亦可知書法之於項穆而言乃「正心盡性」、修身踐德以「閑聖道」之大法。

張載《正蒙・太和》篇曰：

> 太和所謂道，中涵浮沈、升降、動靜、相感之性……太虛無形，氣之本體，其聚其散，變化之客形爾；至靜無感，性之淵源，有識有知，物交之客感爾。客感客形與無感無形，惟盡性者一之。〔註131〕

又曰：

> 由太虛，有天之名；由氣化，有道之名；合虛與氣，有性之名；合性與知覺，有心之名。〔註132〕

據張載的論點，使「客感客形」與「無感無形」同「一」的方法，為「盡性」。而因「心」為合性與知覺之名，故「盡性」則當從「心」，然如何為之？《正蒙・神化》篇曰：

> 神不可致思，存焉可也；化不可助長，順焉可也。存虛明，久至德，順變化，達時中，仁之至，義之盡也。知微知彰，不舍而繼其善，然後可以成人性矣。〔註133〕

〔註130〕（明）王夫之著，船山全書編輯委員會編校《船山全書・張子正蒙注・神化》，頁85。

〔註131〕（明）王夫之著，船山全書編輯委員會編校《船山全書・張子正蒙注・太和》，頁15、17、18。

〔註132〕（明）王夫之著，船山全書編輯委員會編校《船山全書・張子正蒙注・太和》，頁32。

〔註133〕（明）王夫之著，船山全書編輯委員會編校《船山全書・張子正蒙注・神化》，頁90～91。

故由心「存虛明，久至德，順變化，達時中，仁之至，義之盡」而「可以成人性」，以此「盡性」則可以「窮神知化」而閑聖道，故書乃「修身以達道」的方法，由此而知項穆何以曰：「人由心正，書由筆正，即《詩》云『思無邪』，《禮》云『無不敬』。書法大旨，一語括之矣。」〔註134〕也就是說，項穆之書法在通達「天道」，他的「書法藝術美學」在實踐「天地自然運行之道」，而非個人才藝的發想以及創造，也不是藉由「六經」的內容來弘揚「君王聖道」，更與「教化人倫」〔註135〕沒有直接的關係。他所說的「書」本身就是在體「道」、踐「道」，因此若以儒家的、文藝的、功利的觀點來評價他的書學思想，或許並不能適切說明項穆的想法，反而是較有道家的、重「內聖」、講玄理的意味。

如他在〈知識〉篇談鑒書之法，云：

> 大要開卷之初，猶高人君子之遠來，遙而望之，標格威儀，清秀端偉，飄颻若神仙，魁梧如尊貴矣。及其入門，近而察之，氣體充和，容止雍穆，厚德若虛愚，咸重如山嶽矣。迨其在席，器宇恢乎有容，辭氣溢然傾聽，挫之不怒，愒之不驚，誘之不移，陵之不屈，道氣德輝，藹然服眾，令人鄙吝自消矣。又如佳人之豔麗含情，若美玉之潤彩奪目，玩之而愈可愛，見之而不忍離。此即真手真眼，意氣相投也。〔註136〕

其中「高人若神仙」、「氣體充和」、「容止雍穆」、「厚德若虛愚」、「道氣德輝」之言，彷彿都發散著道家、道教那種高深玄妙、仙氣飄飄的氣息。

2. 對立統一與中和

前文察探項穆〈神化〉篇與張載氣學的關聯，目的在於尋求項穆「中和」哲學之來源，從〈神化〉篇中發現項穆以「神」、「化」、「氣」等概念來闡釋書法欲達到之境界，然而此境界與「中和」何關？項穆於〈神化〉篇末云：

> 法書仙手，致中極和，可以發天地之玄微，宣道義之蘊奧，繼往聖之絕學，開後覺之良心，功將禮樂同休，名與日月並曜。〔註137〕

〔註134〕（明）項穆《書法雅言·心相》，項氏家刻本，頁31左半。

〔註135〕鮑璐瑤：「另一種書法理想，則以儒家傳統倫理思想為其精神來源，強調對書法藝術的社會性進行觀照。書法因而被賦予了教化人倫的效用價值。」參見鮑璐瑤《論項穆《書法雅言》的美學意蘊》，安徽大學美學系，碩士論文，2017年，頁1。

〔註136〕（明）項穆《書法雅言·知識》，項氏家刻本，頁41。

〔註137〕（明）項穆《書法雅言·神化》，項氏家刻本，頁30左半。

何以「致中極和,可以發天地之玄微,宣道義之蘊奧,繼往聖之絕學,開後覺之良心」?若依《中庸》所言,但曰「致中和,天地位焉,萬物育焉。」而未從「神」、「化」、「氣」來說明「天地位焉,萬物育焉」之玄微,可是項穆所言之「致中極和」,卻與「神」、「氣」之變「化」有關。若與「神」、「氣」之變「化」有關,則其「中和」當與「一物兩體,氣也。一故神,二故化,此天之所以參也。」〔註138〕之論點有關。張載曰:

> 太虛不能無氣,氣不能不聚而為萬物,萬物不能不散而為太虛。循是出入,是皆不得已而然也。然則聖人盡道其間,兼體而不累者,存神其至矣。〔註139〕(《正蒙·太和》)

由此段論述知天地萬物與氣之聚散有關,而氣之聚散,即由「中」而「和」的過程。《中庸》曰「喜怒哀樂之未發,謂之中」,依張載之論,「太虛」寂靜無感即為「中」;《中庸》曰「發而皆中節,謂之和」,依張載之論,「氣」聚而為萬物,氣散而為「太虛」,如此循環不已,即為「和」,由此「和」便能使「天地位焉,萬物育焉」,故《中庸》曰「中也者,天下之大本也;和也者,天下之達道也。」因而「中和」可說與「氣與太虛」的循環有關。

由此循環,張載言:

> 兩不立則一不可見,一不可見則兩之用息。兩體者(太虛、氣),虛實也,動靜也,聚散也,清濁也,其究一而已。感而後有通(神),不有兩,則無一。〔註140〕(《正蒙·太和》)

「兩」指太虛與氣,「一」當指太和。若無太虛與氣的交互作用,就沒有天道之循環;若沒有天道循環,也就沒有太虛與氣的交互作用,所以虛實、動靜、聚散、清濁就是太虛與氣形成的天道循環,所以張載言「以是知天地變化,二端而已」。〔註141〕由此循環作用,「中和」便具有對立統一的特性。

故以「中和」思想出發,項穆書論中,亦有許多對立統一之觀點,如〈形質〉篇曰:

〔註138〕 (明)王夫之著,船山全書編輯委員會編校《船山全書·張子正蒙注·參兩》,頁46。

〔註139〕 (明)王夫之著,船山全書編輯委員會編校《船山全書·張子正蒙注·太和》,頁20。

〔註140〕 (明)王夫之著,船山全書編輯委員會編校《船山全書·張子正蒙注·太和》,頁35~36。

〔註141〕 (明)王夫之著,船山全書編輯委員會編校《船山全書·張子正蒙注·太和》,頁42。

> 人之于書，得心應手，千形萬狀，不過曰中和、曰肥、曰瘦而已。
>
> 若而書也，脩短合度，輕重協衡，陰陽得宜，剛柔互濟，猶世之論
>
> 相者，不肥不瘦，不長不短，為端美也。此中行之書也。〔註142〕

又如〈中和〉曰：

> 圓而且方，方而復圓，正能含奇，奇不失正，會於中和，斯為美善。
>
> 〔註143〕

其中「脩短」、「輕重」、「陰陽」、「剛柔」、「方圓」、「正奇」等，都是由對立統一的概念構成，陳來說「氣是包含各種對立規定的統一體，而這些對立正是產生變化的根源。作為統一體，才能有神妙的運行，兩個對立面交互作用，才有無窮的變化。」〔註144〕而其變化中的平衡調和，即為「中和」。

再回顧項穆對「中和」的釋義，他說：

> 中也者，無過不及是也；和也者，無乖無戾是也。然中固不可廢和，
>
> 和亦不可離中，如禮節樂和，本然之體也。〔註145〕

其言「中不可廢和」、「和不可離中」儼然與「太虛」、「太和」之關係相當；其言「和」，「無乖無戾是也」，「乖戾」乃違背之意，故此處「和」當言不違背「天地運行」之道；而「中」即「氣」與「太虛」適度諧和的互動。如此來看項穆的「中和」理論，似乎就更合理而完備了。

因此，筆者認為項穆「中和」思想，當是融通張載宇宙氣化論作為他的書法形上哲學，而依此建立他的書法理論，並將對立統一的思維運用於運筆與字形的端美哲學上，以闡發他的書學理想。

四、書法理學

許多研究者說《書法雅言》是一部極具整體觀與系統性的書學理論，但為何《書法雅言》是一部極具整體觀與系統性的書學理論呢？汪彥君說「項穆《書法雅言》是以儒家正統思想觀照書學的經典論著，極具整體觀與系統性。」〔註146〕熊秉明說《書法雅言》「不是一般零零星星語錄式的書法雜感。在編次上雖然未必能滿足今人的系統觀念，但作者確是以哲學的思辨方式來

〔註142〕（明）項穆《書法雅言・形質》，項氏家刻本，頁7。

〔註143〕（明）項穆《書法雅言・中和》，項氏家刻本，頁24右半。

〔註144〕陳來《宋明理學》，頁44～45。

〔註145〕（明）項穆《書法雅言・中和》，項氏家刻本，頁24右半。

〔註146〕汪彥君《論項穆《書法雅言》中的書學思想》，頁13。

考慮書法的問題，而有一套美學體系。」〔註147〕楊貴中評述：「德純的《書法雅言》無論從篇秩或內容組織言，體例詳明，無論是放在明代或明代之前的書學論著中，在在突顯出系統的完備及強烈的個人批評風格。」〔註148〕由以上的論述可歸納出兩個主要原因：一是有鮮明的哲學思想作為根據，二是書寫體例，不再是零星語錄或是雜感，而是有完整的篇秩組織與內容結構。

仔細分析其篇章構成，項穆《書法雅言》的系統性應是來自於項穆的書論把「書」的主體、客體與客觀性的關係，以「心學思想」、「正統思想」及「中和思想」作為理論根據，建構了一套完整的論述。

牟宗三先生談到道德意識與主體的關係時，曾說道：

> 就是因為道德意識強，所以主體才會首先透露出來……不只儒家重視主體，就是道家、佛家也同樣重視主體……客體是通過主體而收攝進來的，主體透射到客體而且攝客為主……但是客觀的東西並不就是客體，並不一定是代表是外在的東西……理、道為什麼是客觀的呢？用康德的話來說，就是因為它有普遍性和必然性這兩個特性。〔註149〕

依據牟先生對主體、客體與客觀的敘述，用來審視項穆書論的構成，或許可以這樣剖析：在《書法雅言》中，「字」，或說是「書法表現或作品」，為其客體；「人」，或說「心」，為其主體，「書統」、「心學」及「中和」思想為其客觀理性哲學依據。

項穆的書論，是從「心學」來建構，他以「心」作為出發點，以「書」作為途徑，最後以「中和」哲學接連「聖道」。其中「字」是書的具體表象，故書法表現或作品為客體；而「人」是心性的主體，「心」是書的精神主宰，故「心」為其主體；整體而言，「書」是將「心之意」化為「象」的過程媒介，透過「書」法表現，以致中極和的客觀理性為指導，最後實現聖人踐德達道的理想為其終極目標。

若從全書各篇章的內容來說，首篇〈書統〉，項穆追溯「文字」源始，乃天地開創而生。他說「河馬負圖，洛龜呈書，此天地開文字也。羲畫八卦，文列六爻，此聖王啓文字也……故書之為功，同流天地，翼衛教經者也。」〔註150〕

〔註147〕熊秉明《中國書法理論體系》，頁109。
〔註148〕楊貴中《項穆《書法雅言》之思想研究》，頁10。
〔註149〕牟宗三《中國哲學十九講》，頁79。
〔註150〕（明）項穆《書法雅言·書統》，項氏家刻本，頁1。

他指出文字自天地創始，而後書之為功又可同流天地，並說書用於「作聖述明，本列入仙之品」，此番論述，猶有以書之由來源於「天」之意。

而人運筆而書，以字紀辭，著作各類經典，所秉為何？他說：

> 夫人靈于萬物，心主于百骸。故心之所發，蘊之為道德，顯之為經綸，樹之為勛猷，立之為節操，宣之為文章，運之為字蹟。爰作書契，政代結繩，刪述侔功，神仙等妙，苟非達人上智，孰能玄鑒入神。但人心不同，誠如其面，由中發外，書亦云然。所以染翰之士，雖同法家，揮豪之際，各成體質。〔註151〕（〈辯體〉）

又說：

> 蓋聞德性根心，睟盎生色，得心應手，書亦云然。人品既殊，性情各異，筆勢所運，邪正自形。書之心，主張布算，想像化裁，意在筆端，未形之相也。書之相，旋折進退，威儀神彩，筆隨意發，既形之心也。……柳公權曰：「心正則筆正」；余今曰：「人正則書正。」心為人之帥，心正則人正矣；筆為書之充，筆正則書正矣。人由心正，書由筆正，即《詩》云「思無邪」，《禮》云「無不敬」。書法大旨，一語括之矣。〔註152〕（〈心相〉）

即從「心學」論書法根心之理。此部分以〈辯體〉篇及〈心相〉篇言人之心性之於書法的作用與表現，接著再由〈資學〉篇論人之資學對於書法表現的影響：

> 書之法則，點畫攸同；形之楮墨，性情各異。猶同源分派、共樹殊枝者，何哉？資分高下，學別淺深。資學兼長，神融筆暢，苟非交善，詎得從心？書有體格，非學弗知。若學優而資劣，作字雖工，盈虛舒慘、迴互飛騰之妙用弗得也。書有神氣，非資弗明。若資邁而學疎，筆勢雖雄，鉤揭導送、提搶截拽之權度弗熟也。所以資貴聰穎，學尚浩淵。資過乎學，每失顛狂；學過乎資，猶存規矩。資不可少，學乃居先。〔註153〕（〈資學〉）

此三篇就說明了人與書的交互作用。然而，書之美善與否，有何具體準則？又如何逐步去實踐？項穆則以〈形質〉、〈規矩〉、〈常變〉、〈正奇〉、〈老少〉等篇來論述美善書法之表現應為上述各相對概念之中和；此外，以〈古今〉

〔註151〕（明）項穆《書法雅言·辯體》，項氏家刻本，頁5右半。
〔註152〕（明）項穆《書法雅言·心相》，項氏家刻本，頁31。
〔註153〕（明）項穆《書法雅言·資學》，項氏家刻本，頁11。

規範字體的選擇，以〈取捨〉說明師法楷模的選擇，以〈器用〉強調工具的效用與選擇，以〈功序〉闡述實踐方法與步驟，以〈知識〉分析評鑑方式與書學涵養。總合以上各篇完備書法形而下的功學目標，方可完成中和書法，進而以「書」體踐天道，達到神化境界。故〈中和〉篇即在總說中和書法之展現，〈神化〉篇即在闡明書法的極致功能與目標。然而，由於人品既殊、性情各異、資學不一，質分高下，功有淺深，因人而各造其成，故而書亦可分其品第，項穆將其分成五等，此部分內容則以〈品格〉篇記述之。於是，全書透過這十七篇內容建立了一個體系完整的書論。為能讓以上所述概念更為清晰，以下試以圖示呈現來表明其書學理論架構：

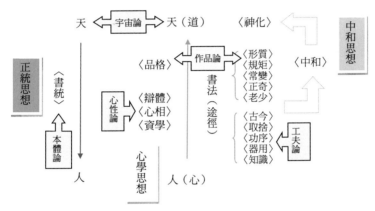

書學思想理論架構圖

經由分析《書法雅言》各篇章所組成之架構，便能清楚瞭解其書論之系統性，項穆將天道性命與書法做一貫通，他運用了儒家經典中的觀念，結合道教的哲學思考，以理學的方式來闡述書學，將「書」與「心性」和「聖道」相結合，賦予「書」形而上的意義，深化並提升書學在傳統認知中的價值與地位，所以《書法雅言》可以說是一部理學的書學理論，項穆的書論可說是書學的理學，由於項穆將書法表現提升至形而上的「崇法自然規矩〔註154〕，體踐天道運行〔註155〕」的層次，因而造就了精神實踐上的藝術美學及其至

〔註154〕項穆：「天圓地方，群類象形，聖人作則，制為規矩。故曰：規矩，方圓之至，範圍不過、曲成不遺者也。」參見（明）項穆：《書法雅言·規矩》，項氏家刻本，頁15右半。

〔註155〕項穆：「《中庸》之『為物不貳，生物不測』。《孟子》曰『深造自得，左右逢源。』生也逢也，皆由不貳深造得之。是知書之欲變化也，至誠其志，不息其功，將形著明，動一以貫萬，變而化焉，聖且神矣。噫！此由心悟，不可言傳。」參見（明）項穆《書法雅言·神化》，項氏家刻本，頁29左半、30右半。

高無上的書法境界，成就其書論的不凡，並以此抨擊晚明書法流俗的淺薄，竭力捍衛他所鍾愛的書法。

另外，亦可由「人」和「字」之主、客體的關係，來探析全書的編排組織架構，若由主、客體關係所形成之架構分析，則示意圖如下：

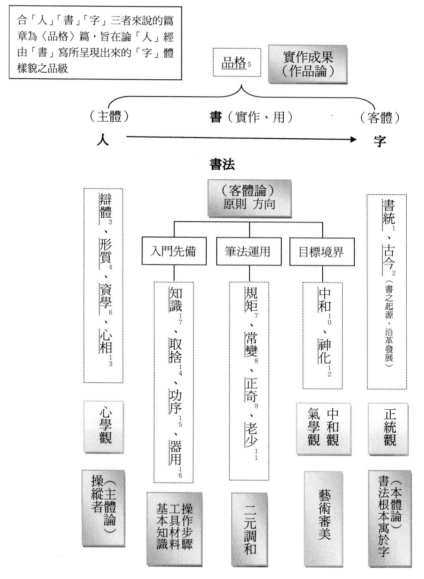

主、客體關係架構圖

記號說明：書統¹：方框中文字為《書法雅言》十七篇之篇目名稱，數字為篇目次序。

由此兩架構便可見《書法雅言》一書篇帙與內容組織的全面與完整性。

第四節 　《書法雅言》書學主張探討

　　上一節探討了項穆《書法雅言》中形而上的思想理論，這一節將從形而下的具體實踐方法來探討項穆對書法學習所提出的書學主張。這個部分將從書體的選擇、師法楷模的選擇、書法的規範、書寫工具的講求、書者性情及資學在書法表現上的提升等方面來探討。

一、書體的選擇

　　本論文第二章曾說到明代書法，一開始因受統治者影響，故「臺閣體」盛行，直至明代中期，統治力量轉弱，書家才紛紛走上復古、師古的道路，於是當時書壇上各有崇尚，「有師法蘇軾的吳寬，師晉人的王鏊，師法黃庭堅的沈周，師法張旭、懷素的張弼、張駿，師法懷素、米芾的徐有貞等等。」〔註156〕到了晚期，則受到陽明心學的影響，開始有人倡導解放個性的書法，於是帶來了求奇尚怪的書學風潮。

　　對於不是泥於崇古就是標新立異的書法風尚，項穆在〈古今〉篇因應時代潮流提出了自己的看法和主張，他說：

> 噫！世之不學者固無論矣，自稱能書者有二病焉：巖搜海釣之夫，每索隱於秦、漢；井坐管窺之輩，恒取式于宋、元，太過不及，厥失維均。蓋謂今不及古者，每云今妍古質；以奴書為誚者，自稱獨擅成家。不學古法者，無稽之徒也；專泥上古者，豈從周之士哉？夫夏彝商鼎，已非汙尊坏飲之風；上棟下宇，亦異巢居穴處之俗。生乎三代之世，不為三皇之民，矧夫生今之時，奚必反古之道？〔註157〕

他認為取法秦漢或宋元的書法都不是適切的選擇。他的理由是：隨著時代的發展與進步，秦漢以前的書法，已不具切合時代的實用性；而宋元的書法，太過於放任自我的發揮，也不是奠定書法基礎的適當範本。猶如甲骨文不是現今能通用的文字，而創意字體也不是小學生學寫字適合的仿效對象一般。

　　項穆反對「泥古」，對於泥古而不合時宜他的看法是：

> 奈何泥古之徒，不悟時中之妙，專以一畫偏長，一波故壯，妄誇崇質之風。豈知三代後賢，兩晉前哲，尚多太朴之意。〔註158〕（〈古今〉）

〔註156〕肖燕翼《明代書法》，頁 17。
〔註157〕（明）項穆《書法雅言・古今》，項氏家刻本，頁 3 左半、頁 4 右半。
〔註158〕（明）項穆《書法雅言・古今》，項氏家刻本，頁 4 右半。

可見他強調「時中」，反對「泥古」，他認為泥古者崇尚的「質樸」，其實是發展還不成熟而保留著較多原始的狀態，因而不合時宜。那麼對於字體取捨，他就提出了這樣的主張：

> 書契之作，肇自頡皇；佐隸之簡，興于嬴政。他若鳥宿芝英之類，魚蟲薤葉之流，紀夢瑞于當年，圖形象于一日，未見真蹟，徒著虛名，風格既湮，考索何據。信今傳後，貴在同文；探賾搜奇，要非適用。故書法之目，止以篆隸古文，兼乎真行草體。〔註159〕（〈古今〉）

此段論述指出：合時宜之字體的基本要求是「統一」，即項穆所言之「同文」，「同文統一」方能通行適用，而中國文字的統一，始於秦始皇時李斯以「小篆」統一文字，所以項穆便以此為準則，篩揀淘汰不合宜的字體，歸結出合時適用的書法字體而保留了「篆、隸、真、行、草」五種。

文中他又引用孔子與孫過庭的話來強調「合時」、「合適」的主張：

> 宣聖曰：「文質彬彬，然後君子。」孫過庭云：「古不乖時，今不同弊。」審斯二語，與世推移，規矩從心，中和為的。〔註160〕

由此加以推論，項穆所謂合適的字體必須「文質彬彬」、「古不乖時」、「今不同弊」，進一步闡述，項穆主張的合宜書法就是要質樸兼具文采，用古則不可違逆當時普遍通用原則，但亦不能與當代書法具有同樣弊病。他化約自己的取捨原則為：「與世推移，規矩從心，中和為的」，更簡單來說其實就是注重「適時」、「適當」之通則而已。

二、楷模的選擇

對於學習對象的選擇，項穆也教人要有所取捨，大抵而言，宗法王羲之的名家、大家、正源都是不錯的，他便評選出一些好的書家指明師法方向：

> 書法之宗，獨以羲、獻、蕭、永，佐之虞、褚、陸、顏。他若急就、飛白，亦當游心，歐、張、李、柳，或可涉目。〔註161〕（〈古今〉）

可知以王羲之為首，王獻之、蕭子雲、智永禪師、虞世南、褚遂良、陸柬之、顏真卿這些人是項穆眼中宗「王」的正脈，故當以這些人作為主要的學習典

〔註159〕（明）項穆《書法雅言・古今》，項氏家刻本，頁3右半。

〔註160〕（明）項穆《書法雅言・古今》，項氏家刻本，頁4。

〔註161〕（明）項穆《書法雅言・古今》，項氏家刻本，頁3右半。

範，若行有餘力，還可以再廣泛欣賞《急就篇》和飛白書、歐陽詢、張旭、李北海、柳公權的字體。但這麼多的書家，都要學顯然不容易，所以他說：

> 所謂取法乎上，僅得乎中。初規後賢，冀追前哲，匪曰生今之世，
> 不能及古之人，學成一家，不必廣師羣妙者也。〔註162〕（〈古今〉）

他提供學書者一些優秀的學習楷模，就是要勉勵人向好的典範學習，努力精進書法，但不需要害怕跟不上前賢；只要慎選一個好好學，學出自己的專門，也不一定要每個書家都學。而他個人最為推崇王羲之，以王羲之作為最高境界的師法對象，他於〈取捨〉篇說：

> 抑自周秦以後，逸少以前，專尚篆隸，罕見真行。簡朴端厚，不皆
> 文質兩彬；缺勒殘碑，無復完神可傚；逸少一出，會通古今，書法
> 集成，模楷大定。自是而下，優劣互差。〔註163〕

於〈古今〉篇也說：

> 史、李、蔡、杜，皆書祖也，惟右軍為書之正鵠。……謂之曰天之
> 未喪斯文，逸少於今復起，苟微若人，吾誰與歸？〔註164〕

因此，他自己是以王羲之作為宗法的對象的。他的書法素養深厚，涉獵廣泛，所以他又評述了一些王羲之以後的書法名家，提供後學者作為選擇學習對象之參考：

> 試舉顯名今世、遺跡僅存者，拔其美善，指其瑕疵，庶取捨既明，
> 則趨向可定矣。智永、世南，得其寬和之量而少俊邁之奇。歐陽詢
> 得其秀勁之骨而乏溫潤之容。褚遂良得其鬱壯之筋，而鮮安閒之度。
> 李邕得其豪挺之氣，而失之竦窘。顏、柳得其莊毅之操，而失之魯
> 獷。旭、素得其超逸之興，而失之驚怪。陸、徐得其恭儉之體而失
> 之頹拘。過庭得其逍遙之趣而失之險散。蔡襄得其密厚之貌，庭堅
> 得其提衄之法，孟頫得其溫雅之態，然蔡過乎姢重，趙專乎妍媚，
> 魯直雖知執筆而伸腳掛手，體格掃地矣。〔註165〕（〈取捨〉）

這些學習王羲之的後代名家，在項穆眼中都各有短長，但也各成一家，不失為好的書家，惟有宋代著名書法家蘇軾、米芾、黃庭堅是不受他青睞的，尤

〔註162〕（明）項穆《書法雅言・古今》，項氏家刻本，頁3左半。
〔註163〕（明）項穆《書法雅言・取捨》，項氏家刻本，頁33左半。
〔註164〕（明）項穆《書法雅言・古今》，項氏家刻本，頁4。
〔註165〕（明）項穆《書法雅言・取捨》，項氏家刻本，頁44左、34右半。

其是米芾，項穆對他們的評價顯得相對苛刻：

> 蘇軾獨宗顏、李，米芾復兼褚、張。蘇似肥豔美婢擡作夫人，舉止
> 邪陋而大足，當令掩口。米若風流公子染患癩疥，馳馬試劍而吽（叫）
> 笑，旁若無人。〔註166〕（〈取捨〉）

而他如此評價的理由是：

> 宋代巨擘，蘇、黃與米，資近大家，學入傍流⋯⋯數公亦有筆法，
> 不盡寫壞，體格多有踰越，蓋其學力未能入室之故也。數君之中，
> 惟元章更易起眼，且易下筆，每一經目，便思傚模。初學之士，切
> 不可看。趨向不正，取舍不明，徒擬其所病，不得其所能也。〔註167〕
> （〈取捨〉）

他肯定蘇軾、黃庭堅和米芾的天資優良，但抨擊他們書法的學力功夫下得不足，因而項穆認為他們在字的體格表現上是不合格的。可是偏偏晚明書風愛好狂怪，米芾的書法因此備受喜愛，李吾銘說「明中期之後，米芾書法才又開始被人關注，至晚明學習米芾書法達到高潮。」〔註168〕項穆則認為「米之猛放驕滛，是其短也。皆緣天資雖勝，學力乃疏，手不從心，藉此掩醜。」〔註169〕而對於仿效蘇、米的人他更沒有好感，他說「蘇、米之蹟，世爭臨摹，予獨哂為效顰者⋯⋯東施本無麗質，妄自學其愁眉，反見陋媸，殊可憎惡。」〔註170〕對於好學米書者，他也提出了一個學習建議：「米書之源，出自顏、褚。如要學米，先柳入歐，由歐趨虞，自虞入褚。學至于是，自可窺大家之門，元章亦拜下風矣。⋯⋯十年之後，方以元章參看，庶知其短而取其長矣。」〔註171〕以此勉人步履宗王正脈的學習途徑。

項穆做這些評述與分析，目的就在於協助學書者認知書法的優點和缺失，期許時人能明辨優劣，不要再隨波逐流，盲從「奇特」，他主張學書須擇善而從，所以他一再呼籲「臨擬之士，取長舍短，豈非善學者哉？」，「擇長而師之，所短而改之，在臨池之士玄鑒之精爾。」〔註172〕其立意與趨向是非常明確的。

〔註166〕（明）項穆《書法雅言・取捨》，項氏家刻本，頁34左半。

〔註167〕（明）項穆《書法雅言・取捨》，項氏家刻本，頁35右半。

〔註168〕參見李吾銘〈米芾書法的經典化歷程〉，頁35。

〔註169〕（明）項穆《書法雅言・取捨》，項氏家刻本，頁33右半。

〔註170〕（明）項穆《書法雅言・取捨》，項氏家刻本，頁33右半。

〔註171〕（明）項穆《書法雅言・取捨》，項氏家刻本，頁35。

〔註172〕（明）項穆《書法雅言・取捨》，項氏家刻本，頁34左半。

三、因材量進退

　　書體與楷模的範疇確立之後，學習的客體便大致底定，進一步的實踐就要回到學習的主體，也就是從學習者的身上來討論。書法是非常具有個別特質的呈現，每個人寫出來的字體都不相同，因此「書」的表現與執筆者的關係密不可分，這部分項穆先引用孫過庭的說法，繼而提出自己的見解，他在〈辯體〉篇說：

> 染翰之士，雖同法家，揮豪之際，各成體質。考之先進，固有說焉。孫過庭曰：「矜斂者弊于拘束，脫易者失于規矩，躁勇者過于剽迫，狐疑者溺于滯澀。」……孫子因短而攻短，予也就長而刺長……夫人之性情，剛柔殊稟；手之運用，乖合互形。謹守者拘歛襟懷，縱逸者度越典則；速勁者驚急無蘊，遲重者怯鬱不飛；簡峻者挺倔鮮遒，嚴密者緊實寡逸；溫潤者妍媚少節，標險者彫繪太苛；雄偉者固愧容夷，婉暢者又慚端厚；莊質者蓋嫌魯朴，流麗者復過浮華；駛動者似欠精深，纖茂者尚多散緩；爽健者涉茲剽勇，穩熟者缺彼新奇。此皆因夫性之所偏，而成其資之所近也。〔註173〕

項穆在這段話中指出，人因為在性情上有剛與柔的差異，所以手在書寫時，便將個人性情中偏向剛或偏向柔的特質在字上顯現出來，而成為個人的書法特徵，故曰：「揮毫之際，各成體質」，「此皆因夫性之所偏，而成其資之所近也」。

　　瞭解書法因人而異、各有所偏之後呢？項穆認為：

> 夫悟其所短，恒止于苦難；恃其所長，多畫于自滿。孫子因短而攻短，予也就長而刺長，使藝成獨擅，不安于一得之能；學出專門，益進于通方之妙。〔註174〕（〈辯體〉）

也就是說，學書者若明白自己的短處，往往因為困難而停止學習，但若過於憑恃自己的長處，又多半因為自滿而畫地自限，兩者都不好，然而忠言逆耳，怎麼說才讓人更能接受呢？若以孫過庭的方式，一味只說不好的地方，恐怕會因為只提到負面批評比較不中聽而不被人接納，所以項穆選擇從優點來點出缺失，一方面讓學書者明白還有進步空間而不恃長自滿，一方面讓學書者清楚修正方向，改善缺點，從中追求更上一層樓。因此他說：

〔註173〕　（明）項穆《書法雅言·辯體》，項氏家刻本，頁5～6左半。
〔註174〕　（明）項穆《書法雅言·辯體》，項氏家刻本，頁5左半。

第施教者貴因材，自學者先克己。審斯二語，厭倦兩忘，與世推移，
量人進退，何慮書體之不中和哉！〔註175〕（〈辯體〉）

所以對於學習者，他的主張就是施教者要能因材施教，學習者要能克制自己
不自滿，進而不斷地修正、提升自己的書法層次，如此學而不厭、誨人不倦，
伴隨著時間的推移，不時地檢視衡量個人的狀況持續去作調整，那麼書體終
有一日必能達到「中和」的境地。這是他對於學書積極面的理想和建議，但
他同時也提到消極的狀況是：

他若**偏泥古體者**，蹇鈍之迂儒；**自用為家者**，庸僻之俗吏；**任筆驟
馳者**，輕率而踰律；**臨池猶豫者**，矜持而傷神；**專尚清勁者**，枯峭
而罕姿；**獨工豐豔者**，濃鮮而乏骨。此又偏好任情，甘于暴棄者也。
〔註176〕（〈辯體〉）

由於書與人的性情密切相關，所以放任性情，過於有偏好的書者，如偏泥古
體者、自用為家者、任筆驟馳者、臨池猶豫者、專尚清勁者、獨工豐豔者，他
們的書法表現通常是有極端缺失的，這就不是調整「書體」的問題，而是「個
人性情」的問題，所以項穆認為這是個人在選擇上甘於自暴自棄，《孟子·離
婁上》曰：「自暴者，不可與有言也；自棄者，不可與有為也。言非禮義，謂
之自暴也；吾身不能居仁由義，謂之自棄也。仁，人之安宅也；義，人之正路
也。曠安宅而弗居，舍正路而不由，哀哉！」〔註177〕可見對於「甘于暴棄者」，
顯然是無法去談「中和」書法這個目標的，這或許也是反映他對晚明書法的
慨嘆。

四、資學與功序

項穆認為「書」所呈現之性情每個人有所不同，原因就在於「天資高低」
與「學力深淺」的分別，所以他在〈資學〉篇中論述「資」與「學」之於「書」
的關係與影響說：

書之法則，點畫攸同；形之楮墨，性情各異。猶同源分派、共樹
殊枝者，何哉？資分高下，學別淺深。資學兼長，神融筆暢；苟
非交善，詎得從心？書有體格，非學弗知。若學優而資劣，作字

〔註175〕（明）項穆《書法雅言·辯體》，項氏家刻本，頁6。
〔註176〕（明）項穆《書法雅言·辯體》，項氏家刻本，頁6右半。
〔註177〕（宋）朱熹《四書章句集註·孟子·離婁章句上》，頁281。

> 雖工，盈虛舒慘、迴互飛騰之妙用弗得也。書有神氣，非資弗明。
> 若資邁而學疎，筆勢雖雄，鉤揭導送、提搶截拽之權度弗熟也。
> 所以資貴聰穎，學尚浩淵。資過乎學，每失顛狂；學過乎資，猶
> 存規矩。〔註178〕

項穆論說若資學兼善，寫字便能神融筆暢；若資學條件欠佳，寫字就會力不
從心。透過學習才能精熟筆法的運用，擁有天資才能表現筆法的神氣，所以
「資貴聰穎，學尚浩淵」。那是最理想的狀態，然而一切並不會都在理想狀態
中，因此就會有天資高低與學力深淺的差異產生，而項穆認為天資高學力淺，
通常會出現「顛狂」的缺失，但如果是學力深天資差的話，至少還能保留基
本筆法，可見無論天資條件如何，學習，原則上都有助於發揮好的效用，基
於這樣的看法，項穆主張：

> 資不可少，學乃居先。古人云：「蓋有學而不能，未有不學而能者
> 也。」然而學可勉也，資不可強也。天資縱哲，標奇炫巧，色飛魂
> 絕於一時，學識諳練，入矩應規，作範垂模於萬載。孔門一貫之學，
> 竟以參、魯得之，甚哉！學之不可不確也。然人之資稟有溫弱者，
> 有剽勇者，有遲重者，有疾速者，知克己之私，加日新之學，勉之
> 不已，漸入於安，萬川會海，成功則一。〔註179〕（〈資學〉）

他主張「學居先」。雖然「資不可少」，但是「資不可強也」，天資並非人可以
決定的，學習才是人可以勉力而為的，所以他認為儘管每個人資稟不同，但
只要能克制自己偏重的氣質，每天有所超越的學習，且勤勉努力不懈的話，
就能漸漸安於「中和」之中了，所以項穆主張「學之不可不確也」。

同時，項穆亦認為學習無近功，學書必須循序漸進，因此他在〈功序〉
篇中說：

> 至若無知率易之輩，妄聽功無百日之談，豈知王道本無近功，成書
> 亦非歲月哉！初學之士，先立大體，橫直安置，對待布白，務求其
> 均齊方正矣。然後定其筋骨，向背往還，開合連絡，務求雄健貫通
> 也。次又尊其威儀，疾徐進退，俯仰屈伸，務求端莊溫雅也。然後
> 審其神情，戰蹙單疊，迴帶翻藏，機軸圓融，風度瀟落，或字餘而
> 勢盡，或筆斷而意連，平順而凜鋒芒，健勁而泯圭角，引伸而觸類，

〔註178〕 （明）項穆《書法雅言·資學》，項氏家刻本，頁11右半。
〔註179〕 （明）項穆《書法雅言·資學》，項氏家刻本，頁11。

書之能事畢矣。然計其始終，非四十載不能成也，所以逸少之書，

五十有二而稱妙。〔註180〕

這裡他把寫字的學習和境界分成四個階段和層次，由基礎到高深，分別從立大體、定筋骨、尊威儀、審神情來談，藉由書之點畫技巧的掌握來表現人內蘊的功力之深厚，層層提升至極高明的境界，其難度可見一斑，不容輕視，所以項穆說書學的功夫沒有四十年是無法達成的，連王羲之都是到了五十二歲，書法才稱妙，那麼一般人又如何呢？足見這門學問的非同小可。回頭反觀晚明書法的發展，項穆又怎麼能接受那種任誕狂怪，以醜為美的書風呢？由此觀之，就不難理解他對米芾為何如此苛責，又為何如此憤慨地批評當代書法了〔註181〕。

回歸到務實層面來說，學書的不二法門是什麼？他提出的意見是：

第世之學者，不得其門，從何進手，必先臨摹，方有定趨，始也專宗一家，次則博研眾體，融天機于自得，會羣妙於一心，斯于書也，集大成矣。〔註182〕（〈功序〉）

他的方法其實再平實不過，可以說沒有任何的捷徑，基本上就是要先從「臨摹」開始，從臨摹一步步去精進。提筆寫字並不難，難的是寫出一手好字，其中的巧妙就是需要歷經長時間篤行與鍛鍊、琢磨的，絕沒有一蹴可幾的碩果，所以項穆說：

若分布少明，即思縱巧，運用不熟，便欲標奇，是未學走而先學趨也。書何容易哉！〔註183〕（〈功序〉）

「書何容易哉！」一語即道出他對當代書法是充滿了多少的不能認同與感嘆。

五、書法的規範

依據前述功序寫出的書法，應該具有什麼形態特點才符合項穆的規範呢？在〈規矩〉篇，他從天地之象形來闡明書法的基本原則，他說：

天圓地方，羣類象形，聖人作則，制為規矩。故曰：規矩，方圓之

〔註180〕（明）項穆《書法雅言‧功序》，項氏家刻本，頁34。

〔註181〕項穆：「獨怪偏側出王之語，肇自元章一時之論，致使淺近之筆，爭賞豪末之奇，不探中和之源，徒規誕怒之病。殆哉書脈，危幾一縷矣！」參見（明）項穆《書法雅言‧規矩》，頁16左半。

〔註182〕（明）項穆《書法雅言‧功序》，項氏家刻本，頁36左半～37右半。

〔註183〕（明）項穆《書法雅言‧功序》，項氏家刻本，頁37右半。

至，範圍不過、曲成不遺者也。大學之旨，先務修齊正平；皇極之疇，首戒偏側反陂。……圓為規以象天，方為矩以象地，方圓互用，猶陰陽互藏。所以用筆貴圓，字形貴方，既曰規矩，又曰之至，是圓乃神圓，不可滯也；方乃通方，不可執也。〔註184〕

首先，以天圓地方來規範字形要「方」，用筆要「圓」。然而方圓講的並不是指方形或圓形那種特定的圖形，所謂「方」，是指文字整體的結構組成要和諧相稱；所謂「圓」，是指文字筆畫線條的流動順暢，故曰：「圓乃神圓，不可滯也，方乃通方，不可執也。」而書法應方圓互用，以促成平衡協調的狀態。然後，項穆又以《大學》之旨和《尚書・洪範》中的皇極之疇來強調書法應將「修齊正平」與「戒偏側反陂」作為首要之務，可見「齊平、中正、不偏斜」應當是他對書法字形的基本要求。

此外，他又以天地間的法象來推理書法理當遵循的規範，其記述曰：

穹壤之間，莫不有規矩；人心之良，皆好乎中和。宮室，材木之相稱也；烹炙，滋味之相調也；笙簫，音律之相協也，人皆悅之。使其大小之不稱，酸辛之不調，宮商之不協，誰復取之哉！試以人之形體論之。美丈夫貴有端厚之威儀，高逸之辭氣；美女子尚有貞靜之德性，秀麗之容顏。豈有頭目手足粗邪癲瘟，而可以稱美好者乎？形象器用，無庸言矣，至於鳥之窠，蜂之窩，蛛之網，莫不圓整而精密也，可以書法之大道，而禽蟲之不若乎？此乃物情，猶有知識也，若夫花卉之清豔，蘂瓣之疎纍，莫不圓整而修對焉。使其半而舒，半而縮也，皆瘠蠹之病，豈其本來之質哉？〔註185〕（〈規矩〉）

他說規矩存在於天地間，處處可見，而人心覺得良好而有所偏愛的，是「中和」。所以建造宮室講求結構「相稱」，烹飪菜餚講求滋味「相調」，吹奏樂器講求音律「相協」；美男子要端厚高逸，美女子要貞靜秀麗；鳥窠、蜂窩、蛛網，皆圓整而精密；花卉蘂瓣，亦皆圓整而修對。可見「協調相稱」、「結構圓整」的自然規則，是符合相對而統一的「中和」原則，故書法亦當遵守此項原則，方能成為美善之書法。

針對書法的規範，項穆在〈功序〉篇更直接明白提出「三戒」與「三要」：

〔註184〕（明）項穆《書法雅言・規矩》，項氏家刻本，頁15右半、17右半。
〔註185〕（明）項穆《書法雅言・規矩》，項氏家刻本，頁16。

> 大率 書有三戒 ：初學分布，戒不均與欹；繼知規矩，戒不活與滯；
> 終能純熟，戒狂怪與俗。若不均且欹，如耳目口鼻，開闔長促，邪
> 立偏坐，不端正矣。不活與滯，如土塑木雕，不說不笑，板定固窒，
> 無生氣矣。狂怪與俗，如醉酒巫風，丐兒村漢，胡行亂語，顛仆醜
> 陋矣。又 書有三要 ：第一要清整，清則點畫不混雜，整則形體不偏
> 邪；第二要溫潤，溫則性情不驕怒，潤則折挫不枯澀；第三要閑雅，
> 閑則運用不矜持，雅則起伏不恣肆。〔註186〕

概略而言，無論是「三戒」或「三要」，都自書之「形體」、「點畫」與「整體」
三方面來審視：一是書之形體要端正不偏邪，二是點畫要乾淨不混雜且靈活
有生氣，三是整體呈現要閑雅溫文而不狂怪粗俗。由此便能清楚明白項穆主
張的書法規範與他的評判準則。

六、器具的講求

項穆於〈器用〉篇言：

> 俗語云：能書不擇筆。斷無是理也。夫工欲善其事，必先利其器。
> 木石金玉之工，刀鋸鑢剉之屬，苟不精利，雖有雕鏤切磋之技，離
> 婁、公輸之能，將安施其巧哉！〔註187〕

此言明白說出項穆對於書寫工具的重視，他認為沒有好的工具，即便有高超
的技藝也不能巧妙施展出來，所以他主張「工欲善其事，必先利其器」。

對於筆墨紙硯的敘述，他引述《筆陣圖》的比擬開篇，但他覺得《筆陣
圖》的比喻不甚恰當，因此嘗試提出他個人的比喻來說明「筆墨紙硯」之於
「書法」的重要性，云：

> 《筆陣圖》曰：「紙者，陣也；筆者，刀矟也；墨者，鍪甲也；硯者，
> 城池也。」孫過庭云：「疑是右軍所製，尚可啟發童蒙。常俗所傳，
> 不籍編錄。」……筆陣圖以墨擬之鍪甲，以硯譬之城池，喻失其理，
> 恐亦非右軍也。予試論之，以俟君子。〔註188〕

而項穆提出的比喻是：

> 夫身者，元帥也；心者，軍師也；手者，副將也；指者，士卒也。

〔註186〕（明）項穆《書法雅言・功序》，項氏家刻本，頁37左～38右半。
〔註187〕（明）項穆《書法雅言・器用》，項氏家刻本，頁39左～40右半。
〔註188〕（明）項穆《書法雅言・器用》，項氏家刻本，頁39右半。

紙者，地形也；筆者，戈戟也；墨者，粮草也；硯者，囊橐也。紙
不光細，譬之驍將駿馬，行于荊棘泥濘之場，馳驟當先弗能也。筆
不穎健，譬之志奮力壯，手持折缺朽鈍之兵，斬斫擊刺弗能也。墨
不精玄，譬之養將練兵，粮草不敷，將有饑色，何以作氣？硯不硎
蓄，譬之師旅方輿，命在餱糧，餽餉乏絕，何以壯威？四者不可廢
一，紙筆猶乃居先。〔註189〕

他的敘述首先加入了身、心、手、指四者所扮演的角色與功能，可以說是結
合他的心學思想，將人與心與手的關係，給予清楚的定位和連結，也呼應了
〈心相〉篇「心為人之帥，心正則人正矣；筆為書之充，筆正則書正矣。人由
心正，書由筆正。」〔註190〕所言之理。其次，他修改筆、墨、紙、硯分別代
表的事物與作用，進而說明四者條件不佳時對於書寫帶來的阻礙，由其論述
可知：紙須講求光細、筆須講求穎健、墨須講求精玄、硯須講求硎蓄。紙面光
細，運筆方能馳騁無礙；筆毛穎健，點畫方能精準到位；墨色精玄，神氣方能
隨筆著韻；硯臺硎蓄，研墨方能易發蓄足。由此亦可知，器具雖無精神，卻具
有不可或缺的輔助功用，因此，書要能充分發揮，依項穆之見，四者皆須俱
足，廢一不可。此亦反映項穆對書法的要求是方方面面的精細，就是使用之
器具也是不可苟且隨便的。

〔註189〕 （明）項穆《書法雅言·器用》，項氏家刻本，頁39。
〔註190〕 （明）項穆《書法雅言·心相》，項氏家刻本，頁31左半。

第四章　《書法雅言》寫作風格探析

　　劉勰《文心雕龍・情采》:「情者,文之經,辭者,理之緯,經正而後緯成,理定而後辭暢,此立文之本源也。」﹝註1﹞由這段話可知文章之本源乃由「情」與「辭」兩方面共同組成,亦即文章本就涵蓋了作者對內容與形式兩方面的經營,因此文章的寫作風格當從此構成文章之經緯加以分析,方能更加瞭解作者的用心。陳滿銘辭章學研究指出:「一篇作品之風格,就是結合內容與形式(藝術),所產生整個有機體所顯示的審美風貌,這是合作者之形象思維與邏輯思維為一而形成,可以統攝主題、文(語)法、修辭和章法等種種個別風格,呈現整體風格之美。」﹝註2﹞此外,又說:「思維是以『意象』﹝註3﹞為內容,透過『形象』、『邏輯』與『綜合』等三種思維之作用,而形成其『系統』的。」﹝註4﹞由此觀點,一部作品的寫作風格,仍是透過「內容」與「形式」來展示,作品由「內容」與「形式」兩部分顯露作者之形象思維、邏輯思維,以及綜合思維,藉由主題、詞彙、文法、修辭和章法

﹝註1﹞ (南梁)劉勰《文心雕龍注》(台北:宏業書局,1982年月9月),頁538。
﹝註2﹞ 陳滿銘《辭章章法學體系建構叢書》第八冊《比較章法學》(台北:萬卷樓,2014年8月),頁280。
﹝註3﹞ 「所謂的『意象』,原本乃合『意』與『象』各自成詞而成,始見於《周易》。後來用於詩歌,則是為偏義詞,始見於《文心雕龍》……本書為求還原、統一,特將『意』視為『情、理』、『象』視為『景、事』,「『意象』乃合『意』與『象』而成……從哲學層面來看,意象與心、物知合一是有關的」參見陳滿銘《辭章章法學體系建構叢書》第六冊《篇章意象學》(台北:萬卷樓,2014年8月),頁1。
﹝註4﹞ 陳滿銘《辭章章法學體系建構叢書》第六冊《篇章意象學》(台北:萬卷樓,2014年8月),頁10。

等各種寫作方法組織、形成篇章，以呈現作品整體風格。換言之，欲解說某作品之風格，便須分析其作品中之主題及所採用之詞彙、文法、修辭和章法等方面的表現方式，就其呈現內容的內容加以分析探討，方能從素材組成中具體察知並說明「作品特有的審美風貌」（即寫作風格）。是故本章將從《書法雅言》的分章編排架構、哲學思辨與論證、旁徵博引的論述以及文中常見的句法形式四方面來探析《書法雅言》之寫作風格。

第一節　條理井然的編排架構

　　作品的篇章安排關係著一書的內容結構和組織邏輯，《書法雅言》一書中共有十七個篇章，依序為：（一）書統、（二）古今、（三）辯體、（四）形質、（五）品格、（六）資學、（七）規矩、（八）常變、（九）正奇、（十）中和、（十一）老少、（十二）神化、（十三）心相、（十四）取捨、（十五）功序、（十六）器用、（十七）知識。就《書法雅言》篇章次序的編排，筆者認為可以切分成四個內容主題：第一部分為書之理源，包括〈書統〉與〈古今〉兩篇，主要在論述書法存在之本質與內涵；第二部分為書之性本，包括〈辯體〉、〈形質〉、〈品格〉及〈資學〉四篇，內容在論述「人」對於書法產生的作用與差異；第三部分為書之體式，包括〈規矩〉、〈常變〉、〈正奇〉、〈中和〉、〈老少〉及〈神化〉六篇，重在論述書法之筆法運用與型態類別；第四部分為習書之道，包括〈心相〉、〈取捨〉、〈功序〉、〈器用〉、〈知識〉五篇，分述實踐書法的知能、程序與器物等條件。其內容細節於下文中分點敘述。

一、書之「理」源

　　這裡所謂書之「理」源，所說之「理」，指的是「書」之存在與其使用的根本之理。包括書史之理源與書用之理源，其內容分別於〈書統〉與〈古今〉兩篇中論述。

　　在〈書統〉篇中，項穆追溯最初「書」所產生的根源，而後敘述「書」之歷史發展與流變，由此重新確立「書」之正統，以聲明匡正書法偏風之緣由及其正當性，並作為其言論立場所秉據之基點。

　　據項穆《書法雅言》所述，「書」的產生本源於「文字」，由於紀錄「文字」之所需而有「書」，他於〈書統〉中提到初始之「文字」，源自傳說中的「河圖」與「洛書」，云：

> 河馬負圖，洛龜呈書，此天地開文字也。羲畫八卦，文列六爻，此
> 聖王啓文字也。若乃龍鳳龜麟之名，穗雲科斗之號，篆籀嗣作，古
> 隸爰興，時易代新，不可殫述。信後傳今，篆隸焉爾。歷周及秦，
> 自漢逮晉，真行迭起，草章浸孳，文字菁華，敷宣盡矣。〔註5〕

「河圖」與「洛書」是中國古代傳說中上天授予的祥瑞之兆。相傳聖王
如有德政，上天會授予河圖洛書，象徵天子為天命所歸，有合法治理天下的
權威。依據此傳說所言，中國原始「文字」，最初的起源乃從上天而來。原本，
天地間僅有秉有聖德之人才能獲得上天的嘉許，授與圖象文書予以肯定，也
因上古聖王的聰慧精進，進一步記載與傳遞「上天的啟示」，才促使圖象文書
在人間敷展演化，漸次形成可以紀錄聖賢經驗思想的通用符號（文字），進而
有籀、篆、隸、真、行、草等文字形體的衍生，因此，追溯文字之統緒可上推
至「天」。若然，文書之由來既歸源於至高無上之天，又是授予至聖至德之人，
則此神聖的本質豈能容人輕慢毀壞？所以，項穆對於「書」有以下論定：

> 然書之作也，帝王之經綸，聖賢之學術，至于玄文內典，百氏九流，
> 詩歌之勸懲，碑銘之訓戒，不由斯字，何以紀辭？故書之為功，同
> 流天地，翼衛教經者也。夫投壺射矢，猶標觀德之名；作聖述明，
> 本列入仙之品。〔註6〕

「書」可說是運用文字符號組織內容來傳遞聖道給後世，故「書」與「字」
與「傳聖道」在根本上本有著密不可分的關連，同時「文字」又代表著人與天
道、天理相接連的神祕恩典，也可視為「書」之緣起或「書」所以存在的形上
觀點，故筆者稱此論點為「書之理源」。

由於上古聖王繼「河圖」與「洛書」，一步步推展使「文字」萌生，又以
「書」作為紀錄與傳遞的方法，以傳承前人智慧，隨著時間的推移，「書」之
演進逐漸串連成一條書法的歷史脈絡，而此一脈絡由晉代王羲之集書法之大
成後確立其大統，繼而歷經唐、宋、元等朝各自演繹，由此所形成的書史軌
跡便是項穆認為的正統。直至明朝，強調個別性靈特色展現的思想讓書法發
展漸漸偏離崇法王羲之的軌度，甚至是偏離文字的軌度，是以項穆乃重申書
法正脈作為導正風氣之依據，他在〈資學〉篇中指出：

〔註5〕 （明）項穆《書法雅言·書統》，明萬曆間橋李項氏刊本（於後註中簡稱為「項
氏家刻本」），頁1右半。
〔註6〕 （明）項穆《書法雅言·書統》，項氏家刻本，頁1。

夫道之統緒，始自三代而定于東周；書之源流，肇自六爻而盛于兩
晉。宣尼稱聖時中，逸少永寶為訓。蓋謂通今會古，集彼大成，萬
億斯年，不可改易者也。〔註7〕

而在〈書統〉中他如此敘述：

宰我稱仲尼賢於堯、舜，余則謂逸少兼乎鍾、張。大統斯垂，萬世
不易。第唐賢求之筋力軌度，其過也嚴而謹矣。宋賢求之意氣精神，
其過也縱而肆矣。元賢求性情體態，其過也溫而柔矣。其間豪傑奮
起，不無超越尋常。槩觀習俗風聲，大都互有優劣。我　明肇運，
尚襲元規，豐、祝、文、姚，竊追唐躅，上宗逸少，大都畏難。夫
堯舜人皆可為，翰墨何畏于彼？逸少我師也，所願學是焉。奈自祝、
文絕世以後，南北王、馬亂真，邇年以來，競倣蘇、米。王、馬疎
淺俗怪，易知其非；蘇、米激屬矜誇，罕悟其失。斯風一倡，靡不
可追。攻乎異端，害則滋甚。況學術經綸，皆由心起，其心不正，
所動悉邪。宣聖作《春秋》，子輿距楊、墨，懼道將日衰也，其言豈
得已哉。……子輿距楊、墨于昔，予則放蘇、米于今。垂之千秋，
識者復起，必有知正書之功，不愧為聖人之徒矣。〔註8〕

面對書法，項穆以聖人之徒自居，因此竭盡一己之力阻止明代書法繼續偏激
狂妄成為他責無旁貸的使命，立基於此，他認為：

柳公權曰：「心正則筆正」；余則曰：「人正則書正」。取舍諸篇，不
無商、韓之刻；心相等論，實同孔、孟之思。六經非心學乎？傳經
非六書乎？正書法，所以正人心也；正人心，所以閑聖道也。〔註9〕

此處指出「正書法」的目的在「正人心」、「閑聖道」，與「書」之起源遙相呼
應，於是「正書法」之理源依據巍然矗聳於前，為《書法雅言》之論述奠下了
不容反駁的基礎，由此便得以窺知項穆縝密清晰的思維邏輯。

而〈古今〉篇強調「與世推移」、「時中之妙」，談的是「書用之理」。如前
文所述，「書法」推源於「河圖」與「洛書」，而後逐步發展成熟，形成一套統
一而固定的記事符號，作為華夏通用的語文。語文之通用，往往就是推行與
普及的前提，書法是教育知識、使學術得以流傳的先備知能，古代養國子以

〔註7〕（明）項穆《書法雅言·資學》，項氏家刻本，頁12右半。
〔註8〕（明）項穆《書法雅言·書統》，項氏家刻本，頁1左半～頁2。
〔註9〕（明）項穆《書法雅言·書統》，項氏家刻本，頁2。

六藝教之〔註10〕，即為此理。因此，「書」之法則，必須有「統一通用」之定律，才不會偏限在狹隘的小眾藝文中，也才能發揮其廣大深遠的作用和影響。

明中葉，書法為了突破「臺閣體」的框架，也為了突出個人的風格特色，因而有人「崇古」有人「尚今」，書家紛紛尋求與眾不同的展現，於是書法從板板眼眼的「臺閣體」走向另一個極端的自我追求，面臨這種偏激化的時代現象，項穆透過追溯書法源流，企圖回歸到書法之理源，重新省視書法的作用，據以導正太過與不及的書法偏執。

因此，〈古今〉篇首先強調同文通用之理：

> 書契之作，肇自頡皇；佐隸之簡，興于嬴政。他若鳥宿芝英之類，魚蟲薤葉之流，紀夢瑞于當年，圖形象于一日，未見真蹟，徒著虛名，風格既湮，考索何據。信今傳後，貴在同文；探賾搜奇，要非適用。故書法之目，止以篆隸古文，兼乎真行草體。書法之宗，獨以羲、獻、蕭、永，佐之虞、褚、陸、顏。他若急就、飛白，亦當游心，歐、張、李、柳，或可涉目。〔註11〕

項穆明確歸列出「書法之目」與「書法之宗」，圈畫出書法的通用範疇和宗法典範，給了一個清清楚楚的遵循準則。

於此之外，對於其他，無論是「崇古」或「尚今」，他認為都有缺失，他的見解是：

> 噫！世之不學者固無論矣，自稱能書者有二病焉：巖搜海釣之夫，每索隱于秦漢；井坐管窺之輩，恒取式于宋、元，太過不及，厥失維均。蓋謂今不及古者，每云今妍古質；以奴書為誚者，自稱獨擅成家。不學古法者，無稽之徒也；專泥上古者，豈從周之士哉！夫夏彝商鼎，已非汙尊坏飲之風；上棟下宇，亦異巢居穴處之俗。生乎三代之世，不為三皇之民，矧夫生今之時，奚必反古之道！〔註12〕

其中不向前人學習的新潮書法，已經完全拋卻書學的根本之道，自然無可與之再論；而專泥上古的書法，則忽略切合時宜，反而去菁存蕪，捨棄了日進精純的美善，退回到原始的粗糙簡樸。所以項穆不贊同過於「崇古」或「尚

〔註10〕　《周禮‧地官‧保氏》：「掌諫王惡，而養國子以道，乃教之六藝：一曰五禮，二曰六樂，三曰五射，四曰五御，五曰六書，六曰九數。」
〔註11〕　（明）項穆《書法雅言‧古今》，項氏家刻本，頁3右半。
〔註12〕　（明）項穆《書法雅言‧古今》，項氏家刻本，頁3左半～頁4右半。

今」的書法，他認為王羲之的書法是書法史上至為美善的代表，因此以王羲之作為崇奉的對象，他的論點是：

> 是以堯、舜、禹、周，皆聖人也，獨孔子為聖之大成；史、李、蔡、杜，皆書祖也，惟右軍為書之正鵠。奈何泥古之徒，不悟時中之妙，專以一畫偏長，一波故壯，妄誇崇質之風。豈知三代後賢，兩晉前哲，尚多太朴之意。宣聖曰：「文質彬彬，然後君子。」孫過庭云：「古不乖時，今不同弊。」審斯二語，與世推移，規矩從心，中和為的。謂之曰天之未喪斯文，逸少于今復起，苟微若人，吾誰與歸。〔註13〕

項穆以孔子：「文質彬彬，然後君子。」和孫過庭：「古不乖時，今不同弊。」為其論據，佐證「與世推移，規矩從心，中和為的。」之論點，並以此作為書法應遵崇之依據，其思想與「統一」、「通用」、「時中」三者是相貫通的，此即為其書用之理源。

二、書之「性」本

所謂書之「性」本，指的是本於人之心性氣稟之因素，對於「書」體所產生的作用或影響。於《書法雅言》中項穆以〈辯體〉、〈形質〉、〈品格〉及〈資學〉四篇來論述。

他在〈辯體〉篇說：

> 夫人靈于萬物，心主于百骸。故心之所發，蘊之為道德，顯之為經綸，樹之為勳猷，立之為節操，宣之為文章，運之為字蹟。爰作書契，政代結繩，刪述侔功，神仙等妙，苟非達人上智，孰能玄鑒入神。但人心不同，誠如其面，由中發外，書亦云然。所以染翰之士，雖同法家，揮豪之際，各成體質。……夫人之性情，剛柔殊稟；手之運用，乖合互形。〔註14〕

〈辯體〉篇之論述，指出人「心」對於「書」之作用。他認為文字的書寫也是由心而發，所以揮毫之際，應隨人之性情剛柔不同，「書」所形現之樣貌亦各有其體質，且符應於人之稟性。

在〈形質〉篇說：

> 穹壤之間，齒角爪翼，物不俱全，氣稟使然也。書之體狀多端，人

〔註13〕（明）項穆《書法雅言・古今》，項氏家刻本，頁4。
〔註14〕（明）項穆《書法雅言・辯體》，項氏家刻本，頁5。

之造詣各異……是以人之所稟，上下不齊，性賦相同，氣習多異，
不過曰中行、曰狂、曰狷而已。所以人之于書，得心應手，千形萬
狀，不過曰中和、曰肥、曰瘦而已。〔註15〕

再度指出「書」之體狀多端是受「人心」、「氣稟」、「性賦」和「造詣」各有不
同之影響所致。

在〈品格〉篇說：

夫質分高下，未必羣妙攸歸；功有淺深，詎能美善咸盡。因人而
各造其成，就書而分論其等，擅長殊技，畧有五焉。一曰正宗，
二曰大家，三曰名家，四曰正源，五曰傍流。並列精鑒，優劣定
矣。〔註16〕

說明人因資質高下、功力淺深有別，書法成就之高低，也因此有所不同，而
項穆明列出「正宗」、「大家」、「名家」、「正源」、「傍流」五種品第來區分個人
在書法表現上的程度，並以之辨別書法層次、格局之優劣。

在〈資學〉篇說：

書之法則，點畫攸同；形之楮墨，性情各異。猶同源分派、共樹殊
枝者，何哉？資分高下，學別淺深。資學兼長，神融筆暢，苟非交
善，詎得從心？書有體格，非學弗知。若學優而資劣，作字雖工，
盈虛舒慘、廻互飛騰之妙用弗得也。書有神氣，非資弗明。若資邁
而學疎，筆勢雖雄，鈎揭導送、提搶截拽之權度弗熟也。所以資貴
聰穎，學尚浩淵。〔註17〕

此篇論述個人「資」與「學」對於書法表現的影響。「書」之作功無可避免必
當受限於個人之「資」與「學」這兩個極為實際的條件因素，然而，「資」乃
先天之條件，「資」劣固當難以奢求有所改易的可能，但假使「資」優，也未
必就優，或須惶恐其恃才倨傲而濫用其能的壞處；與之相反的，「學」為後天
之條件，通常取決於人投入多少努力，得到多少收穫，因此，雖然「資」與
「學」之優劣，都是影響書法表現的因素，但項穆更看重與強調「學」的重要
性。所以他說：

資過乎學，每失顛狂；學過乎資，猶存規矩。資不可少，學乃居先。

〔註15〕（明）項穆《書法雅言·形質》，項氏家刻本，頁7。
〔註16〕（明）項穆《書法雅言·品格》，項氏家刻本，頁9右半。
〔註17〕（明）項穆《書法雅言·資學》，項氏家刻本，頁11右半。

古人云：「蓋有學而不能，未有不學而能者也。」然而學可勉也，資
不可強也。天資縱哲，標奇炫巧，色飛魂絕於一時，學識諳練，入
矩應規，作範垂模於萬載。〔註18〕

「資」與「學」是「能」與「不能」的必要條件，但兩者之佔比並非百分
之百或各百分之五十這樣絕對的數值，因此，在天賦「資」稟的限定之下，
「學」這個後天條件，便給予人可以拚博的空間，所以勤勉向學，是發揚資
稟和彌補不足的契機，是以人人都有可能脫穎而出的希望，更是人們唯一可
以掌握在自我手中的變數，而人努力的目標就是在可以力行的範圍之內盡量
追求「資」與「學」兩者加總的最大值，其中「學」就是個人可以力行的範
疇，是有心人不可放棄耕耘和創造的機會。

綜合項穆於〈辯體〉、〈形質〉、〈品格〉及〈資學〉四篇之論述，其要旨都
離不開「人」與「書」的關係，也一再指出書法的形體表現與人之氣質息息相
關，因此筆者歸納此四篇之主題為「書之性本」。

三、書之「體」式

所謂書之「體」式，指的是「書」之筆法的運用表現與書勢形成的型態
類別。於《書法雅言》中項穆以〈規矩〉、〈常變〉、〈正奇〉、〈中和〉、〈老少〉、
〈神化〉等六篇來闡述。

首先，項穆在〈規矩〉篇中言明筆法之常則，項穆云：

天圓地方，群類象形，聖人作則，制為規矩。故曰：規矩，方圓之
至，範圍不過、曲成不遺者也。大學之旨，先務修齊正平；皇極之
疇，首戒偏側反陂。……圓為規以象天，方為矩以象地，方圓互用，
猶陰陽互藏。所以用筆貴圓，字形貴方，既曰規矩，又曰之至，是
圓乃神圓，不可滯也，方乃通方，不可執也。〔註19〕

在此段中，項穆以「天地」之「方圓」說明字體構成之基本書寫筆法，又以
《尚書・洪範》中的皇極之疇之「戒偏」來強調「中和」之道，將上文摘錄之
內容簡要歸納，可知項穆對於書法規範有兩大準則：一是「修齊正平」、「戒
偏側反陂」——言寫字首重端正不偏斜，講求方塊文字的平衡美學；另一是
「方圓互用」，即在「字形貴方」之外，以「用筆貴圓」來調和，以達到剛柔

〔註18〕 （明）項穆《書法雅言・資學》，項氏家刻本，頁 11。
〔註19〕 （明）項穆《書法雅言・規矩》，項氏家刻本，頁 15 右半、17 右半。

並濟的和諧字形。

這兩大準則，也成為項穆評價書法美善與否的基本依據，他在〈規矩〉篇中便舉了兩個例子加以說明：

> 晉、魏以前，篆書稍長，隸則少區。鍾、王真行，會合中和。迨及信本，以方增長。降及旭、素，既方更圓，或斜復直。有「如何」本兩字，促之若一字，腰、昇本一字，縱之若二字者。然旭、素飛草，用之無害，世但見草書若爾。予嘗見其郎官等帖，則又端莊整飭，儼然唐氣也。〔註20〕

此其一也，其二為：

> 後世庸陋無稽之徒，妄作大小不齊之勢，或以一字而包絡數字，或以一傍而攢簇數形，強合鈎連，相排相紐，點畫混沌，突縮突伸，如楊秘圖、張汝弼、馬一龍之流，且自美其名曰梅花體。正如瞽目丐人，爛手折足，繩穿老幼，惡狀醜態，齊唱俚詞，遊行村市也。〔註21〕

透過這兩個例子，可以看出項穆對於字形的要求著重方整，排斥大小不一，不能對稱協調的字體，對於筆畫混亂、沒有規則的書寫方式，他認為是極其醜陋的。因此，對於張旭、懷素的飛草，仍是奠基楷法的功底，草體僅限於某種特定程度的突破與發揮而已，所以他認為並不妨害書法之根本；至於楊秘圖、張汝弼、馬一龍等人，卻是全心全意顛覆筆法，刻意寫出扭曲奇怪的字，在項穆看來，他們的書法已完全失去寫字的基本點畫原則，既無根本，又如何稱之為「寫字」？所以對於這些人的書法他是徹底無法認同的，更遑論他們所謂「梅花體」。項穆斥責他們稱之為「梅花體」的書法，是荒謬不切實際的無稽之談，於是他便析論梅花來駁斥「梅花體」之說，云：

> 夫梅花有盛開，有半開，有未開，故爾參差不等。若開放已足，豈復有大小混雜者乎？且花之向上倒下，朝東面西，猶書有仰狀俯壓、左顧右盼也。如其一枝過大，一枝過小，多而六瓣，少而四瓣，又焉得謂之梅花耶！形之相列也，不挨不擠；瓣之五出也，不少不多。由梅觀之，可以知書矣。彼有不察而漫學者，寧非海上之逐臭哉！〔註22〕

〔註20〕 （明）項穆《書法雅言‧規矩》，項氏家刻本，頁17。
〔註21〕 （明）項穆《書法雅言‧規矩》，項氏家刻本，頁17左半。
〔註22〕 （明）項穆《書法雅言‧規矩》，項氏家刻本，頁17左半～18右半。

自然界中的物種，各有其特定的長相，某一物類特定的共通樣貌，從生物學來說，取決於「基因」的影響；然若從美學上來歸納自然現象的定律，其實人們看到的美就是「規律」、「平衡」或「對稱」等展現，這些因循某種規律形成的美感與奧妙，才是項穆贊同的美，對比之下，馬一龍等人無規則的書法表現，自然是與項穆的思想價值格格不入的。

再者，項穆由書法使用的時機與場合，提出「常」則與「變」法的本末關係：

> 字形雖變，體格不可踰也。……脫巾跣足，大笑狂歌，園林丘壑，知己相逢，飲酒翫花，或可乃爾。如君親侍從之前，大賓臨祭之日，豈容狂放恣肆若此乎！是故宮殿廟堂，典章紀載，真為首尚；表牘亭館，移文題勒，行乃居先。借使奏狀碑署，潦草顛狂，褻悖何甚哉！信知真、行為書體之常，草法乃一時之變，趙壹非之，豈無謂哉。〔註23〕

他主張「真、行為書體之常，草法乃一時之變」，可見他對書體的要求，以嚴正、實用的目的為主，他雖不否決個人性情恣意的表露可以是娛樂和調劑，但卻不能喧賓奪主，本末倒置，取代基本的書寫法則，而亡失根本點畫要求。由此可知書法運用於文字上的表現既有「社會性」功能，亦有「藝術性」的功能，然而，在項穆的眼中，書法的「藝術性」是不能凌駕於「社會性」功能之上的，因為書法不能只是藝術，它的本源與文字相連，所以「社會性」功能是它不能拋卻的根本價值，倘若失去這個根本價值，其「藝術性」是否能與「畫」相提並論而有其獨特價值，恐怕有待商榷。

固然，項穆看重書法的剛性功用，卻不拘泥於其中，而是期望在鞏固根本的條件之下，尋求多樣化的靈活運用，其中〈正奇〉、〈中和〉、〈老少〉、〈神化〉等篇，即在闡述書法妍麗多姿，體式千變萬化的關鍵——筆法、筆勢、筆意的組構。

他在〈正奇〉篇言道：

> 書法要旨，有正與奇。所謂正者，偃仰頓挫，揭按照應，筋骨威儀，確有節制是也。所謂奇者，參差起復，騰淩射空，風情姿態，巧妙多端是也。奇即運于正之內，正即列于奇之中。正而無奇，雖莊嚴沈實，恒朴厚而少文；奇而弗正，雖雄爽飛妍，多譎厲而

〔註23〕　（明）項穆《書法雅言·常變》，項氏家刻本，頁19。

乏雅。〔註24〕

開篇即說明書法「正」、「奇」之要旨，且直接點出理想書法須是正奇合一之作，倘若僅有正或僅有奇的書法，必然優、缺點互形互見，而無法成就高妙的書法境界。大抵來說，「正」是筆法的基本原則，「奇」是筆法的無窮變幻，正奇合一是在法度中追求各種可行的變化，使書法瑰麗煥綺而不離經叛道，因此，卓越的書法，「正」與「奇」是不應分離獨立開來的，故項穆云：

> 大抵不變者，情拘于守正；好變者，意刻于探奇。正奇既分為二，書法自醇入漓矣。然質樸端重以為正，剽急駭動以為奇，非正奇之妙用也。世之厭常以喜新者，每舍正而慕奇。豈知奇不必求，久之自至者哉！假使雅好之士，留神翰墨，窮搜博究，月習歲勤，分布條理，諳練于胸襟，運用抑揚，精熟于心手，自然意先筆後，妙逸忘情，墨灑神凝，從容中道，此乃天然之巧，自得之能，猶夫西子、毛嬙天姿國色，不施粉黛，輝光動人矣。何事求奇于意外之筆，後垂超世之聲哉！〔註25〕

言中道明將「正」「奇」切分為二，則「書法自醇入漓矣」，富有文采的書法將因離析而變得淺薄，所以執於「正」或執於「奇」皆「非正奇之妙用」，尤其慕「奇」不宜捨「正」，若欲求「奇」須由「翰墨」、「分布」與「條理」三方面勤究、精熟，直至練達掌握行筆用墨之絕妙書功，自然可得書法之「奇」巧。如王羲之，項穆對其書法之評價即是：

> 逸少一出，揖讓禮樂，森嚴有法，神彩攸煥，正奇混成也。〔註26〕

是以可知書法的至高境界是「正」「奇」兩者相輔相成，融於一體之中，而非分離為二，即便求「奇」仍須以「正」為本，換言之，將「正」「奇」分離為二的書法，無疑都是不夠圓滿的，勢必落於其次的書法品級中。

由於真草、方圓、正奇、常變等對比特性的存在，筆法的運用組合便能造就多元的個性風貌，於此，項穆提出了以「中和」作為理想書法之準則的美學觀點，他說：

> 真以方正為體，圓奇為用；草以圓奇為體，方正為用。真則端楷為本，作者不易速工；草則簡縱居多，見者亦難便曉。不真不草，行

〔註24〕（明）項穆《書法雅言·正奇》，項氏家刻本，頁21右半。

〔註25〕（明）項穆《書法雅言·正奇》，項氏家刻本，頁22左半～23右半。

〔註26〕（明）項穆《書法雅言·正奇》，項氏家刻本，頁21左半。

書出焉。似真而兼乎草者，行真也；似草而兼乎真者，行草也。圓
而且方，方而復圓，正能含奇，奇不失正，會於中和，斯為美善。
中也者，無過不及是也；和也者，無乖無戾是也。然中固不可廢和，
和亦不可離中，如禮節樂和，本然之體也。〔註27〕

此處可見項穆偏好之書體為「行書」，根據他的論述，理由便是「行書」正是
具有「圓而且方，方而復圓，正能含奇，奇不失正」之特點的書體，它折衷了
真書與草書之特性，而形成「會於中和」的美善書法。他認為「中和書法」必
須無過與不及，必須無乖無戾，也就是不能違背常法，且不過度偏執。文中
項穆說「中固不可廢和，和亦不可離中」，細究其文意，「和」不可廢，乃居其
先，而後再求不離「中」。又依其前言「中也者，無過不及是也；和也者，無
乖無戾是也」之釋義，可知「中和書法」首要在「無乖戾」，其次再聚焦於「無
過與不及」。此外，項穆又提出：

方圓互成，正奇相濟，偏有所著，即非中和。使楷與行真而偏，不
拘鈍即稜峭矣；行草與草而偏，不寒俗即放誕矣。不知正奇參用，
斯可與權，權之謂者稱物平施，即中和也。〔註28〕

進一步說明了「中和」的具體表現在「方」、「圓」、「正」、「奇」的調配運用，
若僅偏重於單一方面，就不是「中和」，唯有交互「參用」，方可「權衡平施」、
「互濟互成」，因此，「中和」的涵義是不能執著於單一，而是要能兼有「方」、
「圓」、「正」、「奇」之特點，透過綜合運用彼此互補互彰，從中求得均衡和順
的美感。

「正奇」之後，繼而言書之「老少」，曰：

書有老少，區別淺深。勢雖異形，理則同體。所謂老者，結構精密，
體裁高古，巖岫聳峯，旌旗列陣是也。所謂少者，氣體充和，標格
雅秀，百般滋味，千種風流是也。老而不少，雖古拙峻偉而鮮豐茂
秀麗之容。少而不老，雖婉暢纖妍而乏沉重典實之意。二者混為一
致，相待而成者也。試以人品喻之，謀猷諳練，學識宏深，必稱黃
髮之彥；詞氣清亮，舉動利便，恒數俊髦之英。老乃書之筋力，少
則書之姿顏。筋力尚強健，姿顏貴美悅，會之則並善，析之則兩乖，

〔註27〕（明）項穆《書法雅言・中和》，項氏家刻本，頁24左半。
〔註28〕（明）項穆《書法雅言・中和》，項氏家刻本，頁24左半。

融而通焉,書其幾矣。玄鑒之士,求老于典則之間,探少于神情之
內。〔註29〕

書之「老」與「少」,仍然形諸筆法和筆勢,同樣以調和為佳妙。這裡筆
者將項穆所謂的「老」與「少」理解為線條筆畫在「靜態力度」與「動態流
線」兩方面給人的形象感受。其中「老」是檢視筆法嫻熟、穩健、準確及筋力
如何的向度,彰顯的是沉著平靜的智慮;「少」是檢視用筆的俐落、輕盈、流
暢及明快與否的向度,展露的是飛揚靈動的活力,書家對此兩者的掌控程度
自然可透露出書法功力之深淺,是以項穆便依書法「老」、「少」的呈現狀況
將書法分了六個品級。

最後,談書法的最高境界——「神化」。〈神化〉篇云:

欲書必舒散懷抱,至于如意所願,斯可稱神。書不變化,匪足語神
也。所謂神化者,豈復有外于規矩哉!規矩入巧,乃名神化。固不
滯不執,有圓通之妙焉。……神化也者,即天機自發、氣韻生動之
謂也。〔註30〕

項穆用此段內容來說明「神」與「神化」。所謂「神」指書要能「如意所願」
且須有所「變化」;所謂「神化」指的是「規矩入巧」、「天機自發、氣韻生動」。
是以經由筆法、筆勢傳達筆意,方謂之為神妙。其後項穆又以天地萬物間有
形、無形各種類型之變化說明「神」之意蘊:

日月星辰之經緯,寒暑晝夜之代遷,風雷雲雨之聚散,山嶽河海之
流峙,非天地之變化乎?高士之振衣長嘯、揮塵談玄,佳人之臨鏡
拂花、舞袖流盼,如豔卉之迎風泫露,似好鳥之調舌搜翎,千態萬
狀,愈出愈奇;更若煙霏(霧)林影,有相難著,潛鱗翔翼,無迹
可尋,此萬物之變化也。人之書,形質法度,端厚和平,參互錯
綜,玲瓏飛逸,誠能如是,可以語神矣。〔註31〕

對於世俗所謂的「神化」,他則評論說:「世之論神化者,徒指體勢之異常,豪
端之奮筆,同聲而贊賞之,所識何淺陋者哉!」〔註32〕可見神化之筆,並非
致力於異常的體勢,而是能熟稔地交錯運用各種筆法,以「相時而動」、「從

〔註29〕(明)項穆《書法雅言‧老少》,項氏家刻本,頁26。
〔註30〕(明)項穆《書法雅言‧神化》,項氏家刻本,頁28右半。
〔註31〕(明)項穆《書法雅言‧神化》,項氏家刻本,頁28。
〔註32〕(明)項穆《書法雅言‧神化》,項氏家刻本,28左半。

心所欲」〔註33〕為考核之指標，去觀察書法是否適時適度地傳達內心所感。

至於「如何達到如此境界？」項穆亦有所闡述，他說：

> 規矩未能精諳，心手尚在矜疑，將志帥而氣不充，意先而筆不到矣。
> 此皆不能從心之所欲也。至于欲既從心，豈復矩有少踰者耶！……
> 澄心定志，博習專研，字之全形，宛爾在目，筆之妙用，悠焉忘思，
> 自然腕能從臂，指能從心，瀟灑神飛，徘徊翰逸，如庖丁之解牛，
> 掌上之弄丸。執筆者自難揣摩，撫卷者豈能測量哉！《中庸》之「為
> 物不貳，生物不測。」《孟子》曰「深造自得，左右逢源。」生也逢
> 也，皆由不貳深造得之。是知書之欲變化也，至誠其志，不息其功，
> 將形著明，動一以貫萬，變而化焉，聖且神矣。〔註34〕

這裡指出，如果對基本的寫字筆法不熟，徒有想要把字寫好的心志，終究只會「心有餘力不足」而無法「從心所欲」，唯有抱持著至誠的心志，全心全意、勤奮不懈地深入學習、探究、演練，直到功夫到家，自然就能「得心應手」、「揮灑自如」。其中項穆引用了《中庸》、《孟子》的論述來強調學習書法應採取的實踐方法，並強調「規矩」這個基本守則，依循規矩，「字」之體式方不致流於異常，而隨著功力涵養日增，促使用筆更上一層樓，最終達到如庖丁解牛的「神化」之境界。

總而言之，〈規矩〉、〈常變〉、〈正奇〉、〈中和〉、〈老少〉、〈神化〉等六篇，皆在探討筆法的運用、筆勢形成的型態類別與筆法運用的至高境界和筆意的傳達，因此，將此六篇之主題歸納為書之「體」式。

四、習書之「道」

所謂習書之「道」，指的是學習書法的主客體之基本條件、步驟與方法，為「書」之實踐論。在《書法雅言》中項穆以〈心相〉、〈取舍〉、〈功序〉、〈器用〉、〈知識〉等五篇來闡述習書之「道」。

在〈心相〉篇中，他首先闡明「心」、「筆」、「書」三者的關聯，云：

> 蓋聞德性根心，睟盎生色，得心應手，書亦云然。人品既殊，性情
> 各異，筆勢所運，邪正自形。書之心，主張布算，想像化裁，意在

〔註33〕（明）項穆《書法雅言・神化》：「約本其由，深探其旨，不過曰相時而動、
　　　　從心所欲云爾。……相時而動，根乎陰陽舒慘之機；從心所欲，溢然關雎哀
　　　　樂之意。」，頁28左半～29右半。

〔註34〕（明）項穆《書法雅言・神化》，項氏家刻本，頁29左半～30右半。

　　筆端，未形之相也。書之相，旋折進退，威儀神彩，筆隨意發，既

　　形之心也。……所謂有諸中必形諸外，觀其相可識其心。〔註35〕

由上文可知，「心」、「筆」、「書」三者的關聯講得其實就是「心」與「相」的
關係，「心」與「相」可謂「書」之表裡，「心」是未形之「相」，「相」是既形
之「心」，項穆認為「有諸中必形諸外，觀其相可識其心」，因此，欲求行筆之
際，書寫所成之「相」能正而不邪，固當自端正書之「心」著手。所以項穆提
出：

　　心為人之帥，心正則人正矣；筆為書之充，筆正則書正矣。人由心

　　正，書由筆正……故欲正其書者，先正其筆；欲正其筆者，先正其

　　心。〔註36〕

這就是說，人欲書寫，第一步需先「正心」，「正心」而後「正筆」，「正筆」而
後「正書」，亦即柳公權所言之「心正則筆正」或項穆提出之「人正則書正」
的書法主張。

　　《大學》中言「欲修其身者，先正其心；欲正其心者，先誠其意；欲誠其
意者，先致其知；致知在格物。物格而後知至；知至而後意誠；意誠而後心
正；心正而後身修。」〔註37〕項穆援用此一理則，由「正心」往前追溯，進
一步闡釋「誠意」、「格物」、「致知」在習書中之涵義，云：

　　若所謂誠意者，即以此心端己澄神，勿虛勿貳也。致知者，即以此

　　心審其得失，明乎取舍也。格物者，即以此心博習精察，不自專用

　　也。正心之外，豈更有說哉！由此篤行至于深造，自然秉筆思生臨

　　池志逸，新中更新，妙之益妙，非惟不奇而自奇，抑亦己正而物正

　　矣。夫經卦皆心畫也，書法乃傳心也，如罪斯言為迂，予固甘焉勿

　　避矣。〔註38〕

由此而知，項穆認為學習書法應當自「博習精察」開始，然後「審其得失，明
乎取舍」，接著「端己澄神，勿虛勿貳」，以此「正心」，「正心」而後「正筆」，
「正筆」而後「正書」。這些學習書法的步驟，就是項穆的實踐方法論，他認
為書法形態的具體表現方式，是受到抽象的個人認知態度所主導與影響的產

〔註35〕（明）項穆《書法雅言・心相》，項氏家刻本，頁31。

〔註36〕（明）項穆《書法雅言・心相》，項氏家刻本，頁31左半～32右半。

〔註37〕參見（宋）朱熹《四書章句集註・大學章句》（台北：鵝湖出版社，1998年10
　　　　月），頁3～4。

〔註38〕（明）項穆《書法雅言・心相》，項氏家刻本，頁32。

物，因此導正「認知態度」可以說是習書之道的第一步。

項穆提出此概念與學習程序之後，於其後的篇章中，接連以〈取捨〉篇進一步說明「博習精察」、「審其得失，明乎取捨」之道，以〈功序〉篇說明學習書法的方法順序，以〈器用〉篇說明工具效用及對書作的影響，最後以〈知識〉篇補充說明鑑賞書法的方法。

依序而言，在〈取捨〉篇中，項穆開篇就笑稱臨仿蘇軾、米芾書法之學書者是「效顰者」，他分析評論道：

> 蘇、米之蹟，世爭臨摹，予獨哂為效顰者，豈妄言無謂哉？蘇之點畫雄勁，米之氣勢超動，是其長也。蘇之濃肆稜側，米之猛放驕溢，是其短也。皆緣天資雖勝，學力乃疎，手不從心，藉此掩醜。譬夫優伶在場，歌喉不接，假彼鑼皷，亂茲音聲耳。夫顰一也，西子以顰而加妍，東施效之而增醜，何哉？西子明眸皓齒，光彩射人，閨情幽怨，痛心攢眉，悽悽楚楚，可憫可憐，是知顰乃其病，非其常也。使其館娃宮中，姑蘇臺上，慨慨悶悶，蹙鎖蛾眉，夫差豈復見寵耶？東施本無麗質，妄自學其愁眉，反見陋媸，殊可憎惡。臨擬之士，取長舍短，豈非善學者哉？〔註39〕

這段論述很顯然是針對明中葉崇法蘇、米書法之風氣所作的評判。他以東施效顰的故事來比喻，說明明代崇法蘇、米的書家猶如東施，他們沒有蘇軾、米芾才學上的優點，卻一味的模仿蘇軾、米芾的病筆，因此寫出來的書法特別醜陋而令人反感，就好比東施沒有西施的美貌與嬌柔，卻硬要模仿西施捧心的纖弱病態，結果反讓人更加厭惡其矯柔造作、違和不自然之姿態。而明中晚期的書家模仿蘇軾、米芾的問題也是如此，同東施一樣胡亂摹仿一通，卻打從一開始就沒弄清楚其動人之美源於什麼因素，不知精髓何在的效仿，結果適得其反、拙態畢露。這就是因為取捨不恰當，不知「取長舍短」，反而誤將缺陷當作經典來學，於是就產生了「畫虎不成反類犬」的書法弊病。這種無知的模仿在項穆看來是可笑的，固當是不贊同臨仿蘇、米之書法的。那麼，應該取法何人才是？項穆在此評判後提出：

> 抑自周秦以後，逸少以前，專尚篆隸，罕見真行。簡朴端厚，不皆文質兩彬；缺勒殘碑，無復完神可傲；逸少一出，會通古今，書法集成，模楷大定。自是而下，優劣互差。試舉顯名今世、遺跡僅存

〔註39〕（明）項穆《書法雅言·取捨》，項氏家刻本，頁33。

者，拔其美善，指其瑕疵，庶取舍既明，則趨向可定矣。智永、世南，得其寬和之量而少俊邁之奇。歐陽詢得其秀勁之骨而乏溫潤之容。褚遂良得其鬱壯之筋，而鮮安閒之度。李邕得其豪挺之氣，而失之竦窘。顏、柳得其莊毅之操，而失之魯獷。旭、素得其超逸之興，而失之驚怪。陸、徐得其恭儉之體而失之頹拘。過庭得其逍遙之趣而失之險散。蔡襄得其密厚之貌，庭堅得其提衄之法，孟頫得其溫雅之態，然蔡過乎嫵重，趙專乎妍媚，魯直雖知執筆而伸腳掛手，體格掃地矣。蘇軾獨宗顏、李，米芾復兼褚、張。蘇似肥豔美婢擡作夫人，舉止邪陋而大足，當令掩口。米若風流公子染患癩疥，馳馬試劍而呌（叫）笑，旁若無人。數君之外，無暇詳論也。擇長而師之，所短而改之，在臨池之士玄鑒之精爾。〔註40〕

在項穆的心目中，王羲之的書法是最值得師法的楷模，由他所言「逸少一出，會通古今，書法集成，模楷大定。自是而下，優劣互差。」可見他對王羲之書法的推崇。而對後世其他師法王羲之筆法之書家，諸如智永、虞世南、歐陽詢、褚遂良、李邕、顏真卿、柳公權、張旭、懷素、陸柬之、徐浩、孫過庭、蔡襄、黃庭堅、趙孟頫等，評價則多是優缺點相偕，他們都僅能具有王羲之書法的部分優點而已，王羲之的兼容並蓄始終無人能及，甚至到了宋代黃庭堅、蘇軾、米芾等人，一個一個偏離王羲之的筆法美學，因而令項穆嫌惡非常，予以苛評。項穆評黃庭堅「雖知執筆而伸腳掛手，體格掃地矣」；評蘇軾「似肥豔美婢擡作夫人，舉止邪陋而大足，當令掩口」；評米芾「若風流公子染患癩疥，馳馬試劍而呌（叫）笑，旁若無人」，對此三人之書法，項穆的評論可說極為嚴厲。至此，優劣短長既已明示，取捨之道即在「擇長而師之，所短而改之」了。

　　然而，雖說項穆對於黃庭堅、蘇軾和米芾的評價嚴刻，卻也不是完全否定數公之書法，而是詬病他們踰越規矩的筆法，認為後學不該再去複製、仿效這種叛逆的書風，所以用惡評堅決反對後進師法黃庭堅、蘇軾和米芾，在〈取舍〉篇中他引用陸友仁《研北雜志》及朱熹之言評論道：

陸友仁《研北雜志》云：「蔡君謨摹倣右軍諸帖，形模骨肉，纖悉俱備，莫敢踰軼。至米元章始變其法，超規越矩，雖有生氣而筆法悉絕矣。」予謂君謨之書，宋代巨擘，蘇、黃與米，資近大家，學入

> 傍流，非君謨可同語也。朱晦翁亦謂「字被蘇、黃寫壞」，併「筆法
> 悉絕」之言，兩語皆刻矣。數公亦有筆法，不盡寫壞，體格多有踰
> 越，蓋其學力未能入室之故也。數君之中，惟元章更易起眼，且易
> 下筆，每一經目，便思倣模。初學之士，切不可看。趨向不正，取
> 舍不明，徒擬其所病，不得其所能也。〔註41〕

他肯定蘇軾、黃庭堅和米芾「資近大家」，可惜「學入傍流」、「體格多有踰越」，後世為求新求變，以數公為標新立異的典範，項穆認為這種「趨向不正」的心態，在取捨的出發點上思慮已有偏頗，最終也僅是「徒擬其所病，不得其所能」而已，對項穆而言，這種選擇根本上就不是學習書法的正規門道，所以他自然是不能認同和支持的。

對項穆來說，寫出一手好字是腳踏實地日積月累的真功夫，而不是炫異爭奇譁眾取寵的伎倆，好的書法不能虛以創新之名，窮耍花招而不從基礎學起。書法講求筆法、筆勢和筆意，舉凡點畫、布白、向背、開合、進退、屈伸等各方面的掌握運用，並非一天、兩天就能夠成就的事。如是，項穆在〈功序〉篇便說：

> 無知率易之筆，妄聽功無百日之談，豈知王道本無近功，成書亦
> 非歲月哉！初學之士，先立大體，橫直安置，對待布白，務求其
> 均齊方正矣。然後定其筋骨，向背往還，開合連絡，務求雄健貫
> 通也。次又尊其威儀，疾徐進退，俯仰屈伸，務求端莊溫雅也。
> 然後審其神情，戰蹙單疊，迴帶翻藏，機軸圓融，風度灑落，或
> 字餘而勢盡，或筆斷而意連，平順而凜鋒芒，健勁而泯圭角，引
> 伸而觸類，書之能事畢矣。然計其始終，非四十載不能成也……
> 若分布少明，即思縱巧，運用不熟，便欲標奇，是未學走而先學
> 趨也。書何容易哉！〔註42〕

在此段文字中，項穆一方面提出成就「書」之能事，沒有四十年是不能達成的，所以他告誡學書者不要聽信功底短淺者之厥論，勿因「無知率易」而被誤導。他指出歷代以來除了王羲之之子王獻之天資聰穎又有家學加持之外，幾乎無人可以在四十歲之前就能在書法上有所成的。曰：「古今以來，莫非晚進，獨子敬天資既縱，家範有方，入門不必旁求，風氣且當專尚，年幾不惑，

〔註41〕（明）項穆《書法雅言·取捨》，項氏家刻本，頁34左半～35右半。
〔註42〕（明）項穆《書法雅言·功序》，項氏家刻本，頁36。

便著高聲。子敬之外，豈復多見耶！」〔註43〕由此當知學書並非短時間內得以速成之易事。

另一方面則明白指示初學者學習書法之步驟——需「先立大體，再定其筋骨，次尊其威儀，最後審其神情」。書法由這四方面著手去鍛鍊，目標分別在追求「均齊方正」、「雄健貫通」、「端莊溫雅」、「機軸圓融，風度灑落」，倘若書法表現能切合這四個標的，便符合項穆認定的優質書法了。此處項穆由「大體」、「筋骨」、「威儀」、「神情」四者論字之體格表現，筆者推衍項穆所言，將此四方面與「人」對應來說，猶言人之體型、骨幹、儀容和氣度四者的呈現，由整體至細節，由形至神，由外而內，透過文字線條可綜觀人之性情所散發出來的心相，就是說我們或許可以從一個人對字體形象的要求與管理，觀照個人對自我品格形象的要求與管理，人對自我的要求，不論是講求外在的整齊清爽或內在的嚴謹寬和，從字體點畫中便可窺見些許端倪。故「若分布少明，即思縱巧，運用不熟，便欲標奇，是未學走而先學趨也。」〔註44〕就是急功近名之舉了。

上述之步驟，實際上仍屬籠統抽象之準則，好字的具體形象究竟為何依舊模糊，因此在實務面，項穆提出的實踐方法便是從「臨摹」大家入門，他這樣說：

> 第世之學者，不得其門，從何進手，必先臨摹，方有定趨，始也專宗一家，次則博研眾體，融天機于自得，會群妙于一心，斯于書也，集大成矣。第昔賢遺範，優劣紛紜，倣之貴似，審之尚精。……舍其所短，取其所長，始自平整而追秀拔，終自險絕而歸中和。心與筆俱專，月繼年不厭。〔註45〕

臨摹便有明確的筆畫字形可參看，目標方向清楚，項穆主張先從一家臨摹起，再擴大範圍，廣博深究各家字體，而且要能分辨取捨，從中學習優點，摒除缺點，充分融會貫通，靈活運用各種書寫筆法，才能達成書法的至高境界，趨向「中和」。這些功夫與程序都是需要時間去揣摩與精進的，所以書法並不是短時間內能夠速成的事。

再者，關於用具方面，項穆認為「工欲善其事，必先利其器」，若徒有高

〔註43〕（明）項穆《書法雅言・功序》，項氏家刻本，頁36。
〔註44〕（明）項穆《書法雅言・功序》，項氏家刻本，頁37右半。
〔註45〕（明）項穆《書法雅言・功序》，項氏家刻本，頁36左半～37右半。

超技能，卻沒有得心應手的好工具，也無法精湛巧妙地發揮出來，所以對筆、墨、紙、硯的講求也不應馬虎。他論道：

> 俗語云：「能書不擇筆。」斷無是理也。夫工欲善其事，必先利其器。木石金玉之工，刀鋸鑢剉之屬，茍不精利，雖有雕鏤切磋之技，離婁、公輸之能，將安施其巧哉！〔註46〕

又依據《筆陣圖》修改比擬加以論述，說明筆、墨、紙、硯之優劣對於書寫的重要與影響，項穆言：

> 《筆陣圖》曰：「紙者，陣也；筆者，刀矟也；墨者，鍪甲也；硯者，城池也。」孫過庭云：「疑是右軍所製，尚可啟發童蒙。」……第陣圖以墨擬之鍪甲，以硯譬之城池，喻失其理，恐亦非右軍也。予試論之，以俟君子。夫身者，元帥也；心者，軍師也；手者，副將也；指者，士卒也。紙者，地形也；筆者，戈戟也；墨者，糧草也；硯者，囊橐也。紙不光細，譬之驍將駿馬，行于荊棘泥濘之場，馳驟當先弗能也。筆不穎健，譬之志奮力壯，手持折缺朽鈍之兵，斬斫擊刺弗能也。墨不精玄，譬之養將練兵，糧草不數，將有饑色，何以作氣？硯不硎蓄，譬之師旅方興，命在餱糧，餽餉乏絕，何以壯威？四者不可廢一，紙筆猶乃居先。〔註47〕

在筆、墨、紙、硯四個客體條件之外，他將身、心、手、指四個主體條件也放進來，把人與物的關係整合起來說。他認為《筆陣圖》中把「墨」比擬成「鍪甲」，把「硯」譬喻為「城池」不很適切，又重新詮釋了筆、墨、紙、硯的關係和作用，將書法放大比喻成戰事來看，「紙」就是地形，「筆」就是戈戟，「墨」就是糧草，「硯」就是囊橐；而人的「身」就是元帥，「心」就是軍師，「手」就是副將，「指」就是士卒。項穆對身、心、手、指與筆、墨、紙、硯的比喻，或許也不算是盡善盡美，總而言之，就是在強調工具好壞的影響，也就是說，在追求書寫美善文字的目標下，文房四寶的選用也應當嚴加講究，條件俱足，方能臻於完美境界。

在美好的作品終於完成之後，作品與作家期望的就是能有知音之遇，因此，項穆談到了鑑賞能力與方法，他感嘆地說：

> 嗟哉！能書者固絕真手，善鑒者甚罕真眼也。……鑒書者不可求之

〔註46〕（明）項穆《書法雅言·器用》，項氏家刻本，頁39左半～40右半。

〔註47〕（明）項穆《書法雅言·器用》，項氏家刻本，頁39。

淺，不可求之深。淺則涉略汎觀而不究其妙，深則吹毛索瘢而反過
於謫矣。……姑以鑒書之法照後賢焉。大要開卷之初，猶高人君子
之遠來，遙而望之，標格威儀，清秀端偉，飄颻若神仙，魁梧如尊
貴矣。及其入門，近而察之，氣體充和，容止雍穆，厚德若虛愚，
威重如山嶽矣。迨其在席，器宇恢乎有容，辭氣溢然傾聽，挫之不
怒，惕之不驚，誘之不移，陵之不屈，道氣德輝，藹然服眾，令人
鄙吝自消矣。又如佳人之豔麗含情，若美玉之潤彩奪目，玩之而愈
可愛，見之而不忍離。此即真手真眼，意氣相投也。故論書如論相，
觀書如觀人。賞鑒能勢大槩在斯矣。〔註48〕

由此段內容可知，項穆的鑒書之法，自表入裡，分別從外在體態、舉止行為
和品格涵養三者去品酌和考核，他將字與人結合在一起敘述，由遠而近去觀
察並感受字裡行間流露出的氣韻，他對於字的品賞極其用心專注，甚為細緻，
但以人喻字仍然是抽象，只是這反映了人的性情特質與線條筆畫組合存有著
看不見的牽引與連動，但要一一說明白其中差異著實不太容易。

　　最後，他於篇末以孔子的德行氣質來總括說：

評鑒書蹟，要訣何存？溫而厲，威而不猛，恭而安。宣尼德性，氣
質渾然，中和氣象也。執此以觀人，味此以自學，善書善鑑，具得
之矣。〔註49〕

此處點出孔子展現的人格性情就是「中和氣象」，於是歸結出無論是「能書者」
或者是「善鑒者」，都要以「中和」為宗旨，簡而言之，習書、鑒書及為人都
是以「中和」為至道，此外無他。所以，「中和」就是項穆心中終極而唯一的
度量準則。

　　另外，在〈知識〉篇中，項穆還評價了鑑賞能力之虛實有無，他將鑑賞
區分為三種方式：

人品既殊，識見亦異。有耳鑒，有目鑒，有心鑒。若遇卷初展，邪
正得失，何手何代，明如親覩，不俟終閱，此謂識書之神，心鑒也。
若據若賢有若帖，其卷在某處，不恤貲財而遠購焉，此盈錢之徒收
藏以誇耀，耳鑒也。若開卷未玩意法，先查跋語誰賢，紙墨不辯古
今，只據印章孰賞，聊指幾筆，虛口重贊，此目鑒也。耳鑒者，謂

〔註48〕　（明）項穆《書法雅言・知識》，項氏家刻本，頁41。
〔註49〕　（明）項穆《書法雅言・知識》，項氏家刻本，頁42左半。

之莽兒審樂；目鑒者，謂之村嫗戲花。至於昏憒應聲之流，妄傲無
稽之輩，胸中豪無實見，遇字便稱能知，家藏一二帖卷，真偽漫爾
弗明，筆纏歲月，塗描點畫，茫焉未曉。設會神通佳跡，每嗟精妙
無奇，或經邪俗偽書，反嘆誤怨多勝。此謂吠日吠雪，駭屬駭龍，
考索拘乎淺陋，好惡任彼偏私，先有成心，將何定見，不若村野愚
氓，反有公論也。〔註50〕

他提出鑑賞書法有耳鑒、目鑒和心鑒三種：仰賴耳鑒的一類，通常是有錢而
附庸風雅的收藏家；而採取目鑒的，多半是憑藉跋語、印章來惡補一點皮毛，
實則是見識淺薄的半吊子；唯有心鑒者才是紮紮實實具有真知灼見的行家，
除此三者之外，項穆認為還有那些盲目附和、狂妄鄙陋、自以為是的假學者，
他們常常只會顛倒是非、擾亂視聽。因為沒見識過真正的好作品，加上個人
偏頗的認知缺失而產生少見多怪的錯誤判斷，是以他們所鼓吹的主張與鑑賞
觀點亦有失公允。項穆所以有此番論述，理應是針對當代書法的師法選擇及
審美問題所發出的批評。

　　至此，關於書法學習的種種認知、情意、技能，《書法雅言》一書殆已囊
括俱全，熊秉明說《書法雅言》「不是一般零零星星語錄式的書法雜感。在編
次上雖然未必能滿足今人的系統觀念，但作者確是以哲學的思辨方式來考慮
書法的問題，而有一套美學體系。」〔註51〕楊貴中評述：「德純的《書法雅言》
無論從篇秩或內容組織言，體例詳明，無論是放在明代或明代之前的書學論
著中，在在突顯出系統的完備及強烈的個人批評風格。」〔註52〕而由此節的
分析歸納，可見項穆在內容架構的編排上，自有他的論述條理和次序，所以
說項穆《書法雅言》是一部有系統的書學理論。

第二節　哲學思辨的論證方法

　　對於書法，項穆於《書法雅言》中提出了幾項重要論辯：一論「書不可
狂怪」，二論「書法美學觀點」，三論「書法與心性修身」，四論「資學與書法

〔註50〕（明）項穆《書法雅言‧知識》，項氏家刻本，頁41左半～頁42。
〔註51〕熊秉明《中國書法理論體系》（台北：雄獅圖書股份有限公司，1999年9月），
　　　　頁109。
〔註52〕楊貴中《項穆《書法雅言》之思想研究》，臺灣師範大學國文研究所，碩士論
　　　　文，2003年，頁10。

實踐」。他根據華夏歷史傳統中的哲學思想去論辯，探討自古以來，書法與人文世界的關係。其中援引了書法源流論述正統觀，以《大學》修齊治平之旨、〈洪範〉皇極之疇論說雅正觀，以《中庸》「中和」思想論述美學觀，還有以「心學」談心性觀、以「資學」論實踐觀等等，他採用各種哲學觀點進行思辨，提出諸多論據，作邏輯的論證，為其書法之論點主張增強說服力。以下分點加以詳細敘述。

一、書不可以狂怪

項穆《書法雅言》最基本的論點就在於書法之「雅正」，他極力反對狂怪，因此他為「書不可狂怪」之議題提出他的思考觀點，讓人據此有所思辨。首先，從「書」的運用起源探討起。書之運用，往往與文字形影不離，書一旦脫離文字筆法，便不是書，而是畫或是零散的線條而已了，潘伯鷹說「除非我們不學習寫中國字，若要學習，便必須從筆法入手。」〔註53〕因此，書與文字幾乎可以說是相輔相成的共同體，而它們是有筆法的。既然如此，文字存在和承載的意義，亦是書之存在必須承載的功能，是故項穆由文字起源來談書的作用、價值與地位，他稱道：

> 河馬負圖，洛龜呈書，此天地開文字也。羲畫八卦，文列六爻，此
> 聖王啟文字也。……書之作也，帝王之經綸，聖賢之學術，至于玄
> 文內典，百氏九流，詩歌之勸懲，碑銘之訓戒，不由斯字，何以紀
> 辭？故書之為功，同流天地，翼衛教經者也。夫投壺射矢，猶標觀
> 德之名；作聖述明，本列入仙之品。〔註54〕

文字發端於天地、聖王，代表著至高無上的智慧啟示，然而，文字的流通傳遞需仰賴「書」，「書」是載具，猶如今日網路與電腦手機的綜合體，具有記錄、傳播、保存、呈現等功用，在保存良好的情況之下，可以跨越時間與空間的限制，將文字所載負的人類智慧流傳、保留下來，由此可見「書」的偉大功用。倘若是要讓它發揮這項偉大的功用，自然就不可妄作、濫用或追求狂怪的表現方式。

再者，項穆認為「書貌」與「心態」是互為表裡的關係，因此，書寫出來的字貌可以反映出人的思想價值與態度，所謂「學術經綸，皆由心起，其心

〔註53〕潘伯鷹《中國書法簡論》（台北：華正書局，1989年10月），頁7。
〔註54〕（明）項穆《書法雅言・書統》，項氏家刻本，頁1。

不正，所動悉邪。」〔註55〕他論道：

> 夫人靈于萬物，心主于百骸。故心之所發，蘊之為道德，顯之為經綸，樹之為勳猷，立之為節操，宣之為文章，運之為字蹟。爰作書契，政代結繩，刪述佯功，神仙等妙，苟非達人上智，孰能玄鑒入神。但人心不同，誠如其面，由中發外，書亦云然。所以染翰之士，雖同法家，揮豪之際，各成體質。〔註56〕

在他看來，書作與人的面容一樣，能夠流露出一個人的性格取向，這都是受到「心」的主宰與影響的緣故，所以從字跡的微妙組構可以察見一個人的性情和修養，如此一來，書跡亦是人品局部的外貌，若專以「狂怪奇險」是求，便有走危路、行偏門的疑慮，這種刻意反叛其實無益於心性修養，更非解放性情的正道，所以立足於「涵養心性」的出發點上，項穆以此論證書不宜狂怪。

綜合以上兩點說明，項穆有言：

> 帝王之典謨訓誥，聖賢之性道文章，皆託書傳，垂教萬載，所以明彝倫而淑人心也，豈有放僻邪侈，而可以昭蕩平正直之道者乎？〔註57〕

因此，不論是從歷史、社會、文化等鉅觀的角度，或是從個人心性之微觀的角度來說，項穆都認為書法是不適宜「狂怪」的，「狂怪」從來就不是文人學習書法的目的，可是到了明朝中葉卻大肆興起，顛倒書學本末，是以項穆便試圖引領眾人重新思辨這個問題。

二、書法美學觀點

「中國漢語文字幾乎是極少數象形系統的文字中到現在還廣泛應用的唯一的一種」〔註58〕而「書法在中國也早已成為一門獨特的藝術。凡是讀書人都要講究書法，所以書法在受教育的人民中是受到最廣泛實踐的一門藝術。」〔註59〕這項流傳久遠、運用廣泛的象形文字所形成的書法藝術，究竟以什麼作為其美學欣賞的觀察角度呢？此處將就項穆《書法雅言》中

〔註55〕（明）項穆《書法雅言·書統》，項氏家刻本，頁2右半。
〔註56〕（明）項穆《書法雅言·辯體》，項氏家刻本，頁5右半。
〔註57〕（明）項穆《書法雅言·規矩》，項氏家刻本，頁15右半。
〔註58〕朱光潛〈中國古代美學簡介〉，見於朱孟實等著《中國古代美學藝術論》（台北：木鐸出版，1985年9月），頁1。
〔註59〕朱光潛〈中國古代美學簡介〉，頁2。

的觀點作一探討。

　　美學（aesthetics），是在十八世紀才獨立的學科，主要是研究審美，在歐洲又名感覺學，是以對美的本質及其意義的研究為主題的學科，乃哲學之一。在哲學中，本質（essence）是一種屬性或一組屬性，它們使一個實體或物質成為它的根本所在，並且它必然存在。然而，美學或藝術卻難以作本質的定義。無論是主觀，還是客觀的研究，「美」都是經過人的感性、理性作用之後的結果。而傳統美學的任務，是研究藝術作品作為「美」永恆不變的標準。但是，在古代的社會中其實並沒有純粹為了「美」而創作的藝術，古時創生的藝術作品多半都是有其宗教性、政治性、社會性或文化性的功用因素存在的。

　　「美學與倫理學同屬價值論範圍。要了解價值必須了解美與善的意義。」〔註60〕，「通常倫理學與知識由形上學引發，美學也不例外。」〔註61〕可見「美學」是一門哲學，石朝穎《藝術哲學與美學的詮釋問題》中說：

> 康德在他的「純粹理性批判」中，就把美學定義為「感性的知覺」……
> 就字意上來說：「美學」是研究所謂「美」的學問，其中心問題正是
> 「哲學」上對「美」的探索。……「美學」是一介在「藝術」與「哲
> 學」的學問，可以說是一門「藝術哲學」。〔註62〕

綜合以上對「美學」的一些論述，筆者將所理解的內容作一概略整理：「美學」在理性上是一種哲學價值的認同，但它也是一種感性的知覺，它可以對人有感染力，使人從感官的經驗中有所感受、感覺或感動，同時也經常與其他學科有所關聯。如古典中國美學，就深受「儒家」和「道家」兩家思想的浸透。石朝穎《藝術哲學與美學的詮釋問題》中就指出：

> 「古典中國美學」，就是指以「儒家」和「道家」所形成的哲學精神
> 為其詮釋基礎的「美學觀」。〔註63〕

李澤厚〈美的歷程〉中說：

> 中國古典美學的範疇、規律和原則大都是功能性的。它們作為矛盾
> 結構，強調得更多的是對立面之間的滲透與協調，而不是對立面的

〔註60〕參見劉仲容等編著《美學通論》（新北：國立空中大學，2018年），頁19。
〔註61〕參見劉仲容等編著《美學通論》，頁18。
〔註62〕參見石朝穎《藝術哲學與美學的詮釋問題》（新北：人本自然文化，2006年4月），頁28。
〔註63〕參見石朝穎《藝術哲學與美學的詮釋問題》，頁104～105。

排斥與衝突。作為反映，強調得更多的是內在生命意興的表達而不再模擬忠實、再現的可信。作為效果，強調得更多的是情理結合、情感中潛藏著智慧以得到現實人生的和諧和滿足，而不是非理性的痴狂或超世間的信念。作為形象，強調得更多的是情感性的優美（「陰柔」）和壯美（「陽剛」），而不是宿命的恐懼或悲劇性的崇高……所有這些中國古典美學的「中和」原則和藝術特徵，都無不可以追溯到先秦理性精神。

而馬白〈中國古代美學史的特點〉中說道：

「中國美學史多數出於『賢人』對藝術的要求。……他們大都側重於從文藝的社會作用的角度提出自己的美學見解，從而把美學和政治學、倫理學緊密地聯繫在一起。」〔註64〕

所以說「藝術與道德之間通常是彼此提振的。」〔註65〕項穆反對狂怪書法，自有其作為「賢人」的審美認同與判斷標準，也可以說項穆的「美學觀」是具有「儒家」和「道家」哲學思想成分的。

「古典中國美學」觀〔註66〕與中國傳統的「宗教觀」有著密切的關係：

中國人的宗教觀，其實是一種「純人文性的宗教」，若以具體來說，「自然」就是中國人的宗教、神或上帝。而中國人所謂的「自然」，即指一種去人、去個物、去關係、去變化，然後所形成的渾然一體的境界。〔註67〕

中國傳統的「宗教觀」就是以「自然」為天，以「人」為出發的信仰觀，「儒家」或是「道家」都講求「人與宇宙的和諧關係」，對「天」的崇敬順應，追求天人合一、物我相融的精神境界，就形成了根深柢固的「古典中國美學觀」，而古典中國美學也就與「儒家」、「道家」哲學思想緊密相黏，難捨難分了。馬白說：「把美學範疇和倫理、道德範疇緊密結合，是中國美學史的一個突出特點。對於這種特點，我們可姑且名之曰功利性。」〔註68〕既然古代美

〔註64〕參見馬白〈中國古代美學史的特點〉，收錄於於朱孟實等著《中國古代美學藝術論》（台北：木鐸出版，1985年9月），頁10。
〔註65〕參見劉仲容等編著《美學通論》（新北：國立空中大學，2018年），頁19。
〔註66〕「古典中國美學」，就是指以「儒家」和「道家」所形成的哲學精神為其詮釋基礎的「美學觀」。
〔註67〕參見石朝穎《藝術哲學與美學的詮釋問題》，頁30。
〔註68〕參見馬白〈中國古代美學史的特點〉，朱孟實等著《中國古代美學藝術論》，頁11。

學本來就不是單純獨立的存在，那麼一個民族形而上的價值對「美學」或「藝術」的看法必然是影響深厚的。

在《書法雅言》中，可以說項穆便是依據「中國傳統美學觀」提出了思辨，從哲學上對美的認定來討論「書法」應何所是從。他的美學觀點，最主要就是來自崇法「自然萬物」以及「中和」這兩個依據。關於他這兩個觀點的主張，可見於〈規矩〉篇之說明：

> 天圓地方，羣類象形，聖人作則，制為規矩。故曰：規矩，方圓之至，範圍不過、曲成不遺者也。大學之旨，先務修齊正平；皇極之疇，首戒偏側反陂。〔註69〕

項穆所說的「規矩」是根據「天圓地方」的自然法則而來，「方」與「圓」即包羅天底下一切事物的組成。除此一自然法則之外，在人文哲學的部份，項穆引用了《大學》中最重要的修身旨要和《尚書》中帝王統治天下的基本準則來說明用筆的綜合性規範，那便是強調「齊平不偏斜」，也就是「中和」這項準則。

關於「中和」，他進一步闡述道：

> 穹壤之間，莫不有規矩；人心之良，皆好乎中和。宮室，材木之相稱也；烹炙，滋味之相調也；笙簫，音律之相協也，人皆悅之。使其大小之不稱，酸辛之不調，宮商之不協，誰復取之哉！試以人之形體論之。美丈夫貴有端厚之威儀，高逸之辭氣；美女子尚有貞靜之德性，秀麗之容顏。豈有頭目手足粗邪癲瘇，而可以稱美好者乎？形象器用，無庸言矣，至於鳥之窠，蜂之窩，蛛之網，莫不圓整而精密也，可以書法之大道，而禽蟲之不若乎？此乃物情，猶有知識也，若夫花卉之清豔，藥瓣之疎蕤（叢），莫不圓整而修對焉。使其半而舒，半而縮也，皆瘠蠹之病，豈其本來之質哉？〔註70〕

他透過建築、烹飪、音樂、人的形貌、禽鳥昆蟲、花卉等論據去論證「美」的規律，一再指出「協調相稱」、「氣質端雅」、「圓整修對」正是「美」的根本法則，他的審美依據，就是從人天性上的好惡和自然的規律歸納出來的，而這些法則所展現的就是「中和」的涵義，項穆謂「中也者，無過不及是也；和也

〔註69〕（明）項穆《書法雅言・規矩》，項氏家刻本，頁 15 右半。
〔註70〕（明）項穆《書法雅言・規矩》，項氏家刻本，頁 16。

者，無乖無戾是也。」〔註71〕若說「美是以和諧秩序為主要特徵」〔註72〕，「中和」便是項穆所崇尚的和諧秩序，因此，他的書法審美觀就是「中和」。

所以他主張美善書法必須是：

> 真以方正為體，圓奇為用；草以圓奇為體，方正為用……不真不草，行書出焉……圓而且方，方而復圓，正能含奇，奇不失正，會於中和，斯為美善。……方圓互成，正奇相濟，偏有所著，即非中和。……不知正奇參用，斯可與權，權之謂者稱物平施，即中和也。〔註73〕

而上文中的「正」、「奇」，根據項穆的解釋是：

> 所謂正者，偃仰頓挫，揭按照應，筋骨威儀，確有節制是也。所謂奇者，參差起復，騰淩射空，風情姿態，巧妙多端是也。奇即運于正之內，正即列于奇之中。正而無奇，雖莊嚴沉實，恒朴厚而少文；奇而弗正，雖雄爽飛妍，多譎厲而乏雅。〔註74〕

綜合來說，「正」者，其實就是文字的基本「筆法」，或說是字本身的結構組成；「奇」者，則是「筆法」的各種變化，如筆畫的長短、肥瘦、平側、向背、曲直等；而「方」、「圓」是「筆法」的兩大線條類型，將這兩種類型綜合交錯運用在文字筆畫上，形成各種不同的排列組合，書法之「奇」便從中產生，然而，「奇」並非不講求構字的「筆法」，因此在「方」、「圓」中適度結合「正」、「奇」，使「方」與「圓」相輔相成外，「正」與「奇」也要互補平衡，不偏不過，方能產生「中和」美感，這就是項穆的書法美學觀點。箇中涵義猶如潘伯鷹所言：「字的成形，依靠點畫，即是依靠線條。而線條的變化即是字形美的所從出。換言之，字的生命和精采、字的藝術性就托賴在這上面。」〔註75〕

是以，項穆在〈形質〉篇中說：

> 人之于書，得心應手，千形萬狀，不過曰中和、曰肥、曰瘦而已。若而書也，脩短合度，輕重協衡，陰陽得宜，剛柔互濟，猶世之論相者，不肥不瘦，不長不短，為端美也。此中行之書也。若專尚清勁，偏乎瘦矣，瘦則骨氣易勁，而體態多瘠。獨工豐豔，偏乎肥矣，肥則體態常妍，而骨氣每弱。猶人之論相者，瘦而露骨，肥而露肉，

〔註71〕（明）項穆《書法雅言‧中和》，項氏家刻本，頁24右半。
〔註72〕劉仲容等編著《美學通論》，頁19。
〔註73〕（明）項穆《書法雅言‧中和》，項氏家刻本，頁24。
〔註74〕（明）項穆《書法雅言‧正奇》，項氏家刻本，頁21右半。
〔註75〕潘伯鷹《中國書法簡論》，頁8。

> 不以為佳，瘦不露骨，肥不露肉，乃為尚也。使骨氣瘦峭，加之以
> 沉密雅潤，端莊婉暢，雖瘦而實腴也。體態肥纖，加之以便捷遒勁，
> 流麗峻潔，雖肥而實秀也。瘦而腴者，謂之清妙，不清則不妙也。
> 肥而秀者，謂之豐豔，不豐則不豔也。〔註76〕

也就是說，書法美或不美，當由構成字之筆畫的肥瘦、長短、輕重、剛柔、陰陽等搭配得宜所形成的「中行之書」，「中和」就是種種「對立的統一」、「多樣的統一」〔註77〕，凡能在對立的特性中達到平衡調和的表現方式，就是具有「中和」之美的書法，這並非單一的一種形象，而是複合變化而多元的，其實也是有些抽象難以定奪的，而王羲之應是唯一被項穆肯定達到這個標準的正宗書法家。

附帶一提，書法作為藝術活動，應是以什麼為媒介呢？

> 托爾斯泰認為，只要某人在他的內心中喚起他曾經體驗過的感情，
> 並且當感情激發之時，藉身體之運動、線條、色彩、聲音，或表現
> 於文字中的形式加以傳達，使別人體驗到相同的感情，便屬藝術的
> 活動。換句話說，這種活動的產生，乃是當某人立意藉某種外在的
> 形跡，將他親身體驗到的感情傳遞給別人，並使這些感情所感染的
> 人，也體驗到它們。〔註78〕

若根據托爾斯泰的論點，藝術表現的媒介可能是線條，也可能是文字，那麼，書法作為藝術活動，該是以「線條」為媒介？還是以「文字」為媒介呢？又或者兩者兼具、兩者混談？或許這個立基點的差異，就是學者們在討論項穆《書法雅言》之美學藝術觀點時，認定產生分歧的一個因素。

三、書法與修身養性

書法是古代「六藝」之一，是讀書人必修的基礎技能科目，項穆認為這個學科與心性和修身相關，此小節將討論他如何思辨這個議題。

首先，回顧明朝中晚期學術發展情形可知，當時由於心學盛興，掀起了一股「個性解放」思潮，在書壇上開始鼓舞崇尚本我的書藝表現，因而吹起

〔註76〕（明）項穆《書法雅言・形質》，項氏家刻本，頁7～頁8右半。
〔註77〕「在哲學或美學上，對所謂『對立的統一』、『多樣的統一』，即『二而一』、『多而一』之概念，都非常重視，一向被目為最重要的變化規律或審美原則。」見於陳滿銘《辭章章法學體系建構叢書》第六冊《篇章意象學》，頁31。
〔註78〕劉文潭《美學新鑰》（台北：臺灣商務印書館，2004年1月），頁77。

了一陣「狂怪」書風，使書法的學習有一些偏離常道的情況，於是項穆便運用「心學」為其論據來申論書學根本，探討書法與修身養性的關係。

「心學」來自王陽明的學說，他的「心外無理」說認為：「一切理（道德準則）只是從心生出，以心為根基。」〔註79〕而自《書法雅言》的內容中，也可以察見項穆將書學理論建立在此學說基石之上的論述，如項穆在〈書統〉篇說：

> 學術經綸，皆由心起，其心不正，所動悉邪……六經非心學乎？傳經
> 非六書乎？正書法，所以正人心也；正人心，所以閑聖道也。〔註80〕

在〈辯體〉篇說：

> 夫人靈于萬物，心主于百骸。故心之所發，蘊之為道德，顯之為經
> 綸，樹之為勛猷，立之為節操，宣之為文章，運之為字蹟。〔註81〕

在〈心相〉篇說：

> 蓋聞德性根心，睟盎生色，得心應手，書亦云然。人品既殊，性情
> 各異，筆勢所運，邪正自形。書之心，主張布算，想像化裁，意在
> 筆端，未形之相也。書之相，旋折進退，威儀神彩，筆隨意發，既
> 形之心也。……所謂有諸中必形諸外，觀其相可識其心。〔註82〕

由這些篇章中所提到的「學術經綸，皆由心起」、「心主于百骸」、「德性根心」等說法，就說明了項穆認為無論是學術經綸、或人的身軀、或人的德性，都是根源於心而來，這與王陽明「一切以心為根基」的思想互相吻合，所以說項穆是以「心學」為論述的起點來闡發心性對書法的影響，然後才更進一步提出以書法作為修身之道法應如何去實踐。

根據「心學」一切根心的哲學思想，項穆提出的論點是：「人正則書正」的書學主張。他說：

> 柳公權曰：「心正則筆正」；余今曰：「人正則書正」。心為人之帥，
> 心正則人正矣；筆為書之充，筆正則書正矣。人由心正，書由筆正，
> 即《詩》云「思無邪」，《禮》云「無不敬」。書法大旨，一語括之
> 矣。〔註83〕

他提出「心」是人的主宰：端正心志，才能成為正人君子；有端正之心志，執

〔註79〕林啟彥《中國學術思想史》（台北：書林出版，1994年1月），頁226。
〔註80〕（明）項穆《書法雅言·書統》，項氏家刻本，頁2。
〔註81〕（明）項穆《書法雅言·辯體》，項氏家刻本，頁5右半。
〔註82〕（明）項穆《書法雅言·心相》，項氏家刻本，頁31。
〔註83〕（明）項穆《書法雅言·心相》，項氏家刻本，頁31左半。

筆行文才能書寫出雅正的字體，也就是說，字體反映了人的心思、心境。換句話說，人的一舉一動、所作所為，包含寫字，都能顯現一個內在的思維、修養與態度〔註84〕，心之所向，即意之所在，亦物之所象，幾乎無所遁形，所以無論什麼事，一個人的作為時刻都應當抱持「敬」重的態度，與「無邪」的心念，才能表現出端正的行為，至於執筆寫字，亦是如此，這就是心性對書法的影響。

於〈心相〉篇中，項穆更列舉了若干古人之書法表現情態為例證，來說明人物心性在書法樣貌上的顯露：

> 嘗鑒古蹟，聊指前人，世不俱聞略焉弗舉。如桓溫之豪悍，王敦之揚厲，安石之躁率，跋扈剛愎之情，自露于豪楮間也。他如李邕之挺竦，蘇軾之肥軟，米芾之努肆，亦非純粹貞良之士，不過嘯傲風騷之流爾。至于褚遂良之道勁，顏真卿之端厚，柳公權之莊嚴，雖于書法少容夷俊逸之妙，要皆忠義直亮之人也。若夫趙孟頫之書，溫潤閑雅，似接右軍正脈之傳，妍媚纖柔，殊乏大節不奪之氣，所以天水之裔，甘心仇胡之祿也。〔註85〕

此段文字，項穆以自己曾經鑑賞過的書法作品，來驗證人物性情可見於書寫筆法中的論點，他說在紙上筆下的字裡行間，可察見桓溫、王敦、王安石的「跋扈剛愎之情」；可察見李邕、蘇軾、米芾實屬「嘯傲風騷之流」；可察見褚遂良、顏真卿、柳公權等皆「忠義直亮之人」；可察見趙孟頫的「妍媚纖柔，殊乏大節不奪之氣」。所謂「人心不同，誠如其面，由中發外，書亦云然。所以染翰之士，雖同法家，揮毫之際，各成體質。」〔註86〕這些人物在歷史上的性格明晰，其書法也是既呈於世人面前之物象，項穆透過這個大家都可以去察鑑的史實，企圖印證書者的心志顯露在書法字形上的風格特性，便是為了用來證明「人正則書正」的論點，進一步提升論點的說服力。

至此「人正則書正」的關係既已確立，他便據此進一步論說「正書法」的意義與目的，他說「正書法，所以正人心也；正人心，所以閑聖道也。」〔註87〕正是基於「心」與「書」這個由內而外的關係，項穆提出由外而內來

〔註84〕此觀點與西方「筆跡學」研究論述類似。
〔註85〕（明）項穆《書法雅言·心相》，項氏家刻本，頁31左半～31右半。
〔註86〕（明）項穆《書法雅言·辯體》，項氏家刻本，頁5右半。
〔註87〕（明）項穆《書法雅言·書統》，項氏家刻本，頁2左半。

修養聖道的實踐方法——即「正書法」。他倡導以「正書法」來「正人心」,「正人心」而「閑聖道」,也就是要「以行踐善,踐善以習道」,透過「行」來修身養性、熟習正道。

基本上,「心」與「書」是一互為表裡、內外連動的關係,然而內在之「心」是無形不可察驗的抽象存在,外在之「書」才是有形可見知的具體現象,所以欲見形而上之「心」與「道」,固當只能從「書」上去落實了。換言之,書法樣貌某種程度的描繪了「心態」,因此,「書」能表現個人性情,也能反射個人品格與修養,既然如此,「書法」講不講求端整,就不僅是書寫技巧的能力問題,還包含了是否「自我要求」的態度問題了。

總合前述,項穆以「心學」的哲思作為論據來思辨並確立「心正則書正」這個原理原則;再以古人書法作其舉證,繼而反推,「正書法」目的即在「正人心」,是故以「正書法」為其由外而內的實踐方法,從而由「正書」之舉,達成「正心」之旨。所以書法可謂修身養性之道。至於如何正書項穆提出的論述是:

> 故欲正其書者,先正其筆;欲正其筆者,先正其心。若所謂誠意者,即以此心端己澄神,勿虛勿貳也。致知者,即以此心審其得失,明乎取舍也。格物者,即以此心博習精察,不自專用也。正心之外,豈更有說哉!由此篤行至于深造,自然秉筆思生臨池志逸,新中更新,妙之益妙,非惟不奇而自奇,抑亦己正而物正矣。〔註88〕

他借用《大學》中「格物、致知、誠意、正心」的概念,提出「博習精察,不自專用」、「審其得失,明乎取舍」、「端己澄神,勿虛勿貳」、「篤行至于深造」的實踐方針,觀其意旨似與《中庸》「博學、審問、慎思、明辨、篤行」及「誠」的治學方法與道理相類,可見道法相通,一以貫之,他以理學的學習理論闡發他的書學實踐方法,說明道法實無二致,「正書法」實際上也是修身養性的方法之一,《中庸》言「道也者,不可須臾離也,可離非道也。是故君子戒慎乎其所不睹,恐懼乎其所不聞。莫見乎隱,莫顯乎微。故君子慎其獨也。」〔註89〕如此說來,若欲以書法踐道,亦不可不戒慎於隱微呀!

此外,項穆又闡述了書法的至高境界是:

> 法書仙手,致中極和,可以發天地之玄微,宣道義之蘊奧,繼往聖

〔註88〕（明）項穆《書法雅言·心相》,項氏家刻本,頁32。
〔註89〕（宋）朱熹《四書章句集註·中庸章句》,頁17。

之絕學，開後覺之良心，功將禮樂同休，名與日月並曜。豈惟明窗
淨几，神怡務閒，筆硯精良，人生清福而已哉！〔註90〕

可見在他眼中，書法並非一項休閒娛樂，而是一種修養道行、貫通天地至理
的方式，由此推敲，項穆並不是把書法當作一種藝術品來看待。他從書法中
品評的，不僅是點畫的美醜，更注重筆下行跡所透露的心相；他在書寫中追
求的，不僅是字形的完善，更在意行筆中對道的體認，由此觀之，他是將書
法視為修身體道的方法，比較偏向感通和獲得啟發，強調個人心靈的修為，
他賦予書法的哲學意義在當代恐怕是與眾不同的。

四、資學與書法實踐

就書法實踐而言，書法的筆畫法則基本上都是一樣的，但是每個人執筆
寫字所形成的字樣卻不盡相同，這是為什麼呢？項穆指出這是與個人資學高
下有關。在學習書法上，並不是人人都具有學得一手好書法的完備條件，根
據項穆的論述可知，學習書法勢必受到個人之「資」與「學」這兩大條件的決
定與影響。他這麼說道：

書之法則，點畫攸同；形之楮墨，性情各異。猶同源分派、共樹殊
枝者，何哉？資分高下，學別淺深。〔註91〕

所以他以「資學」作為論據來思辨「書法實踐」的問題。他在〈資學〉篇仔細
分析了「資」與「學」對於書法的作用，說：

資學兼長，神融筆暢，苟非交善，詎得從心？書有體格，非學弗
知。若學優而資劣，作字雖工，盈虛舒慘、迴互飛騰之妙用弗得
也。書有神氣，非資弗明。若資邁而學疎，筆勢雖雄，鉤揭導送、
提搶截拽之權度弗熟也。所以資貴聰穎，學尚浩淵。資過乎學，
每失顛狂；學過乎資，猶存規矩。資不可少，學乃居先。古人云：
「蓋有學而不能，未有不學而能者也。」然而學可勉也，資不可
強也。天資縱哲，標奇炫巧，色飛魂絕於一時，學識諳練，入矩
應規，作範垂模於萬載。孔門一貫之學，竟以參、魯得之，甚哉！
學之不可不確也。〔註92〕

〔註90〕 （明）項穆《書法雅言·神化》，項氏家刻本，頁30左半。
〔註91〕 （明）項穆《書法雅言·資學》，項氏家刻本，頁11右半。
〔註92〕 （明）項穆《書法雅言·資學》，項氏家刻本，頁11。

「資學兼長」無庸置疑是最理想的條件，所謂「資貴聰穎，學尚浩淵」，但是「資學兼長」可遇不可求，並非人人都能與生俱全的。在項穆的析論中，書之神氣，仰賴「資」來發揮極致；書之體格，仰賴「學」以合度，所以資學兼長才能造就絕佳的書法字。倘若資學有所偏長，就會產生書法缺失，項穆認為「資」長，往往有癲狂的毛病；而「學」長則至少合乎規矩，因此，他認為雖然資質很重要，但還是應該要把「學習」放在優先的地位。

一般而言，「資質」來自天賦，是人無法勉強去改易的，所以只有透過後天「學習」才是人可以勉力加強精進的。固然「學」也並非可以無所不能，然而「不學」卻是斷然無法增長所能的，所以「學」是提升書法功力的必要之路，篤實的「學習」就是書法實踐的不二法門。

通過思辨「資」與「學」的性質與對「書法實踐」的作用，項穆以理性思考教人如何應對「資」與「學」之輕重，目的就是希望學書者能明白，寫書法不能單憑天賦異稟作為標新立異、引人注目的捷徑，唯有嚴嚴實實的循著學習途徑才能步入書法之殿堂，體察書法之精深奧妙。

再者，由於人之「資稟」各異，且存在著不足的問題，於是，項穆進一步提出「克己」作為實踐書法之道，他說：

> 然人之資稟有溫弱者，有剽勇者，有遲重者，有疾速者。知克己之私，
>
> 加日新之學，勉之不已，漸入于安，萬川會海，成功則一。〔註93〕

項穆的書法審美標準為「中和」，因此，書法實踐的目標也在追求「中和」，學習書法當然也是朝「中和」的方向邁進，至於「資稟」上的短長自然也是要以「中和」作為修正的依歸，所以「克己」之道就是要使書法趨於「中和」的實踐方法。若不能「克己」又反其道而行，或資質實在太差，項穆亦有提到這種情況，「學」就產生不了作用了，他說：

> 若下筆之際，枯澀拘攣，苦迫塞鈍，是猶朽木之不可雕，頑石之難
>
> 乎琢也已。譬夫學謳之徒，字音板調，愈唱愈熟，若唇齒漏風，喉
>
> 舌砂短，沒齒學之，終奚益哉！〔註94〕

也就是說，「學習」仍然需要建立在「資質」的先決條件上，若資質上的條件嚴重匱乏，那麼，在中和書法的實踐上必然是無法展開的。

〔註93〕（明）項穆《書法雅言·資學》，項氏家刻本，頁11左半。
〔註94〕（明）項穆《書法雅言·資學》，項氏家刻本，頁11左半～12右半。

項穆認為「書之源流，肇自六爻而盛於兩晉」〔註95〕。是以對於古人「資」與「學」的涵養，他從晉代為起點，迄至明朝，作了一番評比論述，提供我們理解「資學」之於「書法實踐」的一個參考依據，以下將其內容依朝代分段摘錄以便於閱讀：

（一）晉人書法

蓋聞張、鍾、羲、獻，書家四絕，良可據為軌躅，爰作指南。彼之四賢，資學兼至者也。然細詳其品，亦有互差。張之學、鍾之資不可尚已。逸少資敏乎張，而學則稍謙；學篤乎鍾，而資則微遜。伯英學進十矣，資居七焉。元常則反乎張，逸少皆得其九。子敬資稟英藻，齊轍元常，學力未深，步塵張草。惜其蘭折不永，躓彼駿馳。玉琢復磨，疇追驥驟，自云勝父，有所恃也。加以數年，豈萍語哉。〔註96〕

（二）六朝與唐人書法

六朝名家，智永精熟，學號深矣；子雲飄舉，資稱茂焉。至於唐賢之資，褚、李標幟，論乎學力，陸、顏蜚聲。若虞若歐，若孫若柳，藏真、張旭，互有短長，或學六七而資四五，或資四五而學六七。觀其筆勢生熟，姿態端妍，概可辯矣。〔註97〕

（三）宋人與元人書法

宋之名家，君謨為首，齊範唐賢，天水之朝，書流底（砥）柱。李、蘇、黃、米，邪正相半，總而言之，傍流品也。後之書法，子昂正源，鄧、俞、伯機，亦可接武，妍媚多優，骨氣皆劣。君謨學六而資七，子昂學八而資四，休哉蔡、趙，兩朝之脫穎也。元章之資，不減褚、李，學力未到，任用天資，觀其纖濃詭屬之態，猶排沙見金耳。子昂之學，上擬陸、顏，骨氣乃弱，酷似其人。大抵宋賢資勝乎學，元手學優乎資。〔註98〕

（四）明人書法

明興以來，書蹟雜糅，景濂、有貞，仲珩、伯虎，僅接元蹤；伯琦、

〔註95〕（明）項穆《書法雅言·資學》，項氏家刻本，頁13右半。
〔註96〕（明）項穆《書法雅言·資學》，項氏家刻本，頁12左～13右半。
〔註97〕（明）項穆《書法雅言·資學》，項氏家刻本，頁13右半。
〔註98〕（明）項穆《書法雅言·資學》，項氏家刻本，頁13。

應禎，孟舉、原博，稍知唐、宋。希哲、存禮，資學相等，初範晉唐，晚歸怪俗，競為惡態，駭諸凡夫。所謂居夏而變夷，棄陳而學許者也。然令後學知宗晉唐，其功豈少補邪。文氏父子，徵仲學比子昂，資甚不逮，筆氣生尖，殊乏蘊緻，小楷一長，秀整而已。壽承、休承，資皆勝父，入門既正，克紹箕裘。要而論之，得處不逮豐、祝之能，邪氣不染二公之陋。仲溫草章，古雅微存；公綬行真，朴勁猶在。高陽、道復，僅有米芾之遺風；民則、立剛，盡是趨時之吏手。若能以豐、祝之資，兼徵仲之學，壽承之風逸，休承之峭健，不幾乎歐、孫之再見耶！若下筆之際，苦澀寒酸，如倪瓚之手，縱加以老彭之年，終無佳境也。〔註99〕

後面將以上內容加以整理，以表格方式來呈現，期望能更清楚展示項穆所論「資」與「學」的評鑑方法具體套用於歷代書法名家的評價如何。

（補充說明：表格中打✓者表示「資」勝，打○者表示「學」勝）

朝　代	人　物	資	學
晉	張伯英（張芝）	七	○進十
	鍾元常（鍾繇）	✓進十	七
	王羲之	九	九
	王獻之（王子敬）	✓進十	未深
六朝	智永		○學號深矣
	子雲（蕭子雲）	✓資稱茂焉	
唐	褚（褚遂良）、李（李邕）	✓資為標幟	
	陸（陸柬之）、顏（顏真卿）		○學力蜚聲
	虞（虞世南）歐（歐陽詢）孫（孫過庭）柳（柳公權）藏真（懷素）張旭	互有短長或四五或六七	互有短長或四五或六七
宋	君謨（蔡襄）	✓七	六
資勝乎學	李（李建中）、蘇（軾）、黃（庭堅、魯直）、米（芾）	✓	邪正相半
	米芾（元章）	✓資不減褚、李	學力未到，任用天資

元	子昂（趙孟頫）	四	○八　學擬陸、顏
學優乎資	鄧（鄧文原）、俞（俞和）、伯機（鮮于樞）		○
明	景濂（宋濂）、有貞（徐有貞），仲珩（宋璲）、伯虎（唐寅）	僅接元蹤	
	伯琦（周伯琦）、應禎（李應禎），孟舉（詹希元）、原博（吳寬）	稍知唐、宋	
	希哲（希哲）、存禮（豐坊）	✓＝○資學相等，初範晉唐，晚歸怪俗，競為惡態，駭諸凡夫。所謂居夏而變夷，棄陳而學許者也。	
	徵仲（文徵明）	○學比子昂，資甚不逮，筆氣生尖，殊乏蘊致，小楷一長，秀整而已。	
	壽承（文彭）、休承（文嘉）	✓資皆勝父。得處不逮豐、祝之能，邪氣不染二公之陋。	
	仲溫（宋克）	草章，古雅微存	
	公綬（姚綬）	行真，朴勁猶在	
	高陽（許初）道復（陳淳）	僅有米芾之遺風	
	民則（沈度）立剛（姜立岡）	盡是趨時之吏手	
	倪瓚（元末明初書法家）	苦澀寒酸，縱加以老彭之年，終無佳境也。	

　　由此可見「書法實踐」的成就表現，取決於書法家之「資」與「學」的情況。「資」與「學」必須相輔相成，若僅擁有「天資」不過也只是具備其中之一的條件，歷代知名書法家無論「資」賦如何，也都是下了「學」功才能於書法上青史流名，是以有志學書之士，欲於書法上有所建樹的書家，又豈能不注重書法實踐上的「學習」正道呢？

　　本節將項穆《書法雅言》中提出的思辨和論證方法，整理成四點加以說明：首先，以「正統觀」論證「書不可以狂怪」；其次，以「天圓地方」之規矩和「自然法則」論證「中和」之「書法美學觀點」；再者，據「陽明心學」論證「書法與修身」的關係；最後，剖析「資學」作用論證「書法實踐」之方法。通過以上分析，可略知項穆書法理論的理性思辨和哲學依據，筆者期望透過此分析歸納能彰顯出項穆寫作的邏輯思維及《書法雅言》的寫作風格，並以此說明《書法雅言》是一部具有邏輯性思考的書學理論。

第三節　旁徵博引的論述筆法

　　陳滿銘辭章學研究指出:「一篇作品之風格,就是結合內容與形式(藝術),所產生整個有機體所顯示的審美風貌,這是合作者之形象思維與邏輯思維為一而形成,可以統攝主題、文(語)法、修辭和章法等種種個別風格,呈現整體風格之美。」﹝註100﹞前兩節筆者已就項穆《書法雅言》內容上的編排架構及思辨論證的系統與邏輯作一分析論述,後兩節將由筆法修辭上的運用來討論《書法雅言》一書的在寫作形式上的風格特點。

　　李澤厚說「主觀情感必須客觀化,必須與特定的想像、理解相結合統一,才能構成具有一定普遍必然性的藝術作用,產生相應的感染效果。所謂『比』、『興』正是這種使情感與想像、理解相結合而得到的客觀化的具體途徑。」﹝註101﹞其中譬喻修辭的作用正如「比」、「興」,可以將情感客觀化,產生藝術作用與感染效果,此外,修辭法的運用也是「文采」的表現,它除了可以使文句更加優美生動、文意更豐滿深遠之外,還能夠透過寫作形式使作者的言談丰采和情感思想活靈活現於其間。故以下章節就是要從《書法雅言》中的修辭文采來瞭解項穆《書法雅言》其書的寫作風格及其人的思想信念。

　　《書法雅言》作為一本「針砭時弊、端正書風」的書法理論著作,其在寫作上特別注重語言的邏輯性與說服力。因此,在寫作時,項穆運用了許多寫作手法來強化其主張的說服力,而本節欲先就其「旁徵博引的論述筆法」來說明。

　　此處所謂「旁徵博引的論述筆法」是指項穆在論述上援用許多譬喻或引用修辭的寫作方式。以下筆者將它分為橫向論述與縱向論述來說明其寫作特點,然而由於書中運用例證甚多,實難以一一細述,故未能細究者,願留予後來研究者繼續鑽研。

一、橫向論說──譬喻法的運用

　　所謂橫向論述,是指運用類比手法,以平行事物橫向取譬的論述方法。用修辭法名稱來說,就是「譬喻法」的運用。陳正治根據黃慶萱對譬喻的說

﹝註100﹞陳滿銘《辭章章法學體系建構叢書》第八冊《比較章法學》,頁 280。
﹝註101﹞李澤厚《美的歷程》(新北:蒲公英出版社,1986 年 8 月),頁 56。

明指出：譬喻法的理論是「建立在心理學『類比作用』的基礎上——利用舊經驗引起新經驗。通常是以易知說明難知；以具體說明抽象。」〔註102〕項穆透過譬喻法作為旁徵，其中有許多以人來比喻，另外也有以天氣、花卉、昆蟲、建築、烹飪、音樂、軍戎等事類來比擬的譬喻。今揀擇書中所見例證列舉如下：

（一）以人作比喻

1. 〈形質〉篇言人之於書，雖千形萬狀，亦可簡略概括為「中和」與「肥」、「瘦」之區別，項穆便以人之「肥」、「瘦」為比喻來談書法，說明「肥瘦適度調和」就能居於「中和」，人之肥瘦各有風情，各有其美，書亦如此。

> 猶人之論相者，瘦而露骨，肥而露肉，不以為佳，瘦不露骨，肥不露肉，乃為尚也。使骨氣瘦峭，加之以沉密雅潤，端莊婉暢，雖瘦而實腴也。體態肥纖，加之以便捷道勁，流麗峻潔，雖肥而實秀也。瘦而腴者，謂之清妙，不清則不妙也。肥而秀者，謂之豐豔，不豐則不豔也。所以飛燕與王嬙齊美，太真與采蘋均麗……臨池之士，進退于肥瘦之間，深造于中和之妙，是猶自狂狷而進中行也，慎毋自暴且棄哉。〔註103〕

2. 〈規矩〉篇以人之外形予人的視覺感受來區辨「美」與「不美」：

> 試以人之形體論之。美丈夫貴有端厚之威儀，高逸之辭氣；美女子尚有貞靜之德性，秀麗之容顏。豈有頭目手足粗邪癩瘇，而可以稱美好者乎？〔註104〕

而將楊秘圖、張汝弼、馬一龍等人的書法，比作「瞽目丐人」說明醜陋的文字形象：

> 後世庸陋無稽之徒，妄作大小不齊之勢，或以一字而包絡數字，或以一傍而攢簇數形，強合鈎連，相排相紐，點畫混沌，突縮突伸，如楊秘圖、張汝弼、馬一龍之流，且自美其名曰梅花體。正如瞽目丐人，爛手折足，繩穿老幼，惡狀醜態，齊唱俚詞，遊行村市也。〔註105〕

〔註102〕陳正治《修辭學》（台北：五南圖書出版，2003年5月），頁12。
〔註103〕（明）項穆《書法雅言‧形質》，項氏家刻本，頁7左半～8右半。
〔註104〕（明）項穆《書法雅言‧規矩》，項氏家刻本，頁16右半。
〔註105〕（明）項穆《書法雅言‧規矩》，項氏家刻本，頁17左半。

3. 〈正奇〉篇言一味炫技求奇，乃「退忠直而進奸雄」之行為，將書寫之形勢風格與人之性情風骨相比擬：

> 臨池之士，每炫技于形勢猛誕之微，不求工于性情骨氣之妙，是猶輕道德而重功利，退忠直而進奸雄也！〔註106〕

又說假若能勤奮踏實的修習書法、涵養技藝，久之自然能寫出渾然天成的美妙書法，猶如天生麗質的西施或王嬙一般，此處雖用古代美人為比喻，然而卻不是只以容貌作膚淺的比喻，而是要強調由某人某物本身所散發出來的氣性之美，無形中對比著書法上刻意誇張矯作的奇炫技法，不過是種虛張聲勢的表象而已：

> 假使雅好之士，留神翰墨，窮搜博究，月習歲勤，分布條理，諳練于胸襟，運用抑揚，精熟于心手，自然意先筆後，妙逸忘情，墨灑神凝，從容中道，此乃天然之巧，自得之能，猶夫西子、毛嬙天姿國色，不施粉黛，輝光動人矣。〔註107〕

4. 〈老少〉篇以「黃髮之彥」和「俊髦之英」比喻書迹的沉穩與利索之別：

> 試以人品喻之，謀猷諳練，學識宏深，必稱黃髮之彥；詞氣清亮，舉動利便，恒數俊髦之英。〔註108〕

5. 〈心相〉篇以不同身分之人，各有與其心性相應之相貌，類比說明書法之字形，也如面相一般，與人之心性相應成形，各自有各自的模樣：

> 試以人品喻之：宰輔則貴有愛君容賢之心，正直忠厚之相。將帥則貴有盡忠立節之心，智勇萬全之相。諫議則貴有正道格君之心，謇諤不阿之相。隱士則貴有樂善無悶之心，遺世仙舉之相。由此例推，儒行也，才子也，佳人也，僧道也，莫不有本來之心、合宜之相者。〔註109〕

6. 〈取捨〉篇則以「東施效顰」來比喻本身缺乏天資，又取捨不當，偏偏挑選「病態」書法加以模仿的學書者，盲目亂學一通，猶如東施弄巧反成拙，導致「醜態」百出的情形：

〔註106〕（明）項穆《書法雅言·正奇》，項氏家刻本，頁21。
〔註107〕（明）項穆《書法雅言·正奇》，項氏家刻本，頁23右半。
〔註108〕（明）項穆《書法雅言·老少》，項氏家刻本，頁26右半。
〔註109〕（明）項穆《書法雅言·心相》，項氏家刻本，頁31。

> 皆緣天資雖勝，學力乃疎，手不從心，藉此掩醜。……夫顰一也，
> 西子以顰而加妍，東施效之而增醜，何哉？西子明眸皓齒，光彩
> 射人，閨情幽怨，痛心攢眉，淒淒楚楚，可憫可憐，是知顰乃其
> 病，非其常也……東施本無麗質，妄自學其愁眉，反見陋媸，殊
> 可憎惡。〔註110〕

此外，項穆批評蘇軾的書法字如「肥豔美婢擅作夫人」，米芾的書法字如「風
流公子染患癲疢」，以此抨擊蘇字的偏側不正之質，米字的病態醜惡之貌，皆
有失端雅高尚的氣質，表達他反對後學將其視為書法師法之典範的思想：

> 蘇似肥豔美婢擅作夫人，舉止邪陋而大足，當令掩口。米若風流公
> 子染患癲疢，馳馬試劍而叫（叫）笑，旁若無人。〔註111〕

7. 〈功序〉篇以五官不端正說明「分布」不均與歃的缺失；以木頭人說
明「規矩」不活與滯的缺失；以醉酒巫風、丐兒村漢說明「作風」狂怪與俗的
缺失：

> 大率書有三戒：初學分布，戒不均與歃；繼知規矩，戒不活與滯；
> 終能純熟，戒狂怪與俗。若不均且歃，如耳目口鼻，開闊長促，邪
> 立偏坐，不端正矣。不活與滯，如土塑木雕，不說不笑，板定固窒，
> 無生氣矣。狂怪與俗，如醉酒巫風，丐兒村漢，胡行亂語，顛仆醜
> 陋矣。〔註112〕

綜觀以上內容，以人作比喻，不外由人外貌體態之美醜以及人氣質秉性
之邪正兩方面加以類比，藉以闡明書迹和書工的好壞，欲意使人透過心中本
有之普世好惡趨向來辨別美善書法之取向，其中人外貌體態之美醜，以趙飛
燕、王嬙、楊貴妃、江采蘋、西施、東施、美女子、美丈夫、瞽目丐人、肥豔
美婢、風流公子、丐兒村漢等人物為比喻，給予人具體化的形象認知；另外，
人氣質秉性之善惡，則用老人、少年、忠直、奸雄、宰輔、將帥、諫議、隱
士、儒行、才子、佳人、僧道等人物氣性，說明人緣於性格特點之差異，其相
貌予人之觀感亦有許多不同，而書迹亦如種種人物之形象，能透顯出外貌的
美醜和內心的邪正。

進一步來說，「人」，有外在的容貌、體格和內在的心態、思想，一個人

〔註110〕（明）項穆《書法雅言・取捨》，項氏家刻本，頁33。
〔註111〕（明）項穆《書法雅言・取捨》，項氏家刻本，頁34左半。
〔註112〕（明）項穆《書法雅言・功序》，項氏家刻本，頁37左半。

的生命樣態，除了與生俱來的條件外，更需有後天的修為來經營、造就，無論是外形管理或智性涵養，雖人人有不同的限制，卻不無可為，於是，人之「選擇與所為」至關重要。或許在項穆的比喻中，「書」亦可同理觀之，「書迹」如「人」，可著形體與心思，一如人之外貌與精神的呈現，而「書工」即個人後天修為，一筆一畫勾勒所形書迹，亦可見知人為之經營。是以，鑑賞「書」與「人」，並非僅以貌取，仍需細察其神情，以「人」言之，貌美而良善，自是上乘；若容貌平平而良善，亦屬可貴美好；假使形容鄙陋而樸拙心純，便覺缺憾可嘆；至於美艷絕倫，卻無知、粗俗或邪佞，則實難稱美；何況是面貌醜怪且心術不正、行事乖張者耶？「書」同此理，可知「心思」、「精神」之純良固當凌於「形貌」美麗之上，作為最根本之核心前提，不宜失卻，否則「美」亦入「魔」。這種以「人」為本，以「人」為徵的思維，與儒家、道家的根本思想頗為一致，也與項穆「人正則書正」的主張緊密相扣，因此助增項穆論理的說服力。

（二）其他比喻

1. 以器皿、居室為喻，說明「合時」之切要：

> 巖搜海釣之夫，每索隱於秦漢；井坐管窺之輩，恒取式于宋、元，太過不及，厥失維均。蓋謂今不及古者，每云今妍古質；以奴書為誚者，自稱獨擅成家。不學古法者，無稽之徒也；專泥上古者，豈從周之士哉！夫夏彝商鼎，已非汙尊坯飲之風；上棟下宇，亦異巢居穴處之俗。生乎三代之世，不為三皇之民，矧夫生今之時，奚必反古之道？是以堯、舜、禹、周，皆聖人也，獨孔子為聖之大成；史、李、蔡、杜，皆書祖也，惟右軍為書之正鵠。〔註113〕（〈古今〉）

2. 以花卉和昆蟲巢穴、宮室、烹飪、音律為喻，說明「規律」、「對稱」、「中和」之美的組構：

> 譬夫桂之四分，梅之五瓣，蘭之孕馥，菊之含叢，芍藥之富豔，芙蕖之燦灼，異形同翠，殊質共芳也。〔註114〕（〈形質〉）
>
> 形象器用，無庸言矣，至于鳥之窠、蜂之窩、蛛之網，莫不圓整而精密也，可以書法之大道，而禽蟲之不若乎？此乃物情，猶有知識

〔註113〕（明）項穆《書法雅言・古今》，項氏家刻本，頁3左半～頁4右半。

〔註114〕（明）項穆《書法雅言・形質》，項氏家刻本，頁8右半。

也，若夫花卉之清豔，藥瓣之疎蕤，莫不圓整而修對焉。使其半而舒，半而欒也，皆瘠蠹之病，豈其本來之質哉？〔註115〕（〈規矩〉）

穹壤之間，莫不有規矩；人心之良，皆好乎中和。宮室，材木之相稱也；烹炙，滋味之相調也；笙簫，音律之相協也，人皆悅之。使其大小之不稱，酸辛之不調，宮商之不協，誰復取之哉？〔註116〕（〈規矩〉）

3. 以兵陣、天候為喻，說明「常變」交迭之奧妙：

夫字猶用兵，同在制勝。兵無常陣，字無定形，臨陣決機，將書審勢，權謀廟算，務在萬全。然陣勢雖變，行伍不可亂也；字形雖變，體格不可踰也。〔註117〕（〈常變〉）

譬之青天白雲，和風清露，朗星皓月，寒雪暑雷，此造化之生機，其常也。迅霆激電，霪雨颶風，夏雹冬雷，揚沙霾霧，此陰陽之殺機，其變也。凡此之類，勢不終朝四時皆然，晦冥無晝矣……信知真、行為書體之常，草法乃一時之變。〔註118〕（〈常變〉）

日月星辰之經緯，寒暑晝夜之代遷，風雷雲雨之聚散，山嶽河海之流峙，非天地之變化乎？高士之振衣長嘯、揮麈談玄，佳人之臨鏡拂花、舞袖流盼，如豔卉之迎風法露，似好鳥之調舌搜翎，千態萬狀，愈出愈奇；更若煙霏（霧）林影，有相難着，潛鱗翔翼，無迹可尋，此萬物之變化也。人之于書，形質法度，端厚和平，參互錯綜，玲瓏飛逸，誠能如是，可以語神矣。〔註119〕（〈神化〉）

4. 以庖丁、琴藝、箭術為喻，說明「得心應手」之境界：

澄心定志，博習專研，字之全形，宛爾在目，筆之妙用，悠焉忘思，自然腕能從臂，指能從心，瀟灑神飛，徘徊翰逸，如庖丁之解牛，掌上之弄丸。執筆者自難揣摩，撫卷者豈能測量哉！〔註120〕（〈神化〉）

〔註115〕（明）項穆《書法雅言・規矩》，項氏家刻本，頁16。
〔註116〕（明）項穆《書法雅言・規矩》，項氏家刻本，頁16右半。
〔註117〕（明）項穆《書法雅言・常變》，項氏家刻本，頁19右半。
〔註118〕（明）項穆《書法雅言・常變》，項氏家刻本，頁19。
〔註119〕（明）項穆《書法雅言・神化》，項氏家刻本，頁28。
〔註120〕（明）項穆《書法雅言・神化》，項氏家刻本，頁29左半。

心與筆俱專，月繼年不厭。譬之撫絃在琴，妙音隨指而發；省括在弩，逸矢應鵠而飛。意在筆前，翰從毫轉。〔註121〕（〈功序〉）

5. 以行走為喻，說明「循序」之理：

若分布少明，即思縱巧，運用不熟，便欲標奇，是未學走而先學趨也。〔註122〕（〈功序〉）

6. 以軍戎為喻，說明「身心手指」與「文房四寶」之角色與功用：

夫身者，元帥也；心者，軍師也；手者，副將也；指者，士卒也。紙者，地形也；筆者，戈戟也；墨者，糧草也；硯者，囊橐也。紙不光細，譬之驍將駿馬，行于荊棘泥濘之場，馳驟當先弗能也。筆不穎健，譬之志奮力壯，手持折缺朽鈍之兵，斬斫擊刺弗能也。墨不精玄，譬之養將練兵，糧草不敷，將有饑色，何以作氣？硯不研蓄，譬之師旅方興，命在餱糧，餒餡乏絕，何以壯威？四者不可廢一，紙筆猶乃居先。〔註123〕（〈器用〉）

黃慶萱認為使用譬喻，「在積極原則上，必須是熟悉的、具體的、富於聯想、切合情境、本體與喻體在本質上不同、新穎的。」〔註124〕陳正治則提出譬喻的原則為「精確、生動、創新、熟悉」四項，其中「生動」講求能凸出事物「特性」；「熟悉」是指要通俗易解、眾人可懂的。根據上述兩人所提出的原則暨前文舉例來探察項穆譬喻法的運用，不難看出他運用了許多日常生活中可見、可知、可感之事物作為旁徵，使人可由自身觀察、感觸去領會其中道理，也使他的思想主張及所言之理客觀化，更加具體、生動、淺顯易懂，具有感染力與說服力。除此之外，也可從中察見項穆能言善道、妙筆生花以及理性有邏輯的思維方式。

二、縱向論說——引用法的運用

所謂縱向論述，是指引用古人觀點，以垂直承繼作縱向延伸的論述方法。從修辭法上來說，就是引用法的運用。

根據陳正治《修辭學》對引用的定義為：「說話或作文，援用已有的成語、俗諺、歌謠、故事或他人言論，以表達思想和情感的修辭法，叫作引用修辭

〔註121〕（明）項穆《書法雅言・功序》，項氏家刻本，頁37右半。
〔註122〕（明）項穆《書法雅言・功序》，項氏家刻本，頁37右半。
〔註123〕（明）項穆《書法雅言・器用》，項氏家刻本，頁39。
〔註124〕陳正治《修辭學》，頁21。

法。」〔註125〕在《書法雅言》中項穆的論述中有許多引用，他透過引用法，多半都在借前人言論進一步提出他個人的見解，也就是項穆的諸多論述是植基於前人思想觀點上去加以闡發新意的。而引用法依形式分可分成明引、暗引、化引三種類型，「明引」為直接道明出處摘錄原文的引用，「暗引」是摘錄原文而未指明出處的引用，「化引」則是對原文有所調整、增刪，變化過的引用。項穆之引用大致可歸納成「明引」和「化引」兩類，以下便摘錄一些書中出現的引用，藉以察看項穆採用引用法的概略情形。

（一）明引

1. 引用柳公權的「心正則筆正」，修改為「人正則書正」，並闡明原因，又引用了《詩經》與《禮記》之言來強調寫書法需秉持的莊重態度：

> 柳公權曰：「心正則筆正」；余則曰：「人正則書正」。〔註126〕（〈書統〉）

> 柳公權曰：「心正則筆正」；余今曰：「人正則書正」。心為人之帥，心正則人正矣；筆為書之充，筆正則書正矣。人由心正，書由筆正，即《詩》云「思無邪」，《禮》云「無不敬」，書法大旨，一語括之矣。〔註127〕（〈心相〉）

2. 引用孔子與孫過庭的話語來強調「中和」與「因時制宜」的主張：

> 宣聖曰：「文質彬彬，然後君子。」孫過庭云：「古不乖時，今不同弊。」審斯二語，與世推移，規矩從心，中和為的。〔註128〕（〈古今〉）

3. 引用孫過庭言及每個人的書法各有形成缺點之弊病所在之語，而項穆則改換說法，自書法特長談論缺失，並闡明用意在於避免「畏難」同時警戒「自矜」，進而能精益求精：

> 孫過庭曰：「矜斂者弊于拘束，脫易者失于規矩，躁勇者過于剽迫，狐疑者溺于滯澀。」此乃舍其所長而指其所短也。夫悟其所短，恒止于苦難；恃其所長，多畫于自滿。孫子因短而攻短，予也就長而刺長。使藝成獨擅，不安于一得之能；學出專門，益進于通

〔註125〕陳正治《修辭學》，頁172。
〔註126〕（明）項穆《書法雅言・書統》，項氏家刻本，頁2右半。
〔註127〕（明）項穆《書法雅言・心相》，項氏家刻本，頁31。
〔註128〕（明）項穆《書法雅言・古今》，項氏家刻本，頁4。

方之妙。〔註129〕（〈辯體〉）

4. 引用中庸「為物不貳，生物不測」及孟子「深造自得，左右逢源」二語，闡述「至誠不貳、深造不息」的練字法門：

> 《中庸》之「為物不貳，生物不測。」《孟子》曰「深造自得，左右逢源。」生也逢也，皆由不貳深造得之。是知書之欲變化也，至誠其志，不息其功，將形著明，動一以貫萬，變而化焉，聖且神矣。〔註130〕（〈神化〉）

5. 引用陸友仁與朱熹對宋代書法名家蔡襄、蘇軾、黃庭堅、米芾等人的評論，提出自己對蘇軾、黃庭堅、米芾幾人書法的看法——病在「學力未下足」而「學入傍流」之弊：

> 陸友仁《研北雜志》云：「蔡君謨摹倣右軍諸帖，形模骨肉，纖悉俱備，莫敢踰軼。至米元章始變其法，超規越矩，雖有生氣而筆法悉絕矣。」予謂君謨之書，宋代巨擘，蘇、黃與米，資近大家，學入傍流，非君謨可同語也。朱晦翁亦謂「字被蘇、黃寫壞」，併「筆法悉絕」之言，兩語皆刻矣。數公亦有筆法，不盡寫壞，體格多有踰越，蓋其學力未能入室之故也。〔註131〕（〈取捨〉）

6. 引用《筆陣圖》對筆墨紙硯的比喻及孫過庭對其內容的評斷，提出喻理不確當，恐非右軍所言的判斷，進因而提出自己的比喻，重新加以論述：

> 《筆陣圖》曰：「紙者，陣也；筆者，刀矟也；墨者，鍪甲也；硯者，城池也。」孫過庭云：「疑是右軍所製，尚可啟發童蒙。常俗所傳，不藉編錄。」又云：「筆勢論十二章，文鄙理疏，意乖言拙，詳其旨趣，殊非右軍。」予觀其論，固難盡宗，摘其數言，不無合旨，孫子外之，斯語苟矣。第陣圖以墨擬之鍪甲，以硯譬之城池，喻失其理，恐亦非右軍也。予試論之，以俟君子。〔註132〕（〈器用〉）

（二）化引

1. 〈書統〉篇言「宰我稱仲尼賢於堯、舜，余則謂逸少兼乎鍾、張。」

〔註129〕（明）項穆《書法雅言・辯體》，項氏家刻本，頁5。
〔註130〕（明）項穆《書法雅言・神化》，項氏家刻本，頁29左半～30右半。
〔註131〕（明）項穆《書法雅言・取捨》，項氏家刻本，頁34左半～35右半。
〔註132〕（明）項穆《書法雅言・器用》，項氏家刻本，頁39右半。

〔註133〕,「子輿距楊、墨于昔,予則放蘇、米于今。」〔註134〕化引〈孟子·公孫丑〉「宰我曰:『以予觀於夫子,賢於堯舜遠矣。』」之言及孟子「距楊、墨」的事蹟,提出自己在書法領域的主張,由儒家統緒的建立史為類比,項穆表明自己欲建立書法之統緒之意。

2.〈辯體〉篇言「第施教者貴因材,自學者先克己。審斯二語,厭倦兩忘。與世推移,量人進退,何慮書體之不中和哉?」〔註135〕化引孔子「因材施教」、「學之不厭、誨人不倦」與顏淵「克己復禮」之典故,說明書法「教」與「學」當秉持之精神態度與原則。

3.〈形質〉篇言「人之所稟,上下不齊,性賦相同,氣習多異,不過曰中行、曰狂、曰狷而已。」〔註136〕化引孔子之語:「不得中行而與之,必也狂、狷乎!狂者進取,狷者有所不為也。」(《論語·子路》),將人之類型直接簡化成「中行」及「狂」、「狷」兩極端三種。

4.〈規矩〉篇言:

> 天圓地方,群類象形,聖人作則,制為規矩。故曰規矩方圓之至,
> 範圍不過、曲成不遺者也。大學之旨,先務修齊正平;皇極之疇,
> 首戒偏側反陂。且帝王之典謨訓誥,聖賢之性道文章,皆託書傳,
> 垂教萬載,所以明彝倫而淑人心也,豈有放僻邪侈,而可以昭蕩平
> 正直之道者乎?〔註137〕

此段化引《大學》明明德之道及《尚書》皇極之疇。《尚書·周書·洪範》中說天帝賜給禹「九疇」(即《洛書》)以治理天下,其中位於九疇中位的第五疇正是「皇極之疇」〔註138〕,「皇極」即指天道,「皇極之疇」談的是人君應遵循之天理王道,所謂天理王道講求平直中正不偏斜,項穆藉「皇極之疇」闡述天道,亦由《洛書》之由來標示文書之功用,隱指書法推源於天,亦當應

〔註133〕(明)項穆《書法雅言·書統》,項氏家刻本,頁1左半。
〔註134〕(明)項穆《書法雅言·書統》,項氏家刻本,頁2左半。
〔註135〕(明)項穆《書法雅言·辯體》,項氏家刻本,頁6。
〔註136〕(明)項穆《書法雅言·形質》,項氏家刻本,頁7右半。
〔註137〕(明)項穆《書法雅言·規矩》,項氏家刻本,頁15右半。
〔註138〕《尚書·虞書·舜典》:「五、皇極:皇建其有極……無偏無陂,遵王之義;無有作好,遵王之道;無有作惡,尊王之路。無偏無黨,王道蕩蕩;無黨無偏,王道平平;無反無側,王道正直。會其有極,歸其有極。曰:皇,極之敷言,是彝是訓,于帝其訓,凡厥庶民,極之敷言,是訓是行,以近天子之光。曰:天子作民父母,以為天下王。」

遵循上天之道，以平直中正不偏斜為其極法。

　　5.〈中和〉篇言：

　　　　中也者，無過不及是也；和也者，無乖無戾是也。然中固不可廢和，
　　　　和亦不可離中，如禮節樂和，本然之體也。禮過于節則嚴矣，樂純
　　　　乎和則淫矣。所以禮尚從容而不迫，樂戒奪倫而皦如。中和一致，
　　　　位育可期，況夫翰墨者哉！〔註139〕

相較項穆對「中和」之解釋與《中庸》所言「喜怒哀樂之未發，謂之中；發而
皆中節，謂之和。中也者，天下之大本也；和也者，天下之達道也。致中和，
天地位焉，萬物育焉。」之定義已有所別，可見闡發的角度不盡相同，其「中」
訓「無過不及是也」與程頤「不偏之謂中」以及朱熹「中者，不偏不倚無過不
及之名」較為統一；其「和」訓「無乖無戾是也」反言之即是「和諧」，他將
「中和」、「禮樂」、「楷草」扣連起來說，談的是「和諧平衡」。他透過對立統
一辯證法來說明不傾於「兩端」方為「中和」，故「致中和」的目標在追求「平
衡」與「和諧」，「過多」、「過少」皆導致失衡，唯有「兼容並蓄」方為削減矛
盾的制衡之理，這是天地運行、萬物生成之常道，項穆認為同樣也是書法應
該遵循之至理。另外，此段內容中「樂戒奪倫而皦如」當是化引了《尚書‧虞
書‧舜典》「八音克諧，無相奪倫，神人以和。」之意於其中，由此足見項穆
對於儒家經書的融會應用。

　　6.〈神化〉篇談及：

　　　　至夫漢《方朔贊》，意涉環（瑰）奇，燕《樂毅論》，情多抑鬱，《修
　　　　禊集敘》，興逸神怡，《私門誓文》，情拘氣塞。此皆相時而動，根乎
　　　　陰陽舒慘之機；從心所欲，溢然關雎哀樂之意。〔註140〕

此段中化引了《左傳‧隱公十一年》：「相時而動，無累後人，可謂知禮矣。」，
《文心雕龍‧物色》：「春秋代序，陰陽慘舒，物色之動，心亦搖焉。」，《論
語‧為政》：「七十而從心所欲，不踰矩。」及《論語‧八佾》子曰：「〈關雎〉，
樂而不淫，哀而不傷。」等語，說明書法之作乃隨時空心境而有各種不同的
情感表達，然而，無論喜怒哀樂，都應該適可而止，不逾節度，才是恰當的抒
發而非放蕩弛縱。由此可見在項穆的認知裡，書法中雖然可以富有各種情緒
成分，但卻必須是符合情理的，過度放縱地恣意妄為或刻意誇大乖張的行徑，

〔註139〕（明）項穆《書法雅言‧中和》，項氏家刻本，頁24。
〔註140〕（明）項穆《書法雅言‧神化》，項氏家刻本，頁29右半。

就是失禮失據失卻法度了。

7. 〈心相〉篇闡發「誠意」、「致知」、「格物」皆須由「心」出發產生作用：

> 所謂誠意者，即以此心端己澄神，勿虛勿貳也。致知者，即以此心審其得失，明乎取舍也。格物者，即以此心博習精察，不自專用也。正心之外，豈更有說哉！〔註141〕

此乃化引自《大學》「欲脩其身者，先正其心；欲正其心者，先誠其意；欲誠其意者，先致其知；致知在格物。」之語。然而《大學》所言以「格物」為先，而後「致知」，「致知」而後「誠意」，「誠意」而後「正心」，而項穆所言則是「正心」之後方以心「格物」、「致知」、「誠意」，即要以心「博習精察」，以心「審其得失，明乎取舍」，以心「端己澄神」。故「心」為驅動一切思慮運行的主宰，是由內而外、審察修己的過程，與《大學》由外而內的啟迪恰好是相反的，而與王陽明「心之良知、良能」則更為同調。因此舉凡「博學、審問、慎思、明辨、篤行」皆須以「心」為主腦，有「心」的參與才能聯繫內外，貫通並實踐天人之道。若由此析解項穆的論述，則可見其思想蘊含著「心學」、「理學」和修身以求「道」為核心的精神宗旨。

由以上《書法雅言》中引用法的歸納，可粗略瞭解項穆對引用法的應用情形，他引用之內容的來源可概分成兩類：一是與書法相關的前人論述，如：柳公權、孫過庭、陸友仁、朱熹、《筆陣圖》等；另一是引用儒家經典，四書五經之內容，如：《詩經》、《尚書》、《禮記》、《左傳》、《論語》、《孟子》、《大學》、《中庸》，或許也正是因為書中充斥著四書五經之用語而使《書法雅言》蘊含了濃厚的儒家氣息，進而讓人留下一些刻板印象。

然而，在這些引用中，項穆並非純然因襲前人之說，而是在前人的論述基礎上提出個人新解，別出新裁地融會出自己的一番見地。可是因為化用了許多四書五經之詞彙，所以看似迂儒食古不化，但實際上卻也並非那麼一回事，明面上乍看之下，確實處處漫布著儒家的影跡，但若仔細深究便會發現實際上有許多他個人的解釋和理論，與原文之內涵並不完全一致，這是有待探索的。

另外，引用法在這本書中也構成了一種寫作特點。黃慶萱說：「引用是一

〔註141〕（明）項穆《書法雅言・心相》，項氏家刻本，頁 32。

種訴之於權威或訴之於大眾的修辭法」〔註142〕陳正治說引用「可以使要表達的語文精鍊」〔註143〕,「古時候留下來的成語、諺語、名句……等等,都是文化的結晶,富有豐富的內涵」〔註144〕還談到引用若能注意到語義的推陳出新,在新舊融會中,產生新意,能達到這樣的境界,也就是創新的引用。如此說來,項穆善用引用法,一方面可借重文化的精華,訴諸大眾權威力量,強大自己的論述,並獲取群眾的初步認可;一方面奠基於前人已有之說法去延伸自己的理論觀點,便不是無中生有,除了豐厚論據之外,還能藉以鞏固論述的基本地位,所以引用法對於《書法雅言》說服世人接受項穆之論點的功用上,自然有其不容置疑的文化思想和社會認同的力量,於此同時,也形成了一種顯而易見的寫作風格。

第四節　鏗鏘有力的語言形式

第三節討論了譬喻法和引用法在《書法雅言》中的使用,在論述上產生的風格特色,這一節將著重於語言形式上的特點來探討。所謂語言形式上的特點,強調的是句法結構上的特徵,這部分包含了類疊、排比、對偶、映襯、層遞和設問等六種句式的運用,企望透過對文章句式的觀察,可以得知句法的經營之於項穆的論說產生了什麼樣的效用,形成什麼樣的作品風貌,以便於具體暸解《書法雅言》的寫作風格。

一、運用排比類疊舉例,氣勢恢弘

關於排比法與類疊法的定義,所謂排比法,據陳正治《修辭學》引《漢語修辭格大辭典》對排比法下的定義是:

> 用三個或三個以上結構相同或相似,語氣一致的詞組或句子,以表達相關的內容。〔註145〕

而類疊修辭法的名稱是黃慶萱提出的,所以陳正治根據黃慶萱的說法補充說明類疊法的定義為:

> 黃慶萱說:「同一個字詞語句,接二連三地使用著,叫做『類疊』」

〔註142〕陳正治《修辭學》,頁 173。
〔註143〕陳正治《修辭學》,頁 173。
〔註144〕陳正治《修辭學》,頁 174。
〔註145〕陳正治《修辭學》,頁 242。

這兒同一個字詞語句，接二連三地使用著，指的是相同的字詞語句，可以重疊使用，也可以隔離使用。〔註146〕

排比法應用一連串內容相關、結構相同或相似、語氣相似的語句表達，因而造成排山倒海的震撼效果，增強語文氣勢，一方面形成形式上的視覺效果，一方面也使語言富有節奏之美。類疊法則是由於相同的字詞語句反復出現於行文中，產生強調作用，使某種思想或情感被凸顯出來；同時也能貫串全篇文意，互相呼應，產生繫連作用；另外，相同字詞語句的聲調重複，形成相同的旋律節奏，於是構成反復詠嘆的音韻之美。

以下便列舉數個《書法雅言》中運用排比法與類疊法之內容作為觀察範例。此處引用原文內容將依句式異同加以分行切斷，以利於觀察排比的句法結構，若有一段中有數個例子，則在分行外另加不同底線加以區分，底線相同者為同一組，不同組以分行和不同底線區別；類疊部分則加網底或方框來標顯。

（一）排比修辭法

例1.

第唐賢求之筋力軌度，其過也嚴而謹矣。

宋賢求之意氣精神，其過也縱而肆矣。

元賢求性情體態，其過也溫而柔矣。〔註147〕（〈書統〉）

例2.

故心之所發，蘊之為道德，顯之為經綸，樹之為勳猷，立之為節操，宣之為文章，運之為字蹟……

夫人之性情，剛柔殊稟；手之運用，乖合互形。

謹守者拘斂襟懷，縱逸者度越典則；

速勁者驚急無蘊，遲重者怯鬱不飛；

簡峻者挺倔鮮遒，嚴密者緊實寡逸；

溫潤者妍媚少節，標險者彫繪太苛；

雄偉者固愧容夷，婉暢者又慚端厚；

莊質者蓋嫌魯朴，流麗者復過浮華；

駿動者似欠精深，纖茂者尚多散緩；

〔註146〕陳正治《修辭學》，頁257。

〔註147〕（明）項穆《書法雅言・書統》，項氏家刻本，頁1左半。

爽健者涉茲剽勇，穩熟者缺彼新奇。

此皆因夫性之所偏，而成其資之所近也。

他若偏泥古體者，蹇鈍之迂儒；

自用為家者，庸僻之俗吏；

任筆驟馳者，輕率而踰律；

臨池猶豫者，矜持而傷神；

專尚清勁者，枯峭而罕姿；

獨工豐豔者，濃鮮而乏骨。　此又偏好任情，甘于暴棄者也。

〔註148〕（〈辯體〉）

例3.

正宗尚矣，大家其博，名家其專乎，正源其謹，傍流其肆乎！〔註149〕

（〈品格〉）

例4.

所云草體，有別法焉。

撥鐙提捺，真、行相通；留放鈎環，勢態迴異。

旋轉圓暢，屈折便險；

點綴精彩，挑豎枯勁。

波趯耿決，飛度飄颺；

流注盤紆，駐引窈繞。

頓之以沉鬱，奮之以奔馳，奕之以翩躚，激之以峭拔。

或如篆籀，或如古隸，或如急就，或如飛白。又若

眾獸駭首而還睇，羣鳥舉翅而欲翔，猿猴騰挂乎藂林，蛟龍蟠蜿于

山澤。

隨形而綽其態，審勢而揚其威。每筆皆成其形，兩字各異其體。

草書之妙，畢于斯矣。〔註150〕（〈常變〉）

例5.

日月星辰之經緯，寒暑晝夜之代遷，風雲雷雨之聚散，山嶽河海之

流峙，非天地之變化乎？……

〔註148〕（明）項穆《書法雅言・辯體》，項氏家刻本，頁5～ 6右半。

〔註149〕（明）項穆《書法雅言・品格》，項氏家刻本，頁10右半。

〔註150〕（明）項穆《書法雅言・常變》，項氏家刻本，頁19左半～20右半。

鄉黨之恂恂，<u>在朝之侃侃</u>，<u>執圭之踧踖</u>，<u>私覿之怡怡</u>，

于魯而章甫，適宋而逢掖。〔註151〕（〈神化〉）

例6.

如<u>桓溫之豪悍</u>，<u>王敦之揚厲</u>，<u>安石之躁率</u>……

他如<u>李邕之挺竦</u>，<u>蘇軾之肥軟</u>，<u>米芾之努肆</u>……

至于<u>褚遂良之遒勁</u>，<u>顏真卿之端厚</u>，<u>柳公權之莊嚴</u>……〔註152〕（〈心相〉）

例7.

逸少一出，會通古今，書法集成，模楷大定。自是而下，優劣互差。

試舉顯名今世、遺跡僅存者，拔其美善，指其瑕疵……

智永、世南，得其寬和之量而少俊邁之奇。

歐陽詢得其秀勁之骨而乏溫潤之容。

褚遂良得其鬱壯之筋而鮮安閒之度。

李邕得其豪挺之氣而失之竦窘。

顏、柳得其莊毅之操而失之魯獷。

旭、素得其超逸之興而失之驚怪。

陸、徐得其恭儉之體而失之頹拘。

過庭得其逍遙之趣而失之險散。

蔡襄得其密厚之貌，庭堅得其提齛之法，孟頫得其溫雅之態。〔註153〕

（〈取捨〉）

（二）類疊修辭法

例1.

河馬負圖，洛龜呈書，此天地開文字也。

羲畫八卦，文列六爻，此聖王啟文字也。〔註154〕（〈書統〉）

例2.

人之所稟，上下不齊，性賦相同，氣習多異，不過曰中行、曰狂、

〔註151〕（明）項穆《書法雅言·神化》，項氏家刻本，頁28～29右半。

〔註152〕（明）項穆《書法雅言·心相》，項氏家刻本，頁31左半～32右半。

〔註153〕（明）項穆《書法雅言·取捨》，項氏家刻本，頁33左半～34右半。

〔註154〕（明）項穆《書法雅言·書統》，項氏家刻本，頁1右半。

曰狷而已。所以人之于書，得心應手，千形萬狀，不過曰中和、曰肥、曰瘦而已。〔註155〕（〈形質〉）

例 3.

書有體格，非學弗知。

若學優而資劣，作字雖工，盈虛舒慘、迴互飛騰之妙用弗得也。

書有神氣，非資弗明。

若資邁而學疎，筆勢雖雄，鈎揭導送、提搶截拽之權度弗熟也。

〔註156〕（〈資學〉）

例 4.

圓為規以象天，方為矩以象地，方圓互用，猶陰陽互藏。

所以用筆貴圓，字形貴方，既曰規矩，又曰之至，

是圓乃神圓，不可滯也，方乃通方，不可執也。〔註157〕（〈規矩〉）

例 5.

書有性情，即筋力之屬也；言乎形質，即標格之類也。〔註158〕（〈中和〉）

例 6.

故曰由象識心，徇象喪心；象不可著，心不可離。

未書之前，定志以帥其氣；將書之際，養氣以充其志。

勿忘勿助，由勉入安，斯于書也無間然矣。〔註159〕（〈神化〉）

例 7.

第昔賢遺範，優劣紛紜，倣之貴似，審之尚精。

倣之不似，來續尾之譏；審之弗精，啟叩頭之誚。

舍其所短，取其所長，始自平整而追秀拔，終自險絕而歸中和。

〔註160〕（〈功序〉）

通過以上舉例，便可察見排比與類疊有某些重合相似之處，類疊是相同字詞重複出現，排比是相同句型連續套用，其差別主要在於排比需至少有三

〔註155〕（明）項穆《書法雅言・形質》，項氏家刻本，頁7。

〔註156〕（明）項穆《書法雅言・資學》，項氏家刻本，頁11右半。

〔註157〕（明）項穆《書法雅言・規矩》，項氏家刻本，頁17右半。

〔註158〕（明）項穆《書法雅言・中和》，項氏家刻本，頁24右半。

〔註159〕（明）項穆《書法雅言・神化》，項氏家刻本，頁30。

〔註160〕（明）項穆《書法雅言・功序》，項氏家刻本，頁37右半。

句相似句。而這兩種修辭結構，由於字詞句式的相似，使變化中有統一，統一中有變化，所以形成音韻上的複沓而富有節奏之美，除此之外，連續相同的句法，予人滔滔不絕、傾瀉而出的恢弘氣勢，聲勢之浩大強勁讓人無法攔截阻擋，猶如萬馬奔騰、千軍擁沓，是以雷霆萬鈞、前呼後應的論述力量便油然而生。

二、運用對偶映襯立說，鮮明整齊

　　《書法雅言》一書的寫作方式，基本上本就多為四六句的駢體文結構，而駢體文的特點之一，便是多對偶句。「對偶」一般多用於詩文中，是講求形式整齊、優美對稱的一種修辭法，根據曹毓生的說法：「在修辭上，把兩個結構相同或相近，字數大體相同，意義相近、相反或相連的詞組、句子並列在一起，使它們成雙成對，就叫做對偶。」〔註161〕其定義可寬可嚴，「寬的指上下兩句，字數相等、句法相似；嚴的再加上詞性一致，平仄相對。」〔註162〕而映襯修辭法，根據黃慶萱的說法是：「在語文中，把兩種不同的，特別是相反的觀念或事實，對列起來，兩相比較，從而使語氣增強，使意義顯明的修辭方法。」〔註163〕，要而言之，對偶著重字詞整齊成雙成對，映襯強調字詞意義相反對立，此處之所以將兩者放在一起論述的原因，乃因為《書法雅言》中的例證，映襯時常在駢文的對偶句型中表現，故而兩者之特點也結合於一體中，在句法結構中產生部分不同的關聯作用。以下將舉例察看，同樣依句式加以分行切斷，以利於觀察對列的句法結構，而映襯的部分則加網底予以標顯。

（一）對偶修辭法

例1. 一組隔句對〔註164〕

　　取舍諸篇，不無商、韓之刻；

　　心相等論，實同孔、孟之思。〔註165〕（〈書統〉）

〔註161〕轉引自陳正治《修辭學》，頁226。

〔註162〕參見陳正治《修辭學》，頁226。

〔註163〕參見陳正治《修辭學》，頁59。

〔註164〕隔句對：「隔句對」也就是「偶對」，指的是相對的偶句裡，第一句跟第三句對，第二句跟第四句對。參見陳正治《修辭學》，頁233。

〔註165〕（明）項穆《書法雅言・書統》，項氏家刻本，頁2。

例2. 兩組隔句對，一組句中對〔註166〕

<u>嚴搜海釣之夫，每索隱於秦、漢</u>；<u>井坐管窺之輩，恒取式于宋、元</u>1，<u>太過不及</u>2，厥失維均。……

<u>不學古法者，無稽之徒也</u>；<u>專泥上古者，豈從周之士哉</u>3！〔註167〕（〈古今〉）

例3. 兩組長對〔註168〕，一組單句對〔註169〕

所謂正者，偃仰頓挫，揭按照應，筋骨咸儀，確有節制是也。

所謂奇者，參差起復，騰凌射空，風情姿態，巧妙多端是也。1

<u>奇即運于正之內</u>，<u>正即列于奇之中</u>2。〔註170〕（〈奇正〉）

所謂老者，結構精密，體裁高古，巖岫聳峰，旌旗列陣是也。

所謂少者，氣體充和，標格雅秀，百般滋味，千種風流是也。3〔註171〕（〈老少〉）

例4. 兩組單句對，一組隔句對

<u>約本其由</u>，<u>深探其旨</u>1，不過曰<u>相時而動</u>、<u>從心所欲</u>2云爾……

<u>相時而動，或知其情</u>；<u>從心所欲，鮮悟其理</u>3。〔註172〕（〈神化〉）

例5. 一組長對

蘇之點畫雄勁，米之氣勢超動，是其長也。

蘇之濃筆棱側，米之猛放驕溢，是其短也。〔註173〕（〈取捨〉）

例6. 三組單句對

<u>擬形于雲石</u>，<u>譬象于龍蛇</u>，1

<u>外狀其浮華</u>，<u>內迷其實理</u>2……

〔註166〕句中對：「句中對」也就是「當句對」，指的是一個句子中，兩個詞語的自相成對。參見陳正治《修辭學》，頁230。

〔註167〕（明）項穆《書法雅言·古今》，項氏家刻本，頁四右半。

〔註168〕長對：「長偶對」也就是「長對」，指的是上下語句，各有三句或三句以上而相對。參見陳正治《修辭學》，頁235。

〔註169〕單句對：「單句對」指的是上下句中，上一個單句跟下一個單句相對。參見陳正治《修辭學》，頁231。

〔註170〕（明）項穆《書法雅言·奇正》，項氏家刻本，頁21右半。

〔註171〕（明）項穆《書法雅言·老少》，項氏家刻本，頁26右半。

〔註172〕（明）項穆《書法雅言·神化》，項氏家刻本，頁28左半～29右半。

〔註173〕（明）項穆《書法雅言·取捨》，項氏家刻本，頁33右半。

豈知王道本無近功，成書亦非歲月哉₃！〔註174〕（〈功序〉）

例7. 三組單句對，一組隔句對

至於昏憒應聲之流，妄傲無稽之輩₁……筆纏歲月，塗描點畫，茫焉未曉。

設會神通佳跡，每嗟精妙無奇，

或經邪俗偽書，反嘆誤愆多勝。₂

此謂吠日吠雪，駭羼駭龍₃，

考索拘乎淺陋，好惡任彼偏私₄，

先有成心，將何定見，不若村野愚氓，反有公論也。〔註175〕（〈知識〉）

（二）映襯修辭法

例1.

夫悟其所短，恒止于苦難；恃其所長，多盡于自滿。

孫子因短而攻短，予也就長而刺長。〔註176〕（〈辯體〉）

例2.

若專尚清勁，偏乎瘦矣，瘦則骨氣易勁，而體態多瘠。

獨工豐豔，偏乎肥矣，肥則體態常妍，而骨氣每弱。

猶人之論相者，

瘦而露骨，肥而露肉，不以為佳，

瘦不露骨，肥不露肉，乃為尚也。

使骨氣瘦峭，加之以沉密雅潤，端莊婉暢，雖瘦而實腴也。

體態肥纖，加之以便捷道勁，流麗峻潔，雖肥而實秀也。

瘦而腴者，謂之清妙，不清則不妙也。

肥而秀者，謂之豐豔，不豐則不豔也。〔註177〕（〈形質〉）

例3.

書之法則，點畫攸同；形之楮墨，性情各異……

資過乎學，每失顛狂；學過乎資，猶存規矩。

〔註174〕 （明）項穆《書法雅言·功序》，項氏家刻本，頁36右半。
〔註175〕 （明）項穆《書法雅言·知識》，項氏家刻本，頁42左半。
〔註176〕 （明）項穆《書法雅言·辯體》，項氏家刻本，頁5左半。
〔註177〕 （明）項穆《書法雅言·形質》，項氏家刻本，頁7左半～頁8右半。

資不可少，學乃居先。古人云：蓋有學而不能，未有不學而能者也。

然而學可勉也，資不可強也。〔註178〕（〈資學〉）

例4.

夫自周以後，由漢以前，篆隸居多，楷式猶罕。

真、章、行、草，趨吏適時，姑略上古，且詳今焉。〔註179〕（〈資學附評〉）

例5.

字者，孳也；書者，心也。字雖有象，妙出無為；心雖無形，用從有主。

初學條理，必有所事，因象而求意；

終及通會，行所無事，得意而忘象。〔註180〕（〈神化〉）

例6.

真以方正為體，圓奇為用；

草以圓奇為體，方正為用。

真則端楷為本，作者不易速工；

草則簡縱居多，見者亦難便曉……

使楷與行真而偏，不拘鈍即稜峭矣；

行草與草而偏，不寒俗即放誕矣。〔註181〕（〈中和〉）

例7.

嗟哉！能書者固絕真手，善鑒者甚罕真眼也。

學書者不可視之為易，不可視之為難。

易則忽而怠心生，難則畏而止心起矣。

鑒書者不可求之淺，不可求之深。

淺則涉略汎觀而不究其妙，深則吹毛索瘢而反過於譎矣。〔註182〕（〈知識〉）

《書法雅言》中，對偶的例子俯拾即是，不勝枚舉，藉由以上舉例，便可知項穆所用的對偶類型，有單句對、隔句對及長對，另外也有像「致中極

〔註178〕（明）項穆《書法雅言・資學》，項氏家刻本，頁11。
〔註179〕（明）項穆《書法雅言・資學附評》，項氏家刻本，頁12右半。
〔註180〕（明）項穆《書法雅言・神化》，項氏家刻本，頁30右半。
〔註181〕（明）項穆《書法雅言・中和》，項氏家刻本，頁24。
〔註182〕（明）項穆《書法雅言・知識》，項氏家刻本，頁41右半。

和」、「均齊方正」這類的句中對，可見他在對偶的使用上非常之多。至於映襯，則是兩方對襯、一方雙襯與正襯、反襯同時交錯混用，其中如「真則端楷為本，作者不易速工；草則簡縱居多，見者亦難便曉。」為兩方對襯；「瘦則骨氣易勁，而體態多瘠」為一方雙襯；「能書者固絕真手，善鑒者甚罕真眼也」為正襯；「雖瘦而實腴也」為反襯，可見他在映襯的運用上亦非常極致。

從對偶與映襯的運用中，也清楚展示了項穆在寫法上的經營方式——對偶句法本就注重整齊精練，井井有條，講求對稱，形式優美，音韻協調；再輔以映襯法之正反烘托，使對比鮮明，差異顯著，而凸出了語意，增強說服力，於是這些特點便充分展現在《書法雅言》一書中，成為其寫作上的特色。此外，在翻來覆去的比較中交互辨析，同時琢磨出中和之道便是「正反俱存」與「平衡調和」，經此察探發現，他的思想宗旨，隱然亦在他的創作筆法中有所實踐。

三、運用層遞排序列等，層次分明

所謂層遞修辭法，是指「說話或寫作，表達某個意思的時候，把三個或三個以上的事物，依照大小、高低、輕重、本末等等次序遞升或遞降關係排列出來，就是層遞修辭法。」〔註183〕層遞法講求順序，與排比法不同之處，在於所提出的事物，必須要遵守特定的先後秩序，產生階梯式遞升、遞降的形式，不可任意更動位置，因此所言之事物本身必須具有內在的邏輯關係，而這種關係就是由不同層次上的差異來構成。以下便舉《書法雅言》中相關的例證來做觀察，並以網底標示不同層次之關鍵字詞：

例1.

正書法，所以正人心也；正人心，所以閑聖道也。〔註184〕（〈書統〉）

由「正書法」至「正人心」至「閑聖道」，乃由事進道，由表入裡，由淺近而深遠。

例2.

夫質分高下，未必群妙攸歸；功有淺深，詎能美善咸盡？因人而各造其成，就書而分論其等，擅長殊技，署有五焉。一曰正宗，二曰大家，三曰名家，四曰正源，五曰傍流。並列精鑒，優劣定矣……

〔註183〕陳正治《修辭學》，頁276。
〔註184〕（明）項穆《書法雅言·書統》，項氏家刻本，頁2左半。

夫正宗尚矣，大家其博，名家其專乎，正源其謹，傍流其肆乎！欲其博也先專，與其肆也寧謹。由謹而專，自專而博。〔註185〕（〈品格〉）

以「正宗」、「大家」、「名家」、「正源」、「傍流」為高低順序，又依據前敘五者提出「博」、「專」、「謹」、「肆」之分次差別，將質與功之高下深淺，由優而劣分出等第來。

例3.

玄鑒之士，求老于典則之間，探少于神情之內。

若其規模宏遠，意思窈窕，抑揚旋折，恬曠雍容，無老無少，難乎名狀，如天仙玉女，不能辯其春秋，此乘之上也。

初視雖少，細觀宲老，丰采秀潤，結束巍峨，引拂輕颺，氣度凜毅，世所謂少年老成，乘之次也。

鱗羽參差，峯巒掩映，提撥飛健，縈紆委婉，眾體異勢，各字成形，乃如一堂之中，老少羣聚，則又次焉。

筋力雄壯，骨氣峻潔，劍拔弩張，熊蹲虎踞，祇見其老，不見其少，有若師儒壽者，正色難犯，又其次焉。

燦爛似錦，豔麗如花，初視彩煥，詳觀散怯，正如平時誇伐，自稱弘濟，一遇艱大，節義遂虧，抑又其次矣。

夫任筆成形，聚墨為勢，漫作偏欹之相，妄呈險放之姿，疏縱無歸，輕浮鮮着，風斯下矣，復何齒哉！〔註186〕（〈老少〉）

將「老」、「少」在書法中表現的情況，自對筆法掌握的凝鍊流暢與否，由上品至下品分為六個層次，分別為「無老無少，難乎名狀」、「初視雖少，細觀宲老」、「一堂之中，老少群聚」、「祇見其老，不見其少」、「初視彩煥，詳觀散怯」、「偏欹、險放、疏縱、輕浮」六個品級。第一節曾提到筆者將項穆所謂的「老」與「少」理解為線條筆畫在「靜態力度」與「動態流線」兩方面給人的形象感受。其中「老」是檢視筆法嫻熟、穩健、準確及筋力如何的向度，彰顯的是沉著平靜的智慮；「少」是檢視用筆的俐落、輕盈、流暢及明快與否的向度，展露的是飛揚靈動的活力，書家對此兩者的掌控程度愈高、愈熟稔自如、書迹愈能流露自然，其書法功力無疑愈是高超。

〔註185〕（明）項穆《書法雅言‧品格》，項氏家刻本，頁9左半～頁10右半。
〔註186〕（明）項穆《書法雅言‧老少》，項氏家刻本，頁26左半～27右半。

例 4.

法書仙手，致中極和，可以發天地之玄微，宣道義之蘊奧，繼往聖之絕學，開後覺之良心，功將禮樂同休，名與日月並曜。〔註187〕（〈神化〉）

以「發天地之玄微」、「宣道義之蘊奧」、「繼往聖之絕學」、「開後覺之良心」為次，由玄微奧義至絕學良心，由天地至理至個人心性，由客體至主體，說明「法書仙手」弘大精深、由大而小無所不包的層次。

例 5.

初學之士，先立大體，橫直安置，對待布白，務求其均齊方正矣。

然後定其筋骨，向背往還，開合連絡，務求雄健貫通也。

次又尊其威儀，疾徐進退，俯仰屈伸，務求端莊溫雅也。

然後審其神情，戰蹙單疊，迴帶翻藏，機軸圓融，風度灑落，或字餘而勢盡，或筆斷而意連，平順而凜鋒芒，健勁而泯圭角，引伸而觸類，書之能事畢矣。〔註188〕（〈功序〉）

談初學者學書法之次序為：「先立大體」、「然後定其筋骨」、「次又尊其威儀」、「然後審其神情」，由分布定位至筆法掌握，始自「形體」終至「精神」，將書法學習次第與境界列出階段性的精進目標。

例 6.

姑以鑒書之法照後賢焉。

大要開卷之初，猶高人君子之遠來，遙而望之，標格威儀，清秀端偉，飄颻若神仙，魁梧如尊貴矣。及其入門，近而察之，氣體充和，容止雍穆，厚德若虛愚，威重如山嶽矣。迨其在席，器宇恢乎有容，辭氣溢然傾聽，挫之不怒，惕之不驚，誘之不移，陵之不屈，道氣德輝，藹然服眾，令人鄙吝自消矣。〔註189〕（〈知識〉）

談鑑賞書法之道，如高人君子之「遠來」、「入門」、「在席」三種視角，由遠而近，如視君子之威儀、容止、言談，以視書法之標格、體氣、情韻，由外而內，由概略至細膩，由形入情，品味書道之奧蘊。

〔註187〕 （明）項穆《書法雅言·神化》，項氏家刻本，頁30左半。

〔註188〕 （明）項穆《書法雅言·功序》，項氏家刻本，頁36。

〔註189〕 （明）項穆《書法雅言·知識》，項氏家刻本，頁41。

例 7.

> 景濂、有貞，仲珩、伯虎，<mark>僅接元蹤</mark>；
>
> 伯琦、應禎，孟舉、原博，<mark>稍知唐、宋</mark>。
>
> 希哲、存禮，資學相等，初<mark>範晉唐</mark>，晚歸怪俗，競為惡態，駭諸凡
>
> 夫。所謂居夏而變夷，棄陳而學許者也。然<mark>令後學知宗晉唐</mark>，其功
>
> 豈少補邪。〔註 190〕（〈資學附評〉）

談明代書家師法標的的選擇，由「僅接元蹤」、「稍知唐、宋」、「範晉唐」
及「令後學知宗晉唐」，知項穆以「晉唐」為優，故時代以近溯前，標的由狹
而寬，書功由淺薄漸至深厚，區分出學習對象與選擇的優劣高下。

層遞修辭法運用在寫作上，可以使敘述條理分明，其層層遞進的論述，
不但井然有序、有條不紊，在形式上別具秩序美之外，還能逐步深化義理，
使內容更豐厚淵博，提升內蘊。不僅如此，層遞修辭之運用還有一個最大的
特點，在層次的區隔，透過層次，來說明表裡、內外、深淺、高下、優劣……
等等，由此形成比較，讓人擴大認知，而能辨識程度、等級、好壞之差異，進
而提昇追求的境界，不自囿限於粗淺的井蛙豆見，或許這就是項穆亟欲提升
大眾書法涵養的一種宣揚手法。

四、運用設問語句反詰，引導思考

所謂設問修辭法，依據董季棠的說法是「作者想要表達的意思，不作普
通的敘述，而用詢問的口氣顯示，使文章激起波瀾，讓讀者格外注意。這種
修辭法叫做設問。」〔註 191〕設問可分為三種：一是有問有答的提問，二是有
問無答的懸問，三是有問無答，但答案已擺明在問題反面的激問，激問即反
詰語。而項穆在設問法的使用上偏重於激問法，提問只有零星幾個，懸問則
少之又少，以下整理出一些《書法雅言》中的設問句法，並以底線或網底加
以標示，藉以進一步觀察項穆運用設問修辭法的概況。

（一）懸問

例 1.

> 我　明肇運，尚襲元規，豐、祝、文、姚，竊追唐躅，上宗逸少，

〔註 190〕（明）項穆《書法雅言‧資學附評》，項氏家刻本，頁 14 右半。
〔註 191〕陳正治《修辭學》，頁 40。

大都畏難。夫堯舜人皆可為，翰墨何畏于彼？〔註192〕（〈書統〉）

（二）提問

例 1.

書之法則，點畫攸同；形之楮墨，性情各異。猶同源分派、共樹殊枝者，何哉？資分高下，學別淺深。〔註193〕（〈資學〉）

例 2.

好奇之說，伊誰始哉？伯英急就，元章（章當作常）楷跡，去古未遠，猶有分隸餘風。逸少一出，揖讓禮樂，森嚴有法，神彩攸煥，正奇混成也。子敬始和父韻，後宗伯英，風神散逸，爽朗多姿。梁武稱其絕妙超群，譽之浮實；文皇目以拘攣餓隸，貶之太深。孫過庭曰「子敬以下，鼓努為力，標置成體，工用不侔，神情懸隔。」斯論得之。書至子敬，尚奇之門開矣。〔註194〕（〈正奇〉）

例 3.

評鑒書蹟，要訣何存？溫而厲，威而不猛，恭而安。宣尼德性，氣質渾然，中和氣象也。執此以觀人，味此以自學，善書善鑑，具得之矣。〔註195〕（〈知識〉）

例 4.

宣尼疾固，規矩諸說無乃固乎？古人有缺波折刀之形，畫沙印泥之勢，無乃越於規矩之外哉？……譬之青天白雲，和風清露，朗星皓月，寒雪暑雷，此造化之生機，其常也。迅霆激電，霪雨颶風，夏雹冬雷，揚沙霾霧，此陰陽之殺機，其變也。〔註196〕（〈常變〉）

（三）激問

（1）然書之作也，帝王之經綸，聖賢之學術，至于玄文內典，百氏九流，詩歌之勸懲，碑銘之訓戒，不由斯字，何以紀辭？……六經非心學乎？傳經非六書乎？〔註197〕（〈書統〉）

〔註192〕（明）項穆《書法雅言·書統》，項氏家刻本，頁1左半～頁2右半。
〔註193〕（明）項穆《書法雅言·資學》，項氏家刻本，頁11右半。
〔註194〕（明）項穆《書法雅言·正奇》，項氏家刻本，頁21左半。
〔註195〕（明）項穆《書法雅言·知識》，項氏家刻本，頁42左半。
〔註196〕（明）項穆《書法雅言·常變》，項氏家刻本，頁19右半。
〔註197〕（明）項穆《書法雅言·書統》，項氏家刻本，頁2左半。

（2）第施教者貴因材，自學者先克己。審斯二語，厭倦兩忘。與世推移，量人進退，**何慮書體之不中和哉**？〔註198〕（〈辯體〉）

（3）夫質分高下，未必羣妙攸歸；**功有淺深，詎能美善咸盡**？〔註199〕（〈品格〉）

（4）且帝王之典謨訓誥，聖賢之性道文章，皆託書傳，垂教萬載，所以明彝倫而淑人心也，**豈有放僻邪侈，而可以昭蕩平正直之道者乎**？古今論書，獨推兩晉，然晉人風氣，疏宕不羈。右軍多優，體裁獨妙。書不入晉，固非上流；**法不宗王，詎稱逸品**？〔註200〕（〈規矩〉）

（5）所以脫巾跣足，大笑狂歌，園林丘壑，知己相逢，飲酒翫花，或可乃爾。如君親侍從之前，大賓臨祭之日，**豈容狂放恣肆若此乎**？……至于行草，則復兼之，齟挫行藏，緩急措置，損益于真、草之間，**會通于意態之際，奚慮不臻其妙哉**！〔註201〕（〈常變〉）

（6）**何事求奇于意外之筆，後垂超世之聲哉**！〔註202〕（〈正奇〉）

（7）主善以為師，**寧非步王之階梯哉**！〔註203〕（〈中和〉）

（8）世之論神化者，徒指體勢之異常，豪端之奮筆，同聲而贊賞之，**所識何淺陋哉**！〔註204〕（〈神化〉）

（9）臨擬之士，取長舍短，**豈非善學者哉**？〔註205〕（〈取捨〉）

（10）若分布少明，即思縱巧，運用不熟，便欲標奇，是未學走而先學趨也。**書何容易哉**！〔註206〕（〈功序〉）

（11）夫工欲善其事，必先利其器。木石金玉之工，刀鋸鑢剉之屬，茍不精利，雖有雕鏤切磋之技，離婁、公輸之能，將**安施其巧哉**？

〔註199〕　（明）項穆《書法雅言・辯體》，項氏家刻本，頁6。
〔註199〕　（明）項穆《書法雅言・品格》，項氏家刻本，頁9右半。
〔註200〕　（明）項穆《書法雅言・規矩》，項氏家刻本，頁15。
〔註201〕　（明）項穆《書法雅言・常變》，項氏家刻本，頁20右半。
〔註202〕　（明）項穆《書法雅言・正奇》，項氏家刻本，頁23右半。
〔註203〕　（明）項穆《書法雅言・中和》，項氏家刻本，頁25左半。
〔註204〕　（明）項穆《書法雅言・神化》，項氏家刻本，頁28左半。
〔註205〕　（明）項穆《書法雅言・取捨》，項氏家刻本，頁33左半。
〔註206〕　（明）項穆《書法雅言・功序》，項氏家刻本，頁37右半。

俗有署書，以騡以帚，間或可用。若捲箸搏素，描絲露骨，以示老
健之形，風神之態，至于畫塵影火，聚米注沙，頹骸無致，俗濁無
蘊，<u>借令逸少家奴有靈</u>，**寧不撫掌于泉下哉！**〔註207〕（〈器用〉）

由以上舉例，明顯可見激問法出現的最多，且具有特定句式，舉凡有
「安……哉」「何……哉」「奚……哉」「何……乎」「奚……乎」「豈……
乎」、「豈（非）……哉」、「寧（非）……哉」、「詎能」等句型，皆屬於反詰
句法。這種以反詰質問的說話方式，能表達出激昂的情緒、強健的氣勢，一
方面顯得信心十足，一方面吐露萬千感嘆，因此帶有較多的主觀情感於其
中。

而就設問法的作用來說，「設問」在改變敘述的方式，將肯定的句型，改
成問句形式來表現，在文章上可以造成起伏跌宕，使語文有變化，同時能強
調出陳述的重點，引起讀者注意；又能拉進讀者參與議題、進行思考，透過
拋出的問題，激發讀者去反思解答，從明白可知的答案中取得回饋，或產生
質疑形成更深層思考，假若無法反駁，便能產生更深刻的認同，於是沖淡說
教的意味，更增添信服力，將觀念想法打入人心。

所以設問修辭法在《書法雅言》中的運用，一方面強烈表現了項穆澎拜
的情懷，一方面也積極地向世人灌輸他的書法理念，再另一方面則形成了他
在書寫形式上的敘述風格。

在第二章中筆者嘗歸納分析提過項穆的才學有：書法、書畫鑑賞、作文、
講學、音樂等五大學識涵養，從《書法雅言》寫作風格的分析中，正好呼應了
項穆的這些才學，其寫作文采斐然，論述滔滔口若懸河，談論書法與書法鑑
賞之道，不僅融通前人智慧，又能獨出機杼，此外，寫作上也注重文辭音韻，
而從《書法雅言》的寫作經營與言辭表達方式，亦可管窺項穆之性格特質、
精神信仰等人物風貌。

本章的內容旨在探討分析《書法雅言》的寫作風格，筆者將此章分成四
節來探析：第一節由「編排方式」分析全書結構的系統性；第二節由「哲學論
證」分析項穆思辨的邏輯性；第三節由「徵引方法」分析觀念傳遞的說服力；
第四節由「句法形式」分析語言表達的感染力，透過這些分析，期望能使人
瞭解《書法雅言》一書的寫作特色，欣賞作者寫作的用心，也期望透過對文

〔註207〕 （明）項穆《書法雅言·器用》，項氏家刻本，頁40右半。

本作全然「內在的」解讀，從已然存在的現象去發掘作者的思維意識及其風格、語言的特點，並從中認識作者的精神形象。

第五章 結 論

　　《書法雅言》為明朝項穆所著，相較於歷代眾多隨筆式的書論，項穆《書法雅言》算是一套較有系統的書學理論，書中以王羲之為正宗，排斥蘇軾、米芾，反映明朝書法發展潮流的課題，因應當代現象他提出個人獨特的見解，企圖為書法確立一脈相承之正統，端正書法寫作正確的學習觀念、學習態度、學習目標、學習對象、學習途徑、學習工具，並論及書法審美角度與價值功用等論題，藉此指出書法學習和發展的正確方向。項穆在寫作陳述時，常旁徵博引，或用典、或比喻，多方舉例，敘述滔滔不絕，文辭鏗鏘有勁，筆力雄深雅健。是以本論文之研究目的乃期望能透過現象學批評理論及哲學史生態學研究方法進行文獻分析、由文本細讀與詮釋，歸納《書法雅言》十七篇之編排特色及其中有關書法學習的思想主張，藉以理解項穆透過《書法雅言》所欲傳達的書學信念，並進一步探析項穆如何建構出一套完整的理論體系，《書法雅言》如何運用論述材料及文學寫作架構極力辯證，呈現其條理井然、思慮周嚴的書學理論。

　　本論文的研究目的第一在盡其可能的探察項穆生平事蹟與《書法雅言》成書背景，第二要探討書中蘊含的哲學思想與書學主張，第三在探析本書的寫作風格。以下整理研究成果分五點概述之，並於最後加上第六點歸結《書法雅言》之價值與意義：

一、關於作者項穆

　　由於現今存留下來與項穆有關的史料記載相當稀少，所以僅能從目前存有之序、跋及傳文中去認識項穆其人其事。首先，關於項穆生卒年的部分，

根據卜永譽、黃惇、楊亮三人的紀錄與考證，綜合推出項穆約生於明世宗嘉靖三十、三十一年間（西元 1551～1552 年），卒於明神宗萬曆二十六、二十七年間（西元 1598～1599 年），享年約 47 歲左右。

其二，筆者根據資料整理劃分出項穆三個人生階段：第一階段在二十二歲以前，為項穆游於太學、豪論不羈的少年時期；第二階段為二十三歲至三十九歲之間，是項穆開始潛居臨池，至其父亡故的中年時期；第三階段即三十九歲以後至四十七歲，乃項穆脫屣科名，一心沖舉之術，高蹈六合之外的晚年時期，而《書法雅言》的成書時間應在項穆的晚年時期。

其三，自各篇序跋及傳文資料中綜合歸納出項穆五項突出的才學——即「寫作、講學、書法、書法鑑賞、音樂造詣」等特長。

其四，根據王穉登所作〈無稱子傳〉去認識項穆的生平事蹟及「無稱子」之稱號的內在涵義。通過傳中王穉登在「非富」、「非德」、「非仁」、「非才」四方面的評述，得知項穆的身世傳奇、仙道潛質、思想情操、志趣嗜好、為人處世之道以及才學際遇等生命取向，從中亦可見項穆對修身、修仙、道法、書法、王羲之等人事物的價值崇仰和人生追求，由此瞭解他的性情與風範。

其五，從各篇序跋、傳文及《書法雅言》中去瞭解《書法雅言》的寫作動機。除了項穆本身對書法情有所鍾的內在動機之外，其外在動機，綜合諸家之說，主要是與明代書法趨向偏詭的風尚有關係。項穆慨嘆標新立異而扭曲的美學觀嚴重影響書寫的基本筆畫與字形表現，所以傾盡全力著作《書法雅言》，亟圖匡正當時書學之弊端。

二、關於成書背景

《書法雅言》的成書時空背景，從項穆的家學條件與明代的書學環境兩方面來探討。首先，就項穆的家學條件來說，項穆身為明代著名收藏家項元汴之子，是故擁有優於一般人的書學環境，一方面項氏家境富裕，收購典藏之書畫眾多；另一方面，項元汴經常邀集群賢舉辦書畫鑑賞的門庭聚會，書畫交流活動相當頻繁，便於項穆參與觀摩、與群英切磋學習。

再者，從明代的書學大環境來說，政治力量、學術思想和社會經濟三方面對書法的發展有著非常巨大的影響。

第一，政治力量的影響：由於君王的重視與愛好，書法的地位因為得到支持而鞏固，當時書法造詣高者就有機會獲選入宮，授官任用，書法因此成

為讀書人必學的基本技能，自然而然也形成一股助長學書風氣的力量。

第二，學術思想的影響：明代書法在不同時期也有不同的發展和表現方式：明初書法主要為政治服務，受程、朱理學思想的規範，便發展出「臺閣體」書法；至明中期，政治力量逐漸減弱，書壇便開始從復古中改革「臺閣體」書法之弊，於是書法漸漸與政治分流，文人書家意志覺醒，紛紛取法古代書家，或漢、或晉、或唐、或宋，各有各的崇尚，分別展開不同風格的追求。然而「師古」、「摹古」終流於「擬古」、「泥古」，產生僅求字體肖似而缺乏個人風格之突破與創造的弊病，直至明中期，隨著心學的破門而出，大膽衝破了傳統社會的權威思想，開展出另一個全新的學術時代，於是講求「個性解放」和「從心所欲」的風潮，從此在書壇漫流橫溢，書法的恣意狂怪，也正式登場。受到心學的影響，明人書法，強烈的自我意識自不在話下，他們的書法重視個性和個人化特徵或風格的呈現，因此在眾多書體中更為偏好「行書」，是故明代書家，大都長於行書。

第三，社會轉型與經濟發展的影響：明朝商業發達、經濟繁榮，社會型態也漸漸轉型，價值觀亦隨之改變，商業的活躍、資本主義的形成，不僅促進文化的交流，還興起「文化商品化」的產業經濟，書畫藝品成為交易的商品，這種改變，一則促使書畫收藏風氣的興盛，二則使藝文欣賞普及至平民的生活圈中，三對書法的影響則是書畫創作將受到消費者喜好和市場趨勢的牽引；再另一方面，明代圖書刊刻、印刷事業的蓬勃發展，盛況空前，一則助長帖學的推廣，二則促使各類圖書著述大量出版與普及，其中「書法論著」也是眾多的圖書類型之一，簡而言之，圖書出版得利於印刷業發達這個外部條件，而恰巧項氏家族就是經營圖書刊刻的知名事業家，所以，對《書法雅言》的出版來說，項穆也擁有了充足的出版資源。

三、關於詞義探析

過去研究《書法雅言》的諸多學者，大都將《書法雅言》所指之「書法」一詞視為「書法藝術」來提出論述，所以認為項穆的論點有一些概念混淆的問題，因此，本論文首要之務，在釐清項穆《書法雅言》中「書法」所指之定義，將其對「字」與「書」的認知概念加以析分、區辨，而後方能進一步理解項穆所言之「書法」及其思想理論所秉持的主張與立場究竟有無自相矛盾或邏輯不清的地方。

「字」與「書」在項穆的敘述上應該是被看做兩個概念來說的。本論文綜合項穆對「字」與「書」的敘述加以析分，項穆所言之「字」當是指書寫出來的「符號」，是由有統一規則的點畫組成的特定形體；而「書」應是書寫文字，蘊含個人筆法的多種變化，「書」之內涵包括了人心對書寫的指導、手在書寫上的運作和最後書寫出來的字，這三個程序所構成的整體。項穆認為「寫」之舉動發之於「心」的主宰，固然有別於單純僅為符號形體之「字」，他談「書法」多半與點畫、形體的表現有關，故「書法」有偏指寫字筆法技藝的涵義。再者，從項穆提到的概念看來，「書法」的內涵已匯集數方面之要素，漸次構成一組學術體系之雛形。

而所謂「雅言」之旨，當與書法正統思想有關，因此以《書法雅言》為此論著命名，應在表明此書之言論含有書法之正統、普遍、通用、統一、正式等用意。項穆《書法雅言》之「雅正」，乃是以王羲之為師法對象的一脈為正統，目的是在建立書統，為書法在學術上樹立「正統」的價值地位，咸別正閏，以便與當時受資本主義影響，縱誕而俗化淺陋的書法劃清界線，進而捍衛正宗書法，達到彰明書法正道以匡正時弊的作用。

四、關於哲學思想

《書法雅言》中的哲學思想主要有「正統思想」、「心學思想」及「中和思想」三方面。

「正統思想」在追溯書法的起源。書法的產生與文字關係密切，項穆說文字起於「河圖」、「洛書」，乃源自「上天」，經由上古聖王進一步開展而創造出文字，繼而經過後世各種字體的演變，逐漸形成一套約定俗成的規律符號，此即文字與書法之正統。而文字的書寫發展到晉代，由王羲之集其大成，書法從此有了獨立的地位，不再只是經書的附屬技藝，而是開始以「書」作為欣賞焦點的藝文學術，「書」不再只是實用功能的文字記錄，同時更是書家抒發性靈的藝術作品，於是結合人之心性，提升至形而上思想層次，因此，項穆將王羲之視為書學之正宗。所以筆者歸結這兩項觀點就是項穆的「正統思想」。

「心學思想」是項穆意圖以心學之矛攻心學之盾的辯證依據，項穆從心學來闡發他「人正則書正」、「正書法、正人心」的論點，筆者認為其目的是要糾正當時打著心學思想的旗號，追求個性解放，在書學上橫行乖張、崇奇尚

怪的流弊。以王陽明「心之良知、良能」來說明筆勢邪正、經綸之道都是從「心」而來，若文字的書寫方法與樣貌受「自我」的影響且能表現個人思想情感，那麼不和諧的字相，也就展示著不平和的心性，奇怪的字形，也必然出自詭逆的心思，然而這已偏離書法本質與作用，因此，他提出透過形而下的書法實踐來修養心性，進而以此體察天道，達到「閑聖道」的目標。

「中和思想」是書法追求的極致目標，也是項穆的書法審美標準。「中和」是指與天、地自然的「規」「矩」相應的法則，中和字體首要在「無乖戾」，其次是「無過與不及」，強調「方圓互成，正奇相濟」，行真、行草皆屬之。但並非一種統一的樣態，而是「筆法」、「運筆」與「書體」三者的極致表現。筆者認為項穆的「中和思想」相當能吻合張載的宇宙氣學觀，其中〈神化〉篇將書法提升至形而上的境界，與張載宇宙本體和萬物形成之說相連結，因此，項穆認為透過書法可以通達「天道」，「書」可以用於體「道」、踐「道」，所以「書法藝術美學」在以「書法實踐」本身體察「天地自然運行之道」，而不是藉由六經的「內容」來弘揚「君王聖道」，也和「教化人倫」沒有直接的關係，更不是講個人創意的發揮，總而言之，項穆的「中和」思想比較傾向道家的、重「內聖」、講玄理的意味。

由於項穆書中多引用《四書》的內容來闡發他的書學思想，他將天道性命與書法相貫通，運用了儒家經典中的思想觀念，結合道教的哲學思考，以理學的方式來闡述書學，可見其書學可能是用理學的方式來探討並建構出一套體系完整的書論。其中最為核心的論題就是「正心」與「中和」。他將「書」與「心性」和「聖道」相結合，賦予「書」形而上的意義，深化並提升書學在傳統認知中的價值與地位，前者當是就王陽明心學思想來闡發，後者則有受張橫渠宇宙論氣化思想及對立思辯的影響。筆者則就《書法雅言》十七篇之內容，把「書」的主體、客體與客觀性的關係，加以析分，再綜合其三大思想——「心學思想」、「正統思想」及「中和思想」，歸納出書法的本體論、心性論、功夫論、作品論、宇宙論等面向來說明並繪製圖表表示項穆的書學理論，以證筆者所提出之《書法雅言》是一部理學的書學理論之看法。

五、關於寫作風格

本論文第四章即在探討分析《書法雅言》的寫作風格，筆者將此章分成四節來探析：第一節由「編排方式」分析全書結構的系統性；第二節由「哲學

論證」分析項穆思辨的邏輯性;第三節由「徵引方法」分析觀念傳遞的說服力;第四節由「句法形式」分析語言表達的感染力。

(一)編排架構

筆者將《書法雅言》十七個篇章,切分成「書之理源、書之性本、書之體式、習書之道」四個內容主題來說明項穆《書法雅言》是一部有系統的書學理論。

第一部分書之理源,論述書法存在之本質與內涵,包括〈書統〉與〈古今〉兩篇,一為書史之理源,一為書用之理源。

第二部分書之性本,論述「人」對於書法產生的作用與差異,包括〈辯體〉、〈形質〉、〈品格〉及〈資學〉四篇。其中〈辯體〉篇指出人「心」對於「書」之作用。〈形質〉篇指出「書」之體狀多端是受「人心」、「氣稟」、「性賦」和「造詣」各有不同之影響所致。〈品格〉篇說明人因資質高下、功力深淺有別,書法成就之高低,也因此有所不同,故明列出「正宗」、「大家」、「名家」、「正源」、「傍流」五種品第來區分個人在書法表現上的程度。〈資學〉篇論述個人「資」與「學」對於書法表現的影響。

第三部分書之體式,重在論述書法之筆法運用與型態類別,包括〈規矩〉、〈常變〉、〈正奇〉、〈中和〉、〈老少〉及〈神化〉六篇。〈規矩〉篇以「天地」之「方圓」說明字體構成之基本書寫筆法。說明書法規範有兩大準則:一是「修齊正平」,講求方塊文字的平衡美學;另一是「方圓互用」,講求剛柔並濟的和諧字形。而由書法使用的時機與場合,提出「常」則與「變」法的本末關係,他主張「真、行為書體之常,草法乃一時之變」,由此點出書法運用於文字上的表現既有「社會性」功能,亦有「藝術性」的功能,然而,在項穆的眼中,書法的「藝術性」是不能凌駕於「社會性」功能之上的。但項穆也看重書法多樣化的靈活運用,其中〈正奇〉、〈中和〉、〈老少〉、〈神化〉等篇,即在闡述書法妍麗多姿,體式千變萬化的差異所在。

第四部分習書之道,敘述實踐書法的知能程序與器物條件,包括〈心相〉、〈取舍〉、〈功序〉、〈器用〉、〈知識〉五篇。〈心相〉篇闡明「心」、「筆」、「書」三者的關聯,〈取舍〉篇說明「博習精察」、「審其得失,明乎取舍」之道,〈功序〉篇說明學習書法的方法順序,〈器用〉篇說明工具效用及對書作的影響,〈知識〉篇說明鑑賞書法的方法。

（二）哲學論證

　　筆者整理項穆於《書法雅言》中提出的重要論辯有四項：一論「書不可狂怪」，二論「書法美學觀點」，三論「書法與心性修身」，四論「資學與書法實踐」。

　　一以「正統觀」論「書不可狂怪」，由文字起源談書的作用、價值與地位，論辯「書」不可妄作、濫用或追求狂怪的表現方式。二以「中和觀」論「書法美學觀點」，項穆的美學觀點，就是以「天圓地方」之規矩和「自然」之法則為本去追求「中和」和諧的秩序美學。三以「心學觀」論「書法與心性修身」，項穆認為「心」是人的主宰，主張「心正則書正」，論說有端正之心志，執筆行文才能書寫出雅正的字體，反向言之，書法是一種修養道行、貫通天地至理的方式，筆下行跡可透露心相，故「正書法」乃由外而內的實踐方法，藉「正書」以「正心」。四以「資與學」論「資學與書法實踐」，通過思辨「資」與「學」的性質與對「書法實踐」的作用，教人明白「資」與「學」之輕重。

（三）徵引方式

　　「旁徵博引」指項穆在論述上援用許多譬喻和引用修辭的寫作方式。他的譬喻法運用分為兩大類：一以人為喻，一以事為喻。他運用許多日常生活中可見之事物為旁徵，使人經由自身觀察感觸去領會更容易瞭解其中道理，也使他的思想主張及所言之理更加具體、生動、淺近，更具有感染力與說服力。

　　引用方面，所引內容來源可概分成兩類：一是與書法相關的前人論述，如：柳公權、孫過庭、陸友仁……等人之說；另一是引用許多四書五經之內容，也正是因為書中充斥著四書五經之用語而使《書法雅言》處處散發儒家氣息，然而，在這些引用中，項穆並非純然因襲前人之說，反而多半是在前人的論述基礎上提出個人新解，別出新裁地融會出自己的一番見地。頗有借重前人言論之權威來鞏固、壯大自己的論述之意。

（四）句法形式

　　筆者分析歸納項穆書中大量運用了排比、類疊、對偶、映襯、層遞、設問等修辭法。而這些修辭句法的運用，就構成《書法雅言》在語法形式上獨特的寫作風格。排比與類疊，由於字詞句式的相似，使變化中有統一，統一中有變化，形成音韻上的複沓而富有節奏之美，而連續相似的句法則予人滔

滔不絕的恢弘氣勢。對偶句型整齊精練，講求對稱，形式優美，音韻協調，輔以映襯法之正反烘托，使對比鮮明，更能凸出語意。層遞修辭則使敘述條理分明、井然有秩序，還能逐步深化義理，形成層次上的比較，讓人擴大見識。設問句法可以在文章中造成起伏跌宕，同時能強調重點，引起讀者注意，拉進讀者參與議題、進行思考，激發讀者反思解答、取得回饋，不僅能夠沖淡說教的意味，還能將觀念想法打入人心。於是字裡行間項穆激昂闊論的神情風貌恍如躍然紙上。

六、《書法雅言》之價值與意義

王壯為《書法研究》中說「談書法主要是問這個字的某體的形狀姿勢給我們以如何的觀感，而其文字所含的意義為何則關係不甚重要。」〔註1〕這個說法，或許可以用來闡明《書法雅言》的價值與意義。

漢字，是同時兼有形音義三種作用的複合性符號，在結構上呈現方塊形的字體美學，屬於世界上少有的象形系統文字，可以說非常獨特。一個文明的形成與留存，和應用文字符號來記事有很大的關係，而書法，就是以漢字符號之形體書寫為核心的一門技藝，且漢字的書寫本就同時表「形」、表「音」又表「義」。所以，文字的一個重要目標在「表情達意」，而以書法作為表現方式，它的實用性功能在於「利於辨識的樸實呈現」，除此之外，就是視覺上的直觀美學給人的觀感了。以此為基點，筆者認為《書法雅言》是一部談「寫字」的理論著作，談人如何把字寫好的一套理論，項穆企圖在書法的實用性功能（真）上追求更上一層樓，一方面要講求字體質感、美感的精緻細膩（美），一方面要提升書者的性靈境界（善），使文字書寫成為一門具有藝術內涵的哲學，不僅只有「真」，而是既「真」又「善」又「美」；不僅表「義」清晰，且能講究「形」態美感；他所說的「書法」要能同時兼顧「字」的功用、「書寫者」的修養和「觀賞者」對美的感應，將此三者融合於一體中，從而提升了書法的深度和價值。也因著這樣的不同，「書法」與「打字」就有了區別，打字就是實用性功能的達成，「書法」則多了「美感」與「性靈」，這是機械無法取代人文的地方。

寫字是一種人文素養，寫下來的文字是一種個人標誌，可以有涵養、有品味、有思想，也可以有喜怒哀樂等情感，所以才能成為藝術。項穆所言的

〔註1〕王壯為《書法研究》（台北：台灣商務印書館，1999年12月），頁24。

「中和」、「神化」雖然妙不可言，玄之又玄，卻不失為一種寫字藝術的指標；而所謂的「方圓」、「正奇」、「老少」、「常變」等原則放之今日，也仍可以提供硬筆字書寫作為參考。「美」是讓人心情悸動的因子，「美」是讓人感到快樂、讓人驚奇讚嘆，讓人備受吸引而喜愛的原素，王羲之書法魅力之所在大約就是因此緣故，他是「真善美」書法的實踐者；而項穆則是組織陳述這種書法理論內涵的人，這是筆者對《書法雅言》一點淺薄的見知。《歷代書法論文選》評述項穆之《書法雅言》言：「終身一藝，研求至深，綜觀全編，論旨一貫，條理井然，獨抒心得，無剽竊苟且之弊……氣息亦頗純厚，在明季著書中，實為僅見。」〔註2〕願透過本論文之分析，可以更具體呈現這段評價的內涵，使人更明白項穆對書法的愛好和見解。

　　至於《書法雅言》的寫作形式特色，楊貴中曾評價說：「相較於過去書論著作多偏於隨筆式、感悟式的著作，《書法雅言》除具備著鋒芒畢露的個人批評風格外，寫作體例上的脈絡分明、次序井然特點，仍不失為一部令人矚目、關係到儒家藝術觀具體落實到書法藝術作品的一個範例。」〔註3〕不可否認，在寫作體例與批評風格上，項穆確實極有個人想法與特色，也有他的論述條理和語言模式，但是他的「正統觀」、「心學觀」、「中和觀」是不是就是「儒家藝術觀」的落實，這樣說或許並不完全適切，況且若僅就儒家的觀點來解釋項穆的思想主張，可能存在一些矛盾與邏輯不通的問題，是否也就表示，研究者可以拓展其他視角去切入，尋求更合理的解釋？除此之外，對於項穆書學思想上反射出來的天道觀或宗教哲學觀、項穆的書學愛好與其宗教信仰有無相關、駢文形式的寫作和步虛詞的創作與其宗教崇好有無相涉，可能也還存有可以探討的地方，筆者學淺駑鈍，力有未逮，願待來日其他有志研究項穆《書法雅言》之同好可以再進一步去探討這些問題。

〔註2〕參見《歷代書法論文選》（台北：華正書局，1997年4月），頁475。
〔註3〕楊貴中《項穆《書法雅言》之思想研究》，臺灣師範大學國文研究所，碩士論文，2003年，頁11。

參考文獻

一、《書法雅言》版本（依出版時間先後排列）

1. （明）項穆《書法雅言》，明萬曆間檇李項氏刊本。

2. （明）何偉然編《青鏤管夢》，明崇禎己巳年（1629 年），收錄於《廣快書》五十卷，卷三十二。

3. （明）項穆《書法雅言》，（清）《重刊書法雅言》有竹齋抄本。

4. （明）項穆《書法雅言》，（清）《藝海珠塵》叢書，嚴一萍選輯《百部叢書集成》（台北：藝文印書館，1968 年）。

5. （明）項穆《書法雅言》（北京：商務印書館影文津閣四庫全書，2006 年），第八一八冊，子部，藝術類。

二、專書（依出版時間先後排列）

1. 鄭玄注，（唐）賈公彥疏《儀禮注疏周禮正義》（台北：廣文書局，1972 年 8 月）。

2. 姜紹書撰《無聲詩史》，收錄於于安瀾《畫史叢書》第二冊（台北：文史哲出版，1974 年）。

3. 許慎撰，（清）段玉裁注，民國·魯實先正補《說文解字注》（台北：黎明文化，1975 年 9 月）。

4. 臧勵龢編《中國人名大辭典》（台北：台灣商務印書館，1977 年 10 月）。

5. 《明人傳記資料索引》（台北：文史哲出版社，1978 年 1 月）。

6. 錢保塘《歷代名人生卒錄》（台北：廣文書局，1978 年 3 月）。

7. 楊家駱編《明史》第 117（台北：鼎文書局，1979 年 12 月）。

8. 阮元等撰集《經籍纂詁補遺》（北京：中國書局，1982 年 4 月）。

9. 馬宗霍《書林藻鑒》（台北：臺灣商務印書館，1982 年 5 月）。

10. 劉勰《文心雕龍注》（台北：宏業書局，1982 年月 9 月）。

11. 牟宗三《中國哲學十九講》（台北：臺灣學生書局，1983 年 10 月）。

12. 楊正翠等撰《荀子新注》（台北：里仁書局，1983 年 11 月）。

13. 朱孟實等著《中國古代美學藝術論》（台北：木鐸出版，1985 年 9 月）。

14. 李澤厚《美的歷程》（新北：蒲公英出版社，1986 年 8 月）。

15. 劉九庵〈帖學鼎盛期的明代書法〉，中國美術全集編輯委員會《中國美術全集・書法篆刻編 5 明代書法》（台北：錦繡出版社，1989 年 8 月）。

16. 潘伯鷹《中國書法簡論》（台北：華正書局，1989 年 10 月）。

17. 冷立編著《中國神仙大全》（瀋陽：遼寧人民出版社，1990 年 2 月）。

18. Treer Eagleton（泰瑞・伊果頓）著、吳新發譯《文學理論導讀》（台北：書林出版，1993 年 4 月）。

19. 蔣文光《中國書法史》（台北：文津出版社，1993 年 7 月）。

20. 林啟彥《中國學術思想史》（台北：書林出版，1994 年 1 月）。

21. 陳來《宋明理學》（台北：洪葉文化事業，1994 年 9 月）。

22. 《中國文明史》（台北：地球出版社，1995 年 3 月）。

23. 王叔岷《列仙傳校箋》（台北：中研院文哲所，1995 年 4 月）。

24. 張朝瑞《皇明貢舉考》，收錄於《續修四庫全書》史部第 828 冊（上海：上海古籍出版社，1995 年）。

25. 王夫之著，船山全書編輯委員會編校《船山全書・張子正蒙注》（長沙：嶽麓書社，1996 年 2 月）。

26. 李豐楙《憂與遊：六朝隋唐遊仙詩論集》（新北：臺灣學生書局，1996 年 3 月）。

27. 《歷代書法論文選》（台北：華正書局，1997 年 4 月）。

28. 陳丁奇《書道教育概說》（新北：蕙風堂出版，1997 年 5 月）。

29. 朱熹《四書章句集註》（台北：鵝湖出版社，1998 年 10 月）。

30. 商傳撰〈明代文化志〉，收入李學勤主編《中華文化通志・歷代文化沿革

典》（1-008）（上海：上海人民出版社，1998 年 10 月）。

31. 彭德撰〈美術志〉，收入劉夢溪主編《中華文化通志・藝文典》（8-075）
（上海：上海人民出版社，1998 年 10 月）。

32. 王壯為《書法研究》（台北：台灣商務印書館，1999 年 12 月）。

33. 董其昌《容台集》，明崇禎三年董庭刻本，收錄於《四庫禁燬書叢刊》集
部第 32 冊（北京：北京出版社，2000 年）。

34. 揚雄撰、朱榮智校注《新編法言》（台北：臺灣古籍出版，2000 年 10 月）。

35. 龔鵬程《書藝談叢》（宜蘭：佛光人文社會學院，2001 年 6 月）。

36. 肖燕翼《明代書法》（上海：上海科學技術出版社，2001 年 12 月）。

37. 張智光《邏輯的第一本書》（台北：先覺出版，2003 年 3 月）。

38. 牟宗三《牟宗三先生全集》（台北：聯經出版，2003 年 4 月）。

39. 陳正治《修辭學》（台北：五南圖書出版，2003 年 5 月）。

40. 張潮著，李安綱、趙曉鵬述論《文學心靈散步（四）幽夢影》（新北：達
觀出版，2003 年 9 月）。

41. 劉文潭《美學新鑰》（台北：臺灣商務印書館，2004 年 1 月）。

42. 石朝穎《藝術哲學與美學的詮釋問題》（新北：人本自然文化，2006 年 4
月）。

43. 孔令宏《宋代理學與道家、道教》（北京：中華書局，2006 年 8 月）。

44. 楊亮注評《項穆・書法雅言》（南京：江蘇美術出版社，2008 年 1 月）。

45. 卞永譽編撰《中國古代書畫人物編年》（第 19 冊）（北京：國家圖書館出
版，2008 年 7 月）。

46. 林月惠《詮釋與功夫──宋明理學的超越蘄嚮與內在辯證》（台北：中研
院文哲所，2008 年 12 月）。

47. 王聰明《《中庸》形上思想研究》（新北：花木蘭文化，2010 年 9 月）。

48. 李永忠《書法雅言》（北京：中華書局，2010 年 9 月）。

49. 《傳習錄》收錄於王陽明著，吳光等編校《浙江文叢》《王陽明全集：新
編本》（杭州：浙江古籍出版社，2010 年 12 月）。

50. 黃惇《中國書法史》（南京：江蘇教育出版社，2011 年 3 月）。

51. 趙熙淳評注《書法雅言》（杭州：浙江人民美術出版社，2012 年 12 月）。

52. 熊秉明《中國書法理論體系》（台北：雄獅圖書，2014 年 5 月）。

53. 陳滿銘《辭章章法學體系建構叢書》《比較章法學》、《篇章意象學》（台北：萬卷樓，2014 年 8 月）。

54. 劉仲容等編著《美學通論》（新北：國立空中大學，2018 年）。

三、期刊論文（依出版時間先後排列）

1. 李吾銘〈米芾書法的經典化歷程〉，《書法世界》第 11 期，2004 年，頁 34～37。

2. 葉梅〈《書法雅言》正宗觀：晚明書壇捍衛傳統的號角〉，《藝術百家》第 3 期，2006 年，頁 184～186。

3. 張少端〈論項穆的書法美學思想〉，《藝術研究》第 2 期，2007 年，頁 70～71。

4. 譚玉龍〈《書法雅言》與晚明書法美學之雅俗精神〉，《美術觀察》第 4 期，2007 年，頁 113～117。

5. 沈紅梅〈明代嘉興項氏兄弟藏書考略〉，《圖書館工作與研究》第 7 期，2008 年，頁 86～88。

6. 葉梅〈從家庭影響看《書法雅言》正宗觀的形成〉，《重慶三峽學院學報》第 5 期，2009 年，頁 108～111。

7. 王蕾〈項穆《書法雅言》的藝術觀初探〉，《語文學刊》第 15 期，2011 年，頁 109～110。

8. 王子微〈正本清源，建構書統——淺析《書法雅言》正統觀念的形成〉，《書畫世界》第 5 期，2013 年，頁 84～85。

9. 張寶倩：〈淺談項穆「人正則書正」書學思想〉，《金田》第 2 期，2014 年，頁 93。

10. 蘇忠炙〈晚明經濟對書法的影響〉，《美與時代》第 10 期，2016 年，頁 135～136。

11. 馬雨萌〈談項穆《書法雅言》中的正統觀〉，《山東藝術》第 6 期，2017 年，頁 94～97。

12. 張明〈項穆《書法雅言》中的藝術辯證法〉，《中國書法》第 12 期，2017 年，頁 149～153。

13. 蒙建軍〈項穆「知識」觀念裡的「書為心畫」論〉，《中國書法》第 24 期，2017 年 12 月，頁 131～133。

14. 黃素卿〈項穆《書法雅言》對「晉人風度」的祈嚮〉,《漢字文化圈的文化世界化:2017 學年國際學術研討會論文集》(新北,淡江大學中國文學學系,2017),頁 119~120。

四、學位論文(依出版時間先後排列)

1. 楊貴中《項穆《書法雅言》之思想研究》,臺灣師範大學國文研究所碩士論文,2003 年。

2. 葉梅《論《書法雅言》正宗觀》,西南師範大學美術學系碩士論文,2003 年。

3. 劉善軍《項穆書法「中和」美學思想研究》,渤海大學美術學系碩士論文,2012 年。

4. 汪彥君《論項穆《書法雅言》中的書學思想》,河北大學美術學系碩士論文,2013 年。

5. 楊新然《《書法雅言》之理論研究》,明道大學國學研究所碩士論文,2016 年。

6. 鮑璐瑤《論項穆《書法雅言》的美學意蘊》,安徽大學美學系碩士論文,2017 年。

五、電子資源

1. 中國哲學書電子化計劃,線上圖書館→廣快書→廣快書十三→何偉然〈青鏤管夢序〉,https://ctext.org/library.pl?if=gb&file=112369&page=8,瀏覽檢索日期:2021.3.7。

2. 中國哲學書電子化計劃《嘉興府志》卷 14~卷 20,27 條,姚思仁,書影第 537 頁,https://ctext.org/library.pl?if=gb&file=107585&page=53,瀏覽檢索日期:2021.1.6。

3. 中國哲學書電子化計劃《嘉興府志》卷 1~卷 6,259 條孝義坊,書影第 689 頁,https://ctext.org/library.pl?if=gb&file=107583&page=689,瀏覽檢索日期:2021.1.6。

4. 維基文庫,卞永譽撰《書畫彙考》,https://zh.wikisource.org/wiki/書畫彙考_(四庫全書本)/卷 27,瀏覽檢索日期:2021.1.6。

5. 臺灣華文電子書庫,(明)李日華著,沈亞公校訂《六硯齋筆記》卷一(上

海：中央書店，1936 年），https://taiwanebook.ncl.edu.tw/zh-tw/book/NCL-000797804/reader，瀏覽檢索日期：2021.1.6。

附　錄

附錄一　明萬曆間檇李項氏刊本

書法雅言

明　無稱子貞玄項穆　字德純撰

書統

河馬負圖洛龜呈書此天地開文字也羲畫八
卦文列六爻此聖王啟文字也若乃龍鳳龜麟
之名穗雲科斗之號篆籕嗣作古隸爰興時易
代新不可殫述信後傳今篆隸焉爾歷周及秦
自漢逮晉眞行迭起草章浸葬文字菁華敷宣
盡矣然書之作也帝王之經綸聖賢之學術至

附錄二　清重刊書法雅言有竹齋抄本

重刻書法雅言

明　無稱子貞元項穆德純甫撰

叔元瀼閩　德楨桼鐫　鼎鉉

　　　弟季松　姪利賓重校

書統　　　良枋編次　俊卿

河馬負圖洛龜呈書此天地開文字也羲畫八卦文列六文此聖王啓文字也若乃龍鳳龜麟之名穗雲科斗之號篆籀嗣作古隸爰興時易

《重刊书法雅言》有竹斋抄本

附錄三　明崇禎何偉然編輯《廣快書五十卷》之《青鏤管夢》刻本

廣快書卷三十二

青鏤管夢　項德純本易名

　　　　　　西湖何偉然仙臞纂

　　　　　　延陵吳從先寧野定

書續

河馬負圖洛龜呈書此天地開文字也羲畫八卦爻列六爻此聖王啟文字也若乃龍鳳龜麟之各穗雲科斗之號篆籀嗣作古隸爰興時易之名

青鏤　　　　　　卷三十二　　　　一

附錄四　清乾隆文淵閣《四庫全書》本

欽定四庫全書　　子部八

書法雅言　　　藝術類一書畫之屬

提要

臣等謹案書法雅言一卷明項穆撰王穉登

所作穆小傳稱其初名德枝郡大夫徐公易

為純後乃更名穆字德純號曰貞元亦號曰

無邪子秀水項元汴之子也元汴鑒藏書畫

甲于一時至今論真迹者尚以墨林印記別

欽定四庫全書　　書法雅言　提要

附錄五　清嘉慶道光年間《藝海珠塵》本

藝海珠塵

子部藝術類

書法雅言

金山　錢熙輔　次丞　輯

婁　程平成　甯宇　校

項　穆篆　穆字德純號貞元亦
號無稱子秀水人

書統

河馬貞圖洛龜呈書此天地開文字也義畫八卦文列
六爻此聖王啟文字也若乃龍鳳龜麟之名陰陽科斗
之號象籀嗣作古隸爰與時易代新不可殫述信後傳
今篆隸焉爾歷周及秦自漢逮晉真行迄起章草浸孳